全国基层
文化队伍培训用书

文化和旅游
志愿服务与管理

王全吉　编著

Training Books for
National Grassroots Cultural Teams

北京师范大学出版集团
BEIJING NORMAL UNIVERSITY PUBLISHING GROUP
北京师范大学出版社

"全国基层文化队伍培训用书"编委会

总　序

公共文化服务体系建设是满足公民基本文化需求、维护公民基本文化权益的保障，是解决好文化发展不平衡不充分问题的重要方式。近年来，中共中央、国务院高度重视公共文化服务体系建设，随着《中华人民共和国公共文化服务保障法》和《中华人民共和国公共图书馆法》等一系列政策法规的出台、实施，我国公共文化服务体系布局日趋合理，资源建设日渐丰富，服务能力不断提高，人民群众的幸福感日益提升。

加快构建现代公共文化服务体系，队伍是基础，人才是关键。为提高基层文化队伍理论素养和业务能力，文化和旅游部自2010年启动全国基层文化队伍培训，并组织编写"全国基层文化队伍培训用书"。首批18种图书出版后，受到全国文化系统学员的普遍欢迎。为适应新时代公共文化服务发展的新要求，第二批"全国基层文化队伍培训用书"选取当前实践中的热点问题，重点涵盖公共文化服务理论政策、实践案例及工作实务三方面内容，突出科学性和实用性，为相关从业人员提供规范、有用的指导参考。

"全国基层文化队伍培训用书"由文化和旅游部公共服务司指导，中央文化和旅游管理干部学院组织编写，来自全国文化馆和图书馆界的优秀专家担任主编。在编写过程中，编者查阅了大量资料，付出了宝贵的心血，在此一并致谢。受编者水平所限，书中内容难免有所疏漏，恳请各位读者批评指正。

目　录

第一章 导论

【目标与任务】

通过本章学习，掌握文化和旅游志愿服务的概念与主体，了解文化和旅游志愿服务对社会、服务对象以及文化和旅游志愿者的意义，熟悉我国志愿服务政策与法律法规，进一步提高对文旅融合背景下文化和旅游志愿服务重要性的认识。

第一节 文化和旅游志愿服务

开展志愿服务是现代社会文明进步的重要标志，文化和旅游志愿服务是志愿服务的重要组成部分。改革开放以来，特别是中国特色社会主义进入新时代以来，文化和旅游志愿服务迅速发展，志愿服务团队不断壮大，志愿服务领域不断拓宽，志愿服务内容不断丰富，社会影响力越来越大，有力地推进了我国现代公共文化服务体系的建设和旅游事业的发展。

一、文化和旅游志愿服务的概念

(一)志愿服务

志愿服务是指任何人自愿贡献自己的时间、知识、技能、体能或自己可以支配的资源，不为任何物质报酬的情况下，自愿向社会或者他人提供服务，以推动社会进步和社会福利事业的发展。志愿服务主要包括社区服务、环境保护、应急救助、助残服务、扶贫开发、海外服务、大型活动服务，以及文化和旅游志愿服务等。

志愿服务是高尚的事业，是现代社会大力提倡的文明风尚，是文明社会不可或缺的一部分。志愿服务应弘扬奉献、友爱、互助、进步的志愿精神。

奉献精神指志愿服务者不求回报，自觉自愿地奉献自己的时间、精力与能力，为改善社会作出自己的贡献。

友爱精神指在志愿服务中提倡志愿者充满爱心、与人友善，尊重志愿服务的对象，以平等的姿态、友好的态度开展志愿服务。

互助精神指志愿服务提倡"互相帮助，助人自助"，以共同使这个世界变得更加美好的信念，尽己所能，力所能及地帮助他人。

进步精神指志愿者通过服务他人、服务社会，提升自己的思想道德品质，提高知识储备、技能水平与人际沟通能力，营造良好的社会风尚，推动社会的进步。

志愿服务对推动实现可持续发展与和平至关重要。1985年，第40届联合国大会通过决议，决定从1986年起将每年的12月5日定为"国际志愿者日"。1997年11月，第52届联合国大会又通过决议，将2001年定为"国际志愿者年"，以推动各国充分认识志愿贡献，积极支持志愿活动，建立志愿网络体系，倡导弘扬志愿精神。

（二）文化和旅游志愿服务

文化和旅游志愿服务是指文化和旅游志愿者自愿贡献自己的时间、文化知识、文艺技能、旅游资讯等，在不为任何物质报酬的情况下，以公共文化设施、旅游景区景点为服务点，或走进基层、走进社区，面向公众，自愿提供的各类公益性文化和旅游服务。志愿者为公众提供了文化和旅游服务的良好体验，推动了文化和旅游产业的蓬勃发展。

关于文化志愿服务的范围，2016年7月文化部颁布的《文化志愿服务管理办法》第十四条作了明确的规定。

文化志愿服务的范围主要包括：在公共图书馆、文化馆（站）、博物馆、美术馆等公共文化设施和场所开展公益性文化服务；深入城乡基层开展文艺演出、辅导培训、展览展示、阅读推广等公益性文化服务；为老年人、未成年人、残疾人、外来务工人员和生活困难群众等提供公益性文化服务；参与基层文化设施的管理和群众文化活动的组织等工作；参与文化行政部门和文化单位开展的文化遗产保护、文化市场监督等工作；开展其他公益性文化服务。

文化志愿服务具有专业性和公益性，是公共文化服务的重要补充，对于激发民间文化活力，丰富公众文化生活，不断满足包括残疾人、老年人、外来务工人员、留守儿童等特殊群体在内的群众文化需求，促进公共文化服务均等化，具有重要的现实意义。

关于文明旅游志愿服务的范围，文化和旅游部、中央文明办联合印发的《2019年文化和旅游志愿服务工作方案》指出，鼓励和支持各级各类公共文化机构和企事业单位、旅游景区、社会团体等各方力量，围绕元旦、春节、学雷锋纪念日、志愿者日、劳动节、儿童节、重阳节、中秋节、国庆节等节日纪念日，招募有一定特长、具有奉献精神、热心社会公益事业的各界人士作为旅游志愿者，组建志愿服务团队，担任文明旅游讲解员、引导员和"文明用厕"宣传员，参与优秀传统文化、景区政策宣讲、景点介绍、秩序维护等各项服务，形成长期开展的志愿服务品牌项目，大力弘扬中华优秀传统文化，传播文明旅游社会风尚，引导广大游客努力提升自身文明素质，遵守公共秩序，爱护公共设施，争做文明旅游践行者和传播者。

文明旅游不仅是每个人的文明素质的体现，还是一个社会、一个国家的文明投影。旅游志愿服务紧紧围绕"志愿服务，让旅游更文明、让旅游更美好"的宗旨，奉献真诚，帮助他人，服务社会，倡导文明旅游，引领文明旅游新风尚。

(三)文化和旅游志愿服务与志愿服务的关系

文化和旅游志愿服务与志愿服务是部分与整体的关系，文化和旅游志愿服务是志愿服务中不可缺少的重要组成部分。

文化和旅游志愿服务属于志愿服务的范畴，具有鲜明的公益性特征。志愿者都是自愿、不计报酬地面向社会或个人，提供公益性服务，努力促进社会进步，增进公众福祉。

文化和旅游志愿服务与志愿服务又有着显著的区别。

从服务领域来看，志愿服务领域相当广，包括民间救助活动、社会慈善活动、环境保护、助残服务、抢险救灾、社区服务、交通管理等各个领域；但文化和旅游志愿服务只局限于文化和旅游领域，为社会、为公众提供公益性文化和旅游服务。

从服务对象来看，志愿服务的对象既涉及有服务需求的不同社会群体，也涉及自然环境、珍稀动物等，覆盖面较广；而文化和旅游志愿服务的对象，是有文化需求的社会群体，包括老人、儿童、残疾人、外来务工人员等群体，以及景区景点的其他游客群体。

从服务内容来看，志愿服务的内容十分丰富，或抢险救灾，或发起民间慈善募捐，或深入社区服务残疾人、老年人，或奔走呼吁保护母亲河，等等；而文化和旅游志愿服务一般是面向公众组织开展文艺演出、艺术展览、文艺培训辅导、图书阅读推广、博物馆讲解服务，协助进行公共文化场馆管理，进行旅游咨询、文明引导、应急服务、旅游质量监督等，服务内容侧重于文化艺术普及、优秀传统文化传承和旅游服务。

文化和旅游志愿服务与志愿服务既有联系，又有区别。要在了解志愿服务的同时，增进对文化和旅游志愿服务的深刻认识。

二、新时代文化和旅游志愿服务

如今，中国特色社会主义进入了新时代，各级文化和旅游部门积极推动《中华人民共和国公共文化服务保障法》和《志愿服务条例》的落实，大力推进文化和旅游志愿服务，促进文化和旅游志愿服务制度化、规范化、常态化，推动文化和旅游志愿服务事业蓬勃发展。

(一)文化和旅游志愿服务与文化和旅游公共服务的关系

一般来说，文化和旅游志愿服务是与政府提供的文化和旅游公共服务、市场供给的文化和旅游服务相对应的由社会提供的文化和旅游服务,三者并列,又协同发挥作用,以满足公众对精神文化的多样化需求。

在我国,文化和旅游志愿服务与各级文化和旅游公共服务机构存在着紧密的关联,是政府主导下的社会参与的一部分,是文化和旅游公共服务体系的有机组成部分。

文化和旅游志愿服务与文化和旅游公共服务具有共同点。首先,两者都具有鲜明的公益性特征,都把社会效益放在重要的位置,不以经济利益为追求的目标,旨在推进文化和旅游公共服务,使文化和旅游公共服务最大限度地惠及全民。其次,两者的服务对象基本相同,即面向广大人民群众,包括残疾人、老年人、外来务工人员、留守儿童等城乡的各种社会群体,努力体现文化和旅游服务的均等性特点。最后,两者的服务内容基本相同,都是以公共文化服务设施和旅游景区为主要场所,开展图书馆、博物馆、文化馆(站)、美术馆免费开放服务;组织开展文化活动、文艺辅导培训,推动全民文化艺术普及;进行图书阅读推广,推进全民阅读;进行文明旅游引导、旅游质量监督;等等。

文化和旅游志愿服务与文化和旅游公共服务的区别,主要在于提供文化服务的主体不同。提供文化和旅游公共服务的主体是政府公益性文化事业机构及其工作人员,主要包括文化馆、图书馆、博物馆、美术馆、文化站及纪念馆等机构的工作人员;而提供文化和旅游志愿服务的主体是文化和旅游志愿者、文化和旅游志愿服务组织,这些文化和旅游志愿者来自社会各界,他们在文化艺术方面有专长,具备文明旅游的知识,有爱心,愿意为公众提供文化和旅游服务,他们当中有文化名人、群众文艺骨干,以及其他热心于公益文化服务的个人或群体。

文化和旅游志愿服务与文化和旅游公共服务的关系,是部分与整体的关系,文化和旅游志愿服务是新时代文化和旅游公共服务的有机组成部分,两者既有区别,又有紧密的关联。大力推进文化和旅游公共服务,不仅要发挥文化和旅游公共服务机构的主力军作用,还必须动员社会力量参与文化和旅游公共服务,积极推进文化和旅游志愿组织建设,组织开展各类文化和旅游志愿服务活动,不断丰富文化和旅游服务的内容与方式,切实保障人民群众基本文化权益。

(二)文化和旅游志愿服务在新时代文化和旅游公共服务体系建设中的作用

文化和旅游公共服务体系是政府主导、社会参与,传播先进文化,普及文化艺术,提供精神食粮,提升旅游体验,推进城乡文明建设,满足人民群众美好生活需要的各种文化和旅游机构、文化和旅游设施、文化和旅游服务的总和。

文化和旅游志愿服务是政府主导下,社会力量参与文化服务的重要形式,在文化和旅游公共服务体系建设中具有不可或缺的积极作用。

1. 有利于开辟公共文化和旅游服务供给新途径

新时代人民群众美好生活的需要,与文化和旅游服务机构提供的有限的公共文化服务,存在着现实的矛盾。文化和旅游志愿服务以社会参与的方式,动员和激励人们利用自身的文化艺术特长、自己的闲暇时间，满腔热情地参与文化和旅游公共服务，有效地破解了文化和旅游服务机构人员数量不足的问题，开辟了文化和旅游公共服务新的途径，为文化和旅游公共服务注入了新的活力。

2. 有利于提高文化和旅游公共设施利用率

我国文化和旅游公共设施建设，为城乡群众就近、便捷地参与文化活动，享受文化和旅游服务，提供了设施方面的便利。然而在一些地方，城乡文化和旅游公共设施利用、服务效益等方面存在着利用率不高的情况。文化和旅游志愿服务以文化和旅游公共设施为主要服务阵地，文化和旅游志愿者参与文化和旅游公共设施的日常管理，开展多样化的文化和旅游服务，向城乡群众错时开放，在一定程度上能够弥补文化和旅游公共设施运行中人员不足的问题。文化和旅游志愿服务的广泛开展，有利于激活城乡文化和旅游公共资源，实现文化和旅游公共设施服务效益最大化。

3. 有利于丰富文化和旅游公共服务多样性

文化和旅游志愿者来自社会各界，富有服务热情和奉献精神，同时许多文化和旅游志愿者在文化艺术方面有专长，愿意以自身的文化艺术知识与技能为城乡群众提供志愿服务。文化志愿者发挥各自在不同文化艺术领域的专长，面向群众开展丰富多彩的文艺演出，组织文化艺术讲座，举办读者服务活动，普及艺术，传播历史，传递书香；旅游志愿者为人们提供景区文明劝导、旅游指引。他们的行为有效地丰富了文化和旅游公共服务的内容与形式，丰富了文化和旅游公共服务资源，满足了人民群众多样化的文化需求。

4. 有利于扩大文化和旅游公共服务覆盖面

新时代文化和旅游公共服务，旨在为人民群众提供基本文化和旅游服务，切实保障人民群众基本文化权益。文化馆、图书馆、博物馆、美术馆、旅游景区等文化和旅游服务机构的服务范围，与其配备的文化和旅游公共服务人员数量密切相关。文化和旅游志愿服务以其广泛的社会动员、有效的文化和旅游服务，拓展了文化和旅游公共服务范围。各级文化和旅游志愿者活跃在城乡，面向包括老年人、少年儿童、残疾人、外来务工人员及其他游客等群体，开展丰富多样的文化和旅游志愿服务，这样有利于扩大文化和旅游公共服务覆盖面，推进文化和旅游公共服务均等化。

案例："阳光工程"——中西部农村文化志愿服务行动计划

2016年以来，文化部、中央文明办以社会主义核心价值观为引领，以保障农村群众基本文化权益为目标，在中西部22个省（自治区、直辖市）和新疆生产建设兵团实施了"阳光工程"——中西部农村文化志愿服务行动计划。数以千计的文化志愿者扎根基层一线，成为一支繁荣农村文化建设的驻村生力军。他们创造性地开展文化志愿服务，热情、细致、周到地服务农民，服务农村，有效缓解了农村文化队伍不足、服务效能不高等问题，进一步激活了村级公共文化发展的内生动力，极大丰富了农村群众的精神文化生活，显著提升了基层公共文化服务能力，促进城乡基本公共文化服务均等化，受到了广大人民群众的热烈欢迎。

各地按照公开招募、自愿报名、组织选拔的方式，将活跃在广大农村的有文艺专长、热心社会公益、乐于组织基层群众文化活动的群众文艺骨干等招募为文化志愿者。文化志愿者扎根基层、不辞辛苦，协助村委会开展农村文化建设工作，提出村级文化建设规划并组织实施；宣传党的路线、方针、政策，弘扬社会主义核心价值观，组织开展移风易俗等精神文明创建活动；管理和维护村级文化活动室、图书室（农家书屋）、文化信息资源共享工程服务点等公共文化设施；组织开展村民喜闻乐见的演出、阅读讲座等文化活动；辅导和培训本村群众文艺骨干和文艺爱好者；协助村委会和乡镇综合文化站做好各项农村文化工作，使得"阳光工程"达到了预期效果，在探索志愿服务工作机制、建立农村文化志愿者队伍、盘活农村公共文化设施、丰富农民精神生活等方面，发挥了积极作用。

在政策和示范效应的带动下，各地积极发展志愿服务队伍，拓展志愿服务项目，"阳光工程"文化志愿服务正不断走向深入，公共文化服务的阳光正洒向每个村落。

（三）我国文化和旅游志愿服务的管理体制

当前我国文化和旅游志愿服务的管理体制，主要有文明办管理体制下的文化和旅游志愿服务、文化和旅游部门管理体制下的文化和旅游志愿服务、共青团组织管理体制下的文化和旅游志愿服务、民政部门管理体制下的文化和旅游志愿服务。这些不同管理体制下的文化和旅游志愿服务，虽然服务方式、服务内容大同小异，但又具有各自的特点。

1. 文明办管理体制下的文化和旅游志愿服务

志愿服务是现代社会文明进步的重要标志，是加强精神文明建设、培育和践行社会主义核心价值观的重要内容。

中央文明办是中央精神文明建设指导委员会办公室的简称。文明办组织体制下的文化和旅游志愿服务，主要指的是在各级文明办指导下，在公共图书馆、文化馆、美术馆、博物馆、科技馆、革命纪念馆等文化场馆，在旅游景区景点，为培育和弘扬社会主义核心价值观，传播社会主义先进文化，引领社会文明风尚，组织开展的学雷锋志愿服务等活动。

中央文明办对全国文化和旅游志愿服务进行宏观性、导向性的指引。这些年来，中央文明办和民政部等多个部门发布《关于支持和发展志愿服务组织的意见》，加强对志愿服务组织发展的管理，健全工作机制，充分发挥其在建设中国特色社会主义征程中的传递正能量、宣扬主旋律的积极作用；中央文明办等部门发布《关于公共文化设施开展学雷锋志愿服务的实施意见》《2019年文化和旅游志愿服务工作方案》，并通过表彰一批全国公共文化设施学雷锋志愿服务的先进典型，以榜样引路，推进全国文化志愿服务的深入开展。

2. 文化和旅游部门管理体制下的文化和旅游志愿服务

各级文化和旅游部门发起成立各级各类文化和旅游志愿服务组织,制定文化和旅游志愿服务章程,组织开展文化和旅游志愿服务,提高文化和旅游设施公共服务效能,面向包括特殊群体在内的人群开展文化和旅游服务,促进文化和旅游公共服务的均等化,让全民共享文化和旅游发展成果。

文化和旅游部门管理体制下的文化和旅游志愿服务,具有鲜明的行政化特点,运用行政手段进行组织发动,具有体制上的优势。文化和旅游志愿组织的机构设置一般按行政层级。文化和旅游部门与文化和旅游志愿组织的联系紧密,许多文化和旅游志愿组织依托文化馆、图书馆、博物馆、景区开展常态化的文化和旅游志愿服务。文化和旅游部门还对各级文化和旅游志愿组织进行绩效评估、激励表彰,开展文化和旅游志愿服务示范项目评选等,推动文化和旅游志愿服务不断发展。

3. 共青团组织管理体制下的文化和旅游志愿服务

共青团中央于1993年下半年发起中国青年志愿者行动,倡导全国青少年自愿、无偿参与各类社会公益活动,实践"奉献、友爱、互助、进步"的志愿服务精神。中国青年志愿者行动服务范围较为广泛,涉及文化和旅游服务领域。各类青年志愿服务组织中,包括文化和旅游志愿服务组织。这些文化和旅游志愿组织根据群众的文化和旅游需求,开展文化和旅游志愿服务,在服务社会的同时,体现自身的价值。

共青团组织管理体制下的文化和旅游志愿服务,具有自身的特点,主要体现在:文化和旅游志愿者以青年为主体,包括数量庞大的大学生志愿服务群体;社会动员的高效性,能够在短时间里招募数量可观的文化和旅游志愿者,投入文化志愿服务中;在志愿服务的运行管理方面,具有组织化的优势,尤其在北京奥运会、上海世博会、G20峰会文艺演出等国内外重大活动志愿服务中,以高效的组织化管理、有效的激励机制,有力地促进文化和旅游志愿服务。

4. 民政部门管理体制下的文化和旅游志愿服务

民政部门管理体制下的文化和旅游志愿服务,主要是指文化和旅游志愿服务组织如其他社会团体一样,须到民政部门进行注册登记,接受年检年审,自主管理组织内部事务,自主开展文化和旅游志愿服务,组织文化和旅游志愿者参与各类文化和旅游志愿服务。

民政部门管理体制下的文化和旅游志愿服务,具有社会化、自发性、自主性的特点。这类文化和旅游志愿组织的最初形成往往是自发的,一群热爱文化、具有奉献精神的人自愿走到一起,为推进文化和旅游公共服务奉献力量。与其他社会团体一样,文化和旅游志愿服务组织必须到民政部门进行注册登记,按规定接受民政部门的统一年检。这类文化和旅游志愿组织的自主性则体现在文化和旅游志愿服务项目的策划与确定方面,即文化和旅游志愿服务组织自主确定文化和旅游志愿服务的范围、内容,独立自主地开展文化和旅游志愿服务。在实施志愿服务过程中，虽然会与公共文化事业机构和景区管理机构有一定的工作联系，但更多的时候是能够体现其独立性、自主性的。

我国文化和旅游志愿服务的管理体制主要有以上四种类型，这些类型存在着部分交叉、重合的情况，文明办、文化和旅游部门、共青团管理体制下的文化和旅游志愿组织，也可能到民政部门进行注册登记；自发成立、自主管理的民间文化和旅游志愿组织，与文明办、文化和旅游部门的联系也可能很紧密。判断文化和旅游志愿组织属于哪种类型，主要还是从其所具有的特点出发。

(四)我国文化和旅游志愿服务的政策、法规

在改革开放的社会环境下，中国志愿服务诞生并日益发展。1990 年 6 月，全国第一个注册义务工作社团"深圳青少年义务社会工作者联合会"(后更名为"义务工作者联合会")正式成立。1994 年 12 月 5 日，中国青年志愿者协会成立，标志着中国青年志愿者行动进入了有组织、有系统、有秩序的发展阶段。[①] 进入 21 世纪后，志愿服务更是得到了全社会的关注和公众的广泛参与。在志愿服务的发展进程中，从政策护航到法制保障，国家和地方政府志愿服务的立法工作不断推进，促进我国志愿服务的规范化、法制化。

1. 志愿服务政策、法律法规

自 20 世纪 90 年代以来，中央及各部委、地方政府陆续出台规范性文件，大力推进志愿服务工作。

1996 年，共青团中央印发《关于青年志愿者为大型活动提供志愿服务的暂行规定》等五个规范性文件；2005 年，中国社会工作协会社区志愿者工作委员会制定了《中国社区志愿者注册管理办法》；2007 年，中国红十字会制定《中国红十字基金会志愿服务管理办法》等。

2008 年 5 月"汶川地震"救灾志愿行动、8 月北京奥运会的志愿服务，在我国掀起了志愿服务的高潮。志愿服务在引起全社会关注的同时，也得到了党中央、国务院的高度重视。2008 年 10 月，中央精神文明建设指导委员会印发《关于深入开展志愿服务活动的意见》，要求大力弘扬志愿服务精神，深入开展全国性的志愿服务活动。2012 年 3 月，中共中央办公厅印发《关于深入开展学雷锋活动的意见》。2014 年 12 月，国务院印发《关于促进慈善事业健康发展的指导意见》。对于推进我国志愿服务的蓬勃发展，培育和践行社会主义核心价值观，促进社会文明进步，起到了积极的推动作用。

为提高志愿服务管理制度化、规范化水平，促进志愿服务可持续发展，中央文明办、民政部、教育部、共青团中央相继发布一系列规范性文件，指导各地志愿服务规范管理。2012 年 10 月，民政部出台《志愿服务记录办法》；2013 年 12 月，共青团中央

---

① 谭建光：《志愿服务：理念与行动》，53 页，北京，人民出版社，2014。

颁布修订后的《中国注册志愿者管理办法》；2015 年 3 月，教育部颁布《学生志愿服务管理暂行办法》；2015 年 8 月，民政部颁布《志愿服务信息系统基本规范》，中央文明办、民政部、教育部、共青团中央颁布《关于规范志愿服务记录证明的指导意见》。

2014 年 2 月，中央文明委印发《关于推进志愿服务制度化的意见》，要求各地着力推进志愿服务制度化，推动志愿服务持续健康发展，促进学雷锋活动常态化，培育和践行社会主义核心价值观，在全社会形成向上向善的力量。2016 年 5 月 20 日，中央全面深化改革领导小组通过了《关于支持和发展志愿服务组织的意见》，并由中宣部、中央文明办、民政部、共青团中央等部门于 7 月 11 日联合下发，明确提出到 2020 年，基本建成与经济社会发展相适应，布局合理、管理规范、服务完善、充满活力的志愿服务组织体系。

各地志愿服务的地方性立法，没有停止过探索的脚步。1999 年广东省人大通过的《广东省青年志愿服务条例》，从法律层面上支持志愿服务活动，保障志愿者的权益，成为全国第一部志愿服务地方立法。2003 年颁发的《杭州市志愿服务条例》，突破了志愿者招募的年龄局限，即面向不同群体，面向全体公民。

2008 年 10 月 6 日，中央文明委印发《关于深入开展志愿服务活动的意见》，要求"认真总结推广志愿服务地方性立法的经验，加快全国志愿服务立法进程"，以政策和法规保障蓬勃发展的志愿服务。目前，我国各地颁布实施的地方性志愿服务法规有近40 部。

志愿服务立法在 2016 年取得重要进展。2016 年 3 月 16 日，《中华人民共和国慈善法》由十二届全国人大四次会议表决通过，2016 年 9 月 1 日正式施行；《志愿服务条例》于 2017 年 6 月 7 日经国务院第 175 次常务会议通过，自 2017 年 12 月 1 日起施行。这些法律法规的实施弥补了志愿服务缺乏全国性立法的状况。

这些全国性、地方性的志愿服务法律法规，确认和调整了与志愿服务有关的各种社会关系，以法律法规的形式明确志愿者的权利与义务，规范志愿服务管理机制、激励机制、保障机制，促进了我国志愿服务活动的蓬勃开展。

2. 文化和旅游志愿服务政策

文化和旅游志愿服务是我国志愿服务不可或缺的组成部分，是现代公共文化服务体系建设的重要组成部分，是推动社会主义文化大发展大繁荣的有效途径，是推动社会主义精神文明建设的重要抓手。党中央、国务院十分重视文化和旅游志愿服务，这一点在近年来一系列重要的政策文件中都有所体现。

2011 年 10 月，党的十七届六中全会通过的《中共中央关于深化文化体制改革　推动社会主义文化大发展大繁荣若干重大问题的决定》，要求"壮大文化志愿者队伍，鼓励专业文化工作者和社会各界人士参与基层文化建设和群众文化活动，形成专兼结合的基层文化工作队伍"。

2015 年 1 月，中共中央办公厅、国务院办公厅印发了《关于加快构建现代公共文化服务体系的意见》，对现代公共文化服务体系中的文化志愿服务提出了具体任务与要求，为我国文化志愿服务工作明确了思路。它强调要大力推进文化志愿服务，大力弘扬志愿服务精神，坚持社会倡导和自愿参与相结合，构建参与广泛、内容丰富、形式多样、机制健全的文化志愿服务体系；探索特色文化志愿服务模式，不断创新文化志愿服务的服务内容、工作方式和活动载体；完善文化志愿者注册招募、服务记录、管理评价和激励保障机制；动员组织专家学者、艺术家等社会知名人士参加志愿服务，提高社会影响力。要建立"结对子、种文化"的工作机制，推动专业艺术院团等到基层教、学、帮、带，建立志愿服务下基层制度；加强对文化志愿队伍的培训，提升文化志愿者的服务意识、服务能力和服务水平。这个重要文件对文化志愿服务提出了十分具体的要求，对全国文化志愿服务具有积极的推进作用。

2016 年 8 月 30 日，中央全面深化改革领导小组第二十七次会议审议通过了《关于公共文化设施开展学雷锋志愿服务的实施意见》，指出公共文化设施开展学雷锋志愿服务，要以培育和践行社会主义核心价值观、满足人民群众日益增长的精神文化需求为出发点，以公共图书馆、博物馆、文化馆、美术馆、科技馆和革命纪念馆为平台，稳步推进公共文化设施志愿服务站点建设，广泛吸引志愿者参与文化志愿服务，发展壮大学雷锋志愿服务队伍，加强志愿服务保障和支持。

2016 年 10 月 18 日，中宣部、中央文明办、文化部等七部门下发《关于公共文化设施开展学雷锋志愿服务的实施意见》（文明办〔2016〕22 号），指出为大力弘扬"奉献、友爱、互助、进步"的志愿精神，丰富人民精神世界，增强人民精神力量，建设社会主义文化强国，为实现"两个一百年"奋斗目标，实现中华民族伟大复兴的中国梦提供坚强的思想保证、强大的精神力量和丰润的道德滋养，要求在公共文化设施开展学雷锋志愿服务活动。提出的工作目标是：到 2020 年，基本建成公共文化设施志愿服务组织体系、志愿服务项目体系和志愿服务管理制度体系，公共文化设施志愿者队伍不断壮大，志愿服务组织充满活力，志愿服务活动广泛开展，成为全社会学雷锋志愿服务的品牌、传承和弘扬中华优秀文化的窗口、培育和践行社会主义核心价值观的重要阵地。

为深入贯彻落实习近平总书记关于文明旅游工作所做的一系列重要批示精神，2015 年，国家旅游局推出《中国旅游志愿者工作实施方案》。2015 年 8 月 31 日，国家旅游局发布《关于建立中国旅游志愿者队伍开展旅游志愿服务的通知》，决定在全国范围内建立一支由支持旅游事业、热心公益事业人士组成的旅游志愿者队伍。

2019 年 3 月，文化和旅游部、中央文明办联合印发《2019 年文化和旅游志愿服务工作方案》，2019 年的文化和旅游志愿服务工作主要包括"春雨工程"——全国文化和旅游志愿服务行动计划、"阳光工程"——中西部农村文化志愿服务行动计划、"圆梦工程"——农村未成年人文化志愿服务计划等。其中，"春雨工程"包括新时代文明实践中心志愿服务、边疆民族地区志愿服务、基层公共文化机构志愿服务、文明旅游志愿服务四个方面的项目。要求加强组织领导，进一步建立健全志愿服务工作机制、活动运行长效机制、嘉许激励机制，逐步建立"纵向到底、横向到边"志愿服务网格体系，加强对文化和旅游志愿服务内容的严格把关。坚持需求导向、项目带动，立足基层群众对志愿服务的需求，策划设计操作性强的志愿服务项目。要求加大宣传动员力度，充分利用"5·19"中国旅游日等关键时间节点，积极动员社会力量参与志愿服务，扩大文化和旅游志愿服务社会影响力。要求坚持求实效，加强对志愿服务项目的登记、跟踪、指导和监管等常态化管理，对项目的实施效果进行监测、考核和评估。要求切实保障志愿者合法权益，为志愿者提供必要的工作条件，依法依规保障好志愿者权益，制定活动安全预案。

3. 文化和旅游志愿服务法律法规

文化和旅游志愿服务的健康、可持续发展需要法律的保驾护航。为进一步推进我国文化和旅游志愿服务的制度化、规范化、常态化，近年来文化和旅游志愿服务立法不断推进，取得了显著的成果。

2016年7月14日，文化部印发《文化志愿服务管理办法》。明确了文化志愿者的概念、应享有的权利和应履行的义务，规定了文化志愿服务组织单位应履行的职责，明确了文化志愿服务范围与服务内容。要求文化志愿服务组织单位应结合实际，建立文化志愿服务激励回馈制度和文化志愿服务嘉许制度等。《文化志愿服务管理办法》具有很强的指导性与操作性，有利于提升我国基层蓬勃开展的文化志愿服务的组织化、规范化水平，推进各地文化志愿服务的制度化。

文化和旅游志愿服务立法最令人鼓舞的成果，是2016年12月25日全国人大常委会通过的《中华人民共和国公共文化服务保障法》。作为《文化志愿服务管理办法》的上位法，《中华人民共和国公共文化服务保障法》重视现代公共文化服务中志愿服务的作用，分别从三个角度对文化志愿服务做出规定：首先，从国家的层面，倡导和鼓励公民、法人和其他组织参与文化志愿服务；其次，明确地方政府部门"建立管理评价、教育培训和激励保障机制"，对文化志愿服务给予必要的指导和支持，营造文化志愿服务良好的社会支持系统；最后，公共文化服务单位必须结合各自的文化服务职能，组织开展各种形式的文化志愿服务活动，解决公众日益增长的精神文化需求与公共文化服务人员有限的矛盾。《中华人民共和国公共文化服务保障法》的出台，有利于推进文化志愿服务的法制化、制度化、社会化、品牌化，激发公众参与公共文化服务的主体意识，有效弥补政府公共文化服务的不足，形成志愿服务、文化共享的良好局面。

伴随着现代公共文化服务体系建设和文旅融合的发展进程，从政策引导到立法保障，我国文化和旅游志愿服务制度建设和立法工作不断推进，为文化和旅游志愿服务营造了良好的政策环境与社会氛围，有利于激发公众参与文化和旅游志愿服务的积极性，进一步推动我国文化和旅游志愿服务蓬勃发展。

第二节　文化和旅游志愿服务的意义与主体

　　深入开展文化和旅游志愿服务，必须深刻理解文化和旅游志愿服务的意义，动员和激发广大公众参与文化和旅游志愿服务的积极性，在文化和旅游志愿服务中体现自己的价值与精神追求。

一、文化和旅游志愿服务的意义

　　广泛开展基层文化和旅游志愿服务活动，是推进我国公共文化服务和文明旅游的有效方式，是满足广大公众精神文化生活的现实要求，是发挥人民群众文化创造活力的有效平台。

　　在积极推进文化和旅游志愿服务的工作中，必须充分认识到文化和旅游志愿服务的意义。只有认识到文化和旅游志愿服务的意义，文化和旅游志愿者才会全身心地投入到志愿服务的各项组织工作中，努力做到尽善尽美；只有认识到文化和旅游志愿服务的意义，文化和旅游志愿者才会将之内化为自己的精神追求，不辞辛苦奉献文化智慧，服务广大群众；只有认识到文化和旅游志愿服务的意义，文化和旅游志愿服务组织才会具有较强的凝聚力和向心力。

　　文化和旅游志愿服务的意义，可以分别从对社会的意义、对文化和旅游志愿者的意义、对服务对象的意义等几个角度去理解和把握。

(一)对社会的意义

1. 传递互助友爱之心

　　文化和旅游志愿服务是志愿者利用自己的时间、爱心以及文化知识和文艺技能，自觉自愿地为公众提供无偿的文化和旅游服务。文化和旅游志愿者这种利他的行为，目的是帮助广大公众改善精神文化生活，提高旅游质量，提升文化素养，推动社会文明进步。文化和旅游志愿组织与志愿者通过富有成效的文化和旅游志愿服务行动，向服务对象传递友爱之情，为社会营造良好的团结互助氛围。文化和旅游志愿者以积极的人生态度、力所能及的文化和旅游服务，传达人与人之间的友善、理解与关怀，传递人类互助友爱精神，促进我国精神文明建设的发展。

2. 推动文化艺术普及

　　文化和旅游志愿服务的内容，主要是面向广大群众开展各类丰富多彩的文化活动、文艺辅导培训、艺术欣赏，传承民族民间艺术等。文化和旅游志愿者在文化艺术方面大多有一技之长，有些擅长歌舞，有些工于丹青。在文化和旅游志愿服务活动中，他们充分施展自己的文化艺术才华，热情服务于群众，分享文化艺术的魅力，提升群众的文化艺术表演水平或创作能力。还有精通互联网、新媒体的文化志愿者，将移动互联网等现代信息技术与文化和旅游志愿服务有机结合起来，扩大文化艺术的传播范围，拓展文化和旅游志愿服务的覆盖面，让更多的群众享受文化艺术，做到文明旅游。

3. 丰富群众精神文化生活

文化和旅游志愿服务是文化和旅游公共服务的重要组成部分。我国数量可观的文化和旅游志愿者，活跃在城乡的公共文化设施和旅游景区景点开展文化和旅游服务，深入基层进行文艺演出、艺术展览，开展富有成效的文化艺术培训辅导。他们的出现能够弥补文化和旅游公共服务人员的不足，满足广大群众对新时代文化生活的期待。各地针对包括外来务工人员、老年人、少年儿童、残疾人在内的广大游客开展的文化和旅游志愿服务，更是以精准化的文化服务、个性化的文化关怀，丰富了不同群体的文化旅游体验，体现着文化和旅游公共服务的均等化与普惠性。

4. 促进社会和谐进步

广泛开展的基层文化和旅游志愿服务活动，在引导人们服务他人、奉献社会的过程中提升道德修养，弘扬我国助人自助、邻里守望的传统美德，促进社会主义核心价值体系建设。面向残疾人、外来务工人员、老年人等特殊群体的文化志愿服务，以及旅游景区景点志愿服务，让志愿服务的阳光洒向城乡各个角落，有利于推进文化共享，在全社会弘扬真诚友爱的文化氛围，促进社会和谐进步。

案例：厦门青年民族乐团

厦门青年民族乐团是由厦门市文化馆于 2001 年 4 月创建的文化志愿者团队，历经 20 年的发展，由最初的 14 名团员发展至现在的 70 名团员。乐团主要由厦门各艺术院校的教师、学生及社会各界的民乐爱好者组成。

厦门青年民族乐团以弘扬中华民族音乐为己任，积极推动中国民族器乐的发展，是享誉厦门乃至福建的一支具有专业水平的非职业乐团。作为全国首批优秀文化志愿者团队，乐团常年开展的"民族音乐进校园"活动已成为厦门市文化馆的品牌活动。

近年来，乐团委约、创作的一批本土题材的民乐作品，在省市比赛中屡获佳绩。乐团已成为厦门发展繁荣民族音乐的重要平台，成为厦门大学艺术学院、集美大学音乐学院等艺术院校的实习基地，为厦门市培养了大批优秀民族音乐人才。

乐团致力于推广、普及民族音乐，不仅承担了厦门市重大活动的演出，还活跃在社区、乡村、学校、厂矿、军营。2004 年起，乐团坚持开展"民族音乐进校园、进社区、进农村"，"三爱"主题教育，以及民族音乐精粹高校巡演等公益活动，先后走进集美大学、厦门理工学院、厦门大学漳州校区以及许厝村、禾山街道等，举办民族器乐专场音乐会数十场，深受市民和学校师生的欢迎。

乐团文化志愿者不仅举办专场演出，还向公众介绍历史悠久、品种丰富的民族乐器，介绍我国管弦乐发展历史，并结合乐曲梗概介绍、演奏民族器乐经典曲目，让人们认识我国民族音乐，感受民族音乐的魅力。

厦门青年民族乐团作为一个民间艺术表演团体，没有编制，没有工资、奖金，是共同的兴趣与追求和奉献社会、提升志愿服务的理念将他们凝聚在一起的。厦门青年民族乐团的演员们虽然工作在不同的岗位上，但他们每周都坚持一次排练，风雨无阻，从不间断。精益求精的追求，使得他们的演奏水平达到了专业乐团的业务要求和演出标准。

乐团得到全国许多著名艺术家的关注，已故中国当代著名作曲家、指挥家刘文金先生对厦门青年民族乐团关爱有加，曾多次亲临指导，他认为"这是一支有水平的、最没有铜臭味的乐团"。著名作曲家、指挥家周煜国、杨春林，青年指挥家孙莹、黄光佑等都曾任乐团客席指挥。

20年来，厦门青年民族乐团践行志愿服务精神，弘扬社会主义核心价值观，助推公共文化服务体系建设，汇聚了一大批不计名利、服务于民的优秀音乐人才，在传播、普及中华传统音乐方面发挥了积极的作用，产生了良好的社会效益，受到广大群众的欢迎。

(二)对文化和旅游志愿者的意义

文化和旅游志愿服务不仅仅是利他的行为，也是文化和旅游志愿者内在的精神追求，是他们奉献社会、体现自我价值的途径，对文化和旅游志愿者来说，同样具有深远的现实意义。

1. 奉献体现价值

每个人都有自己的价值追求。美国人本主义心理学家马斯洛将人的需求分为五个层次，从低到高依次是生理需求、安全需求、感情和归宿需求、社会需求、自我实现需求。自我实现需求包括胜任感、成就感等方面的获得与满足。文化和旅游志愿服务为志愿者奉献爱心、服务社会，提供了良好的服务平台。文化和旅游志愿者向社会奉献文化智慧，对服务对象倾注满腔热情，一起分享文化艺术，分享旅游资讯。可见，文化和旅游志愿服务并不是单纯的给予，在服务他人、奉献社会的过程中，文化和旅游志愿者能够获得被信任、被赞美的愉悦感受，获得精神需求上的满足，感觉自己的社会价值得到了体现，文化和旅游志愿服务的经历使志愿者感到充实、快乐，自身的灵魂和精神境界得到洗礼和升华，进一步增强了他们的社会责任感。

2. 丰富生活体验

文化和旅游志愿者是利用自己的时间、自身拥有的文化艺术知识与技能，以及自身拥有的旅游景区信息、紧急救助知识，无偿为公众提供文化和旅游服务的。对于许多参加过文化和旅游志愿服务的人来说，参与文化和旅游志愿服务是一种崭新的生活体验。富有特色的文化和旅游志愿服务项目，丰富多彩的文化和旅游志愿服务，都是文化和旅游志愿者在工作之余的人生经历，是难忘的生活体验。这些志愿者与充满爱心的文化和旅游志愿服务团队在一起，感受到生活中浓浓的爱与关怀。他们从中可以体验到自己的生活变得精彩，体验到文化和旅游志愿服务的快乐，甚至感觉到生活中从未有过的充实。而面向特定群体开展特色文化志愿服务时，也对残疾人、外来务工人员、老年人等不同群体的文化需求与精神生活有了直观、深刻的感受。深入乡村、走进基层或走进景区景点开展文化和旅游志愿服务，他对于生活在城市的文化和旅游志愿者，又是完全区别于城市生活的别样体验。一个人越是深度参与文化和旅游志愿服务，对于生活的感悟、对于人生的思考就越显得深刻，就越会珍爱生命、关爱他人，努力让生命更有价值。

3. 提供学习机会

文化和旅游志愿者参与的文化和旅游志愿服务，既是奉献爱心、传播文化艺术、传递旅游资讯的过程，又是完善自己、提升文化艺术素养、文艺技能、旅游知识的途径。文化和旅游志愿者从事志愿服务，往往需要有一定的文化艺术素养与技能水平。文化和旅游志愿者大多在文化艺术或旅游服务方面有一定的能力，为了提升文化和旅游志愿服务的绩效，文化和旅游志愿服务组织大多会开展专题培训，既有志愿服务的通识培训，也有文化艺术技能、素养提升和旅游知识的培训指导。无论是专家的讲座，还是志愿服务实例的分享，都是文化和旅游志愿者宝贵的学习机会。文化和旅游志愿服务组织成员之间的无私交流、认真切磋，对文化和旅游志愿者来说，都是可遇不可求的提升文化艺术素养与能力、丰富旅游知识的机会。可见，文化和旅游志愿服务实践是锻炼自己能力、提高文化艺术素养的大好课堂，在这里，文化和旅游志愿者可以锻炼与提高自身的沟通能力、组织能力、领导能力、协调能力，增强自信心。

(三)对服务对象的意义

文化和旅游志愿服务对于所服务的个人或者群体，具有更为现实的积极意义，主要体现在以下几个方面。

1. 接受个性化服务

残疾人、老年人、外来务工人员、少年儿童等特殊群体及其他广大游客，是文化和旅游志愿服务的主要服务对象。这些服务对象具有一定的特殊性，他们对精神文化生活有强烈的需求，但往往由于自身的原因，通常没能均等地享受到文化和旅游公共服务。文化和旅游志愿服务从公共服务均等化的视角出发，根据这些群体各自的特点和需求，制定具有针对性、操作性的志愿服务方案，让他们享受量身定制的文化和旅游志愿服务，共享文化和旅游发展成果。

2. 更好地融入社会

通过文化和旅游志愿服务，帮助服务对象走进博物馆、文化馆、图书馆、美术馆和旅游景区，享受文化艺术、景区风景和人文风情的审美愉悦，以陶冶他们的情操，提高他们的审美能力，让他们的精神世界充实起来，让他们的生活变得更阳光。文化和旅游志愿者以亲切的关爱和热情的照顾，帮助服务对象走出原先相对狭窄的社交圈子，走进文化场馆，走进风景名胜，增强他们生活的信心，使之以积极的态度接受生活的挑战，减轻他们生活中的自卑感和疏远感，帮助他们更好地融入社会。

3. 改善精神文化生活

文化和旅游志愿服务作为传播人类文明的重要载体，通过个性化的服务传递爱心，传播文化，有利于改善残疾人、外来务工人员、老年人、少年儿童等各个不同群体的文化和旅游生活，促进社会各群体对美好生活、精神世界的追求。例如，辽宁图书馆等志愿服务组织通过"对面朗读""听爱心电影""为盲人捐声"等方式，帮助视障群体走进图书馆，欣赏文学艺术带来的审美享受；北京市朝阳区文化馆等志愿服务组织通过为外来务工人员举办"春晚"等活动，让外来务工人员成为"春晚"舞台的主角，在这样的"春晚"舞台上，以自己的艺术方式讲述外来务工人员的奋斗生活、情感世界和精神追求；杭州西湖边的旅游志愿者，通过旅游服务，增进游客游览西湖的美好体验；等等。

案例：辽宁省图书馆"对面朗读"活动

辽宁省图书馆为盲人服务的"对面朗读"活动始创于 2003 年，到 2020 年 5 月已举办一千余期。作为独具特色的文化志愿服务，"对面朗读"活动为无数残障朋友打开了学习通道，通过人性化的服务之路，营造了一种宽松和谐的人文关怀氛围，使残疾人能够平等享受阅读服务。

"对面朗读"活动举办之初，主要为盲人提供电话预约阅读服务，让志愿者与盲人进行面对面的交流与沟通，以最直接的方式相互传递有效信息。为了解决盲人读者特别是孩子出行不便的问题，志愿者从 2005 年开始定期走入沈阳市盲校，为盲童开设"社会实践课"，将文化服务送到盲童身边。游戏、聊天、讲故事，轻松的方式，快乐的内容，深受盲童们的欢迎和喜爱。

十余年来，"对面朗读"文化志愿者们信守着与盲人朋友每周的约定，无论酷暑严寒，从未间断过。坚持不辍的志愿文化服务在彰显着这个社会的善意和温情的同时，也为更多盲人读者更好地融入社会，坚强地面对生活，发挥了积极作用。

2008 年，辽宁省图书馆获"辽宁省扶残助残先进集体"称号；2009 年荣获"全国扶残助残先进集体"称号。2013 年，"对面朗读"志愿服务活动荣获文化部"优秀文化志愿服务项目"称号。

二、文化和旅游志愿服务主体

在现代公共文化服务建设和推进全域旅游工作中，文化和旅游志愿服务发挥着积极的作用。2015 年国家旅游局印发《关于建立中国旅游志愿者队伍开展旅游志愿服务的通知》，2016 年文化部出台《文化志愿服务管理办法》，对文化和旅游志愿服务主体进行了明确的表述，即文化和旅游志愿者与文化和旅游志愿服务组织。

(一)文化和旅游志愿者

1. 文化和旅游志愿者的概念

志愿者是一个没有国界的名称。在西方发达国家，志愿者是指不受私人利益的驱使，不受法律强制，是基于某种道义、信念、良知、同情心和责任感，为改进社会而提供服务、贡献个人的时间、才能及精神，而从事社会公益事业的人或人群。

我国《志愿服务条例》将志愿者定义为："以自己的时间、知识、技能、体力等从事志愿服务的自然人。"在志愿者身上体现着"奉献、友爱、互助、进步"的志愿精神。

文化和旅游志愿者是志愿者群体的组成部分。文化和旅游志愿者是指利用自己的时间、知识、技能、体力等，自愿、无偿为社会或他人提供文化和旅游志愿服务的自然人。

2. 文化和旅游志愿者的基本特征

在文化和旅游志愿服务实践中，必须准确把握文化和旅游志愿者的基本特征。

首先是自愿，即基于内心的爱，愿意为社会、为他人提供文化和旅游志愿服务，而不是因为外在的强制。文化和旅游志愿者的服务行为，是他们奉献精神的外在表现。文化和旅游志愿者的社会责任感，使他们自觉自愿地报名参加文化和旅游志愿服务组织，其所参与的文化和旅游志愿服务项目、服务方式主要由其自身的意愿决定。他们在文化和旅游志愿服务的实践中，展示自己的精神风貌、文化素养，贡献自己的文化智慧、文化技能、旅游知识，服务公众。

其次是无偿，即所从事的面向公众的文化和旅游志愿服务，完全是作为义务工作的，没有谋取经济上收益的内在动机，不期望从文化和旅游志愿服务工作中得到劳务报酬。虽然可能会得到伙食、交通补助等数目不高的费用，但这不能理解为是他们所得的劳务报酬，而只是文化和旅游志愿服务所必需的经费保障和必不可少的工作条件。例如，文化名家志愿者走进公共文化场馆、街道社区，参加文化志愿服务，文化和旅游志愿组织为他们发放交通、快餐等方面的补贴，但这些费用与文化名家的演出、讲座的劳务报酬相比微不足道，不能认为是获取的报酬。

再次是自己的时间，在工作之余，在自己的休息时间，面向公众开展文化和旅游志愿活动，为那些需要得到特殊关照的残疾人、老年人、外来务工人员、少年儿童和其他游客等，提供有针对性、人性化的文化和旅游服务。文化馆专业人员在工作时间，为公众提供优质的文化服务，进行文化艺术辅导，是他们本身的工作职责、岗位要求，不是文化和旅游志愿服务。只有在自己的业余时间，本该休息的时候，走进文化场馆、街道社区，举办公益性的艺术辅导，指导基层群众文化团队，或者在景区景点、旅游集散中心开展旅游志愿服务，这个时候所做的才是文化和旅游志愿服务。

最后是公益性。文化和旅游志愿者所提供的是文化和旅游公益性服务，旨在增进社会公共的文化利益，改善特殊群体的精神文化生活，倡导文明旅游。这些文化和旅游服务属于政府文化和旅游部门的职责范围，但现实中，政府部门、文化和旅游市场都无法完全满足社会公众的需求，只能通过文化和旅游志愿者的志愿服务，扩大文化和旅游公共服务的覆盖面。

只有清晰地把握文化和旅游志愿者的概念，在文化和旅游志愿服务工作中才不会产生认识上的模糊或者混淆，对文化和旅游志愿者的形象才会有清晰的定位。

文化和旅游志愿者与普通的志愿者有相同之处，如参加志愿服务并不以获取物质报酬为目的，在闲暇时间里，奉献自己的技能、智慧、资源，为公众提供公益性服务等。不同之处在于，文化和旅游志愿者侧重于在文化和旅游公共服务领域，开展文化和旅游志愿服务，需要具有一定的专业性。

链接：中国文化志愿者标识

2014 年 3 月，在文化部、中央文明办共同组织开展的 2014 年"文化志愿服务推进年"系列活动启动仪式上，文化部发布了"中国文化志愿者"标识（图 1-1）。

中国文化志愿者标识名为"绽放之时"，整体造型是一朵盛开的花朵，由 5 个变形的"文"字相互连接构成，融合了汉字、心形和中国结等元素，寓意文化志愿者心手相连，传播中华民族优秀文化，弘扬"奉献、友爱、互

图 1-1 "中国文化志愿者"标识

助、进步"的志愿精神，让幸福之花绽放在祖国的每一个角落。该标识作为中国文化志愿者的统一标志，广泛应用于全国各类文化志愿服务活动。

案例：朱良成——心系外来务工人员的文化义工

朱良成是一位农村青年，19 岁便远赴深圳打工。为了实现自己的"春晚梦"，朱良成每年上半年打工赚钱，下半年为外来务工人员筹备"春晚"，这成了他近几年来的生活轨迹。2012 年 1 月 14 日，朱良成筹划了许久的湖南省首届"春晚"在浏阳一个露天广场举行。从各地选拔来的外来务工人员先后登台，本色出演，演出的成功让朱良成感到十分欣慰，他决心将"春晚"坚持办下去。

2012 年至 2020 年，湖南省已经为外来务工人员举办了九届"春晚"，这样的"春晚"已成为湖南省具有一定影响力的文化活动品牌，获得了文化和旅游部、湖南省文化旅游厅的多次表彰。每届"春晚"节目均由外来务工人员自编自演，响应外来务工人员的文化诉求，表达外来务工人员的心声，具有鲜明地方特色、民族特色和浓郁的生活气息。

2020 年，湖南省第九届"春晚"于 1 月 20 日下午在长沙实验剧场举办，同时在永州市宁远县、怀化市会同县、郴州市安仁县设立分会场。演出开通了网络直播，让精彩节目通过网络走进更多外来务工人员的家中。

朱良成还是湖南省文化和旅游厅文化志愿服务总队务工文化分队队长。多年来，朱良成带领的务工文化分队进工地、进农村，为外来务工人员举办"春晚"等公益演出，在湖南省形成了较好的品牌效应。

(二)文化和旅游志愿服务组织

1. 文化和旅游志愿服务组织的概念

志愿服务组织是由富有社会责任、具有奉献精神，自愿用自己的智慧、能力与资源，去帮助有困难群体、增进社会公益的人建立起来的组织。《志愿服务条例》第二章第六条将志愿服务组织表述为"依法成立，以开展志愿服务为宗旨的非营利性组织"。

文化和旅游志愿服务组织，是志愿服务组织的一个分支。原文化部在《文化志愿服务管理办法》中，将"文化志愿服务组织"定义为"以开展文化志愿服务为宗旨的非营利性社会组织"。

文化和旅游志愿服务组织是社会组织。规范化的文化和旅游志愿服务组织，必须接受文化和旅游部门指导和管理，依法在民政部门登记。文化和旅游志愿服务组织根据志愿服务的性质，从日常运行管理的角度出发，建立一定的组织结构，动员和运用社会文化和旅游资源，实施公益性、利他性的文化和旅游志愿服务项目，开展多种形式的文化和旅游志愿服务活动，完成文化和旅游志愿服务组织所担负的使命。

2. 文化和旅游志愿服务组织的基本特征

文化和旅游志愿服务组织在基本性质、服务导向、服务内容等方面，具有以下几个方面的特征。

（1）正规性

文化和旅游志愿服务组织与其他志愿服务组织一样，必须按照相关的法律规定，进行注册登记，挂靠当地文化和旅游行政管理部门，接受文化和旅游行政主管部门的领导和监督，保证文化和旅游志愿服务组织的合法性、规范化。在文化和旅游志愿服务组织内部，须设立专门的组织架构，组织协调文化和旅游志愿服务组织各个部门；并制定组织章程、财务管理办法等规范的管理制度，促进文化和旅游志愿服务组织的良性运行，充分发挥文化和旅游志愿服务组织、文化和旅游志愿者的积极作用。

（2）非营利性

文化和旅游志愿服务组织不以获取利润为目的，而是直接向社会公众或特定群体开展文化和旅游志愿服务，追求文化和旅游志愿服务组织章程所设定的社会目标，完成文化和旅游志愿服务组织所担负的使命。文化和旅游志愿服务组织获取的所有经济收益，包括接受的社会捐赠、获取的政府有关部门支助等，都不能向组织的成员进行分配，不能为任何个人谋取私利，这体现了文化和旅游志愿服务组织的非营利性特点。

（3）志愿性

文化和旅游志愿服务组织的志愿性，体现在其组织性质是以开展公益文化服务、推广文化和旅游志愿服务为己任的；组织内部的文化和旅游志愿者以内在的文化情怀、自身拥有的文化技能与资源，自发自愿地走到一起，不计物质报酬，自觉、自愿、自主开展文化和旅游志愿服务。这就决定了文化和旅游志愿服务组织在安排文化和旅游志愿服务时，必须充分考虑文化和旅游志愿者本人的意愿，激发文化和旅游志愿者参与的积极性，提高文化和旅游志愿服务效率。

（4）公益性

文化和旅游志愿服务组织以公共利益为目标，旨在促进公众文化权益，以无私奉献、志愿服务，弥补政府文化和旅游公共服务的不足，推进文化和旅游发展成果的共享，促进公共文化服务均等化。公益性是文化和旅游志愿服务组织最重要的特征，决定了文化和旅游志愿服务组织所做的一切必须以公共利益为导向，不能以追求商业利润为目的。

（5）独立性

文化和旅游志愿服务组织按照相关法律规定，在组织建立、登记注册时，必须挂靠文化和旅游行政主管部门，接受文化和旅游行政主管部门的管理和监督；在文化和旅游志愿服务中接受文化馆、图书馆、博物馆和景区管理部门的指导。但是文化和旅游志愿服务组织在其他方面，仍然有着一定的独立性与自主权，如根据组织内部的章程与相关制度自主地招募本组织需要的文化和旅游志愿者，独立自主地进行决策，策划开展文化和旅游志愿服务活动，实施文化和旅游志愿服务项目等。

（6）文化性

文化和旅游志愿服务组织的文化性特征，是区别于社区志愿者、环保志愿者等其他领域志愿者的主要特征。文化和旅游志愿服务组织所开展的公益性服务，主要是大型文化活动的志愿服务，依托公共文化设施和景点景区开展的常态化服务，以及面向残疾人、老年人、外来务工人员、少年儿童等特殊群体的个性化文化服务，内容涉及文艺演出、艺术辅导、文化培训讲座、图书阅读推广、艺术欣赏、文物展览、景区引导、文明劝导等。文化性特征是文化和旅游服务的专业化特点所决定的。

一滴水的力量是有限的，涓涓细流只有汇成江河，才会有奔腾磅礴的力量。文化和旅游志愿者个人力量也是有限的，只有自发、自愿地走到一起，组建成一个个富有特色、高效运行的文化和旅游志愿服务组织，通过规范化的制度管理，汇集志愿者的文化智慧，针对社会公众不同的文化和旅游需求，进行富有创意的文化策划，开展个性化的文化和旅游志愿服务，传递社会关爱，弘扬优秀文化，才能更好地服务社会、服务公众，才能推动文化和旅游志愿服务事业不断发展，在我国文化和旅游公共服务中发挥出更大的积极作用。

案例：奉化志愿服务让游客更暖心

浙江省宁波市奉化区大力开展文明旅游志愿者活动，在元旦、春节、劳动节、国庆节等假日期间，组织旅游志愿者开展秩序维护、义务讲解、文明监督等志愿服务活动，引导群众在实践中养成文明旅游的习惯。

2018年以来，溪口、滕头、黄贤等旅游咨询中心，多家旅游企业和各大景区、景点多次组织旅游志愿者，到景区发放各类文明旅游宣传资料，宣传文明旅游，帮助解决旅客的各类服务需求和困难，劝阻游客的一些不文明行为等。

每逢节假日，虽然各大景区参观的游客爆满，但景区安全、游客停车、文明服务等都做得非常到位，整个景区交通秩序井然。志愿者们不仅为往来游客提供行路指引、交通秩序维护、应急救援等志愿服务，还为游客提供婴儿床、行李寄存、手机充电等服务。景区志愿者分布在各人流量较大的区域，或为游客指路，或劝阻不文明行为，引导游客有秩序、文明礼让地出行，做到文明与山水同在，和谐与风景共存。文明旅游志愿活动已经成了宁波市奉化区全域旅游一道靓丽的风景线。

第三节　文化和旅游志愿服务的功能与基本原则

文化和旅游志愿服务作为现代公民社会化组织与社会化动员相结合的机制和方式，已经成为我国文化和旅游公共服务体系建设不可缺少的组成部分。在文化和旅游深度融合、高质量发展的背景下，文化和旅游志愿服务的社会功能，必须引起各级文化和旅游部门的高度重视。

一、文化和旅游志愿服务的功能

文化和旅游志愿服务的社会功能，主要有社会动员、资源整合、文化促进、社会倡导、文化扶助等。

(一)文化和旅游志愿服务的社会动员功能

随着"互助、友爱、奉献、进步"的志愿精神不断深入人心，服务社会、服务他人的文化和旅游志愿服务方式，自主选择、平等参与、不计报酬、力所能及的志愿服务特征，以及志愿服务取得的可喜成果，使文化和旅游志愿服务成为一种独特的、低成本的、广泛使用的社会动员手段，成为动员不同群体、不同年龄、不同职业的社会公众推动文化和旅游高质量发展的有效路径。为人们发挥文化智慧、运用文艺专长服务社会提供了有效的渠道，为人们实现自身的社会价值、促进文化和旅游志愿者个人与志愿服务组织的自我完善，提供了重要的实践平台。当前不断壮大、蓬勃发展的文化和旅游志愿服务组织，展示了文化和旅游志愿服务在当代中国社会强大的社会动员功能。

(二)文化和旅游志愿服务的资源整合功能

政府服务、市场供给的文化资源，还是有一定局限的，尤其是政府公共文化服务部门的人员编制、服务经费等方面的配置，与新时代人民群众对美好生活的需要不相适应。文化和旅游志愿服务的感召力和强大的社会动员功能，将有效地动员社会上富有奉献精神、具有文艺专长和旅游知识的志愿者投身于文化和旅游公共服务，解决文化和旅游公共服务人员不足的问题。文化和旅游志愿者的文艺专长、文化学识，以及各自拥有的文化资源，都是文化和旅游公共服务中宝贵的资源。文化和旅游志愿服务的资源整合功能，丰富了文化和旅游公共服务的资源。

（三）文化和旅游志愿服务的文化促进功能

文化和旅游志愿者队伍是文化和旅游服务队伍中的生力军，文化和旅游志愿者与文化和旅游志愿服务组织积极实施文化和旅游志愿服务项目，依托公共文化设施和旅游景区，开展多种形式的文化和旅游志愿服务活动，有力地推动全民艺术普及，促进全民阅读活动的深入开展，促进优秀传统文化传播，提升文化和旅游公共服务效能，促进我国文化和旅游事业发展，为社会主义文化强国建设起到积极的促进作用。

（四）文化和旅游志愿服务的社会倡导功能

文化和旅游志愿服务体现的"互助、友爱、奉献、进步"志愿精神，助人为乐的传统美德，是一种润物无声的精神滋养，能够唤醒和激发公众内心深处的邻里守望、团结友爱、助人自助、仁者爱人的文化情怀和精神品质，营造全社会团结互助、甘于奉献的良好风尚。文化和旅游志愿者不计报酬、无私奉献的精神品质，深入基层、不辞辛劳的优良作风，潜移默化地感染着每个服务对象，影响着身边的人们，使人们在不知不觉中获得思想道德的净化。文化和旅游志愿服务实践在全社会弘扬了志愿服务精神，倡导良好社会风尚，为精神文明建设注入新的活力。

（五）文化和旅游志愿服务的文化扶助功能

面向残疾人、外来务工人员、老年人、少年儿童等不同群体的文化和旅游志愿服务，其专业化程度越来越高，项目化运作越来越有成效，针对性、个性化服务越来越鲜明。这些面向特殊服务对象提供的文化和旅游志愿服务，精准对接不同服务对象的文化和旅游需求，改善了这些特殊群体的精神文化生活。例如，针对视障群体开展的有声朗读、盲文图书制作的志愿服务，针对少年儿童开展的"故事妈妈"志愿服务，针对山区孩子的"艺术扶贫"志愿服务，都体现了公共文化和旅游服务的均等化要求，体现了文化和旅游志愿服务的文化扶助功能，保障了包括特殊群体在内的社会公众的基本文化权益和旅游者的合法权益。

文化和旅游志愿服务是传播人类文明、弘扬优秀文化的重要载体，是促进社会和谐与进步的重要工具，是推动文化和旅游公共服务均等化的有效抓手。文化和旅游志愿服务不仅为社会和他人提供文化关爱，还使文化和旅游志愿者自身的精神境界得到升华。

二、文化和旅游志愿服务的基本原则

文化和旅游志愿服务必须坚持自愿参加、量力而行、讲求实效、持之以恒的原则，切实推进文化和旅游公共服务领域的志愿服务。

(一)自愿参加

志愿服务是文化和旅游志愿者自觉自愿的服务行动，是基于社会责任、奉献意识，愿意为社会、为他人提供的服务，不要求任何物质上的报酬。文化和旅游志愿服务必须坚持自愿参加的原则，尊重文化和旅游志愿者的个人意愿，根据文化和旅游志愿者的文化艺术特长与兴趣爱好，让其自愿选择参与文化和旅游志愿服务的项目，开展文化和旅游志愿服务活动。

自愿参加体现了文化和旅游志愿服务组织、文化和旅游志愿服务管理单位对志愿者主体地位的尊重。只有自觉自愿地参加志愿者组织，愿意为社会、为他人奉献自己的文化知识与艺术技能，才能享受到文化和旅游志愿服务的快乐，享受无私奉献的幸福。正因为广大文化和旅游志愿者都是基于内心的责任感和使命感参与文化和旅游志愿服务的，才能充分体验文化和旅游志愿者的自豪与快乐，才能持之以恒。

(二)量力而行

文化和旅游志愿服务的量力而行原则，就是每位志愿者应根据自己的实际能力，在精力、能力和财力范围内，开展文化和旅游志愿服务。

文化和旅游志愿服务组织与志愿者必须坚持一切从实际出发，既要了解志愿服务对象的文化需求，又要充分考虑文化和旅游志愿服务组织、志愿者的服务能力，实事求是，量力而行。将社会文化需求与文化和旅游志愿服务组织、志愿者的服务能力精准对接，把文化和旅游志愿服务的良好愿望与文化和旅游志愿服务组织与志愿者实际服务能力合理匹配，才是脚踏实地的志愿服务态度。

相反，如果仅仅从良好的主观愿望出发，不是根据文化和旅游志愿服务组织、志愿者的服务能力来策划实施文化和旅游志愿服务项目，就会在实施过程中遇到力不能及的局面，不但不能实现文化和旅游志愿服务项目的预定目标，也会影响文化和旅游志愿者服务的积极性，对文化和旅游志愿服务组织的发展产生不利影响。

文化和旅游志愿服务的量力而行原则，要求文化和旅游志愿服务组织与志愿者清楚了解自身的志愿服务能力，不盲目去做超出志愿服务能力的事情。很有创意的文化和旅游志愿服务项目，或者公众急切的文化需求，虽然有时囿于目前的服务能力不能实施，但可以列入文化和旅游志愿服务中长期规划，待条件成熟时付诸实施，切不可操之过急，否则往往欲速则不达。

(三)讲求实效

文化和旅游志愿服务讲求实效的原则，要求文化和旅游志愿服务组织和志愿者必须以务实的态度，为社会、为他人提供实实在在的文化和旅游志愿服务，提升志愿服务对象的文化获得感和幸福感，真正让他们共享文化和旅游发展成果。

讲求实效的原则，要求文化和旅游志愿服务从实际出发，从志愿服务对象的文化需求出发，精心策划接地气、受欢迎的文化和旅游志愿服务项目。这些项目应既有创新性，又有可操作性，能够落实在文化和旅游志愿服务行动中。

讲求实效的原则，要求文化和旅游志愿服务组织和志愿者以饱满的热情、强烈的奉献精神，以自身的文化知识、艺术技能，投身于文化和旅游志愿服务实践，把策划的文化和旅游志愿服务项目蓝图，落实于文化和旅游志愿服务行动中，如大力推进全民艺术普及，推动全民阅读，营造充满书香和艺术气息的社会环境。

讲求实效的原则，要求加强文化和旅游志愿服务过程管理的同时，重视文化和旅游志愿服务绩效评估，以绩效评估为手段，保证文化和旅游志愿服务富有实效，造福于民。

(四)持之以恒

做事贵在持之以恒。文化和旅游志愿服务持之以恒的原则，要求志愿服务组织和志愿者充分认识到文化和旅游志愿服务的意义与作用，亲身体验文化和旅游志愿服务的快乐与幸福，体验文化和旅游志愿服务中体现的人生价值，着眼于现代文化和旅游服务的高度，着眼于人民群众对美好生活的需要，以自己的社会责任心和奉献意识，推动文化和旅游志愿服务的常态化、长期化。

文化和旅游志愿服务是高尚的事业，是文化和旅游志愿服务组织和志愿者为之无私奉献的事业，是太阳底下最光辉的事业之一。文化和旅游志愿者组织及管理单位必须建立健全完善的培训机制、管理机制、保障机制、评价激励机制，以制度化、规范化推动文化和旅游志愿服务持之以恒地深入开展。

文化和旅游志愿服务的自愿参加、量力而行、讲求实效、持之以恒四个原则，是一个有机联系、不可分割的整体。因为只有自愿参加，才能真切地享受文化和旅游志愿服务中奉献的快乐，才能持之以恒，把文化和旅游志愿服务作为一生的事业；量力而行，文化和旅游志愿服务才能从实际出发，与讲求实效紧密关联。自愿参加、量力而行、讲求实效，是持之以恒的前提与保证，而文化和旅游志愿服务的持之以恒、可持续发展，提升服务对象的文化和旅游生活满意度，则是文化和旅游志愿服务组织与志愿者的共同追求。

【思考题】

1. 文化和旅游志愿服务主要有哪些社会功能？

2. 结合工作实际，谈谈文化和旅游志愿服务的意义。

3. 如何深入理解文化和旅游志愿服务的基本原则？

第二章　我国文化和旅游志愿服务发展历程

【目标与任务】

通过本章学习，了解我国文化和旅游志愿服务的发展历史与现状，熟悉我国文化和旅游志愿服务的基本特点，充分把握我国文化和旅游志愿服务的发展趋势，并在文化和旅游志愿服务与管理中，积极探索文化和旅游志愿服务发展的创新途径。

文化和旅游志愿服务是我国现代公共服务的重要组成部分。在全社会大力弘扬志愿精神，积极开展文化和旅游志愿服务，对推动社会主义文化大发展大繁荣，促进文化和旅游深度融合高质量发展，让人民群众共享文化和旅游发展成果，具有越来越重要的作用。

我国文化和旅游志愿服务开始于20世纪八九十年代。进入2000年以后，各地文化和旅游机构逐步重视文化和旅游志愿服务，开始组建文化和旅游志愿服务团队，招募志愿者开展文化和旅游志愿服务。2013年以来，中央文明办、文化部推出"文化志愿者基层服务年"等系列志愿服务活动，有力地促进了我国文化志愿服务的深入开展，使文化志愿服务呈现规范化、常态化等特点：文化志愿人员参与广泛，志愿服务形式多样，服务内容丰富多彩，服务空间更为广阔，文化志愿服务影响面大，文化志愿者成为现代公共文化服务的生力军。2016年12月7日，国务院印发的《"十三五"旅游业发展规划》明确指出，"加强旅游志愿者队伍建设。推进旅游志愿服务制度体系建设，完善旅游志愿者管理激励制度"，对旅游志愿服务迅速发展起到了积极的推动作用。2018年，文化和旅游机构改革后，文化和旅游部认真贯彻习近平新时代中国特色社会主义思想和党的十九大精神，推动《中华人民共和国公共文化服务保障法》和《志愿服务条例》的落实，以机构改革为契机，大力推进文化和旅游融合发展，积极开展文化和旅游志愿服务，促进文化和旅游志愿服务制度化、规范化、常态化。

第一节　我国文化和旅游志愿服务的发展历史

伴随着改革开放，我国文化和旅游志愿服务起步，进入 21 世纪后发展迅速，成为值得关注的文化现象。回顾我国文化和旅游志愿服务的历史，可以分为具有鲜明特点的三个发展阶段，即从自发到自觉探索阶段(20 世纪 80 年代末到 2007 年)，组织化、体系化推进阶段(2008 年至 2014 年)，制度化、社会化发展阶段(2015 年至今)。

一、从自发到自觉探索阶段(20 世纪 80 年代末到 2007 年)

(一)伴随着各类志愿服务组织萌生的文化和旅游志愿服务

改革开放以来，随着社会经济的发展、社会的转型，我国东部沿海经济发达地区率先开展志愿服务的探索。1987 年，广州市诞生了全国第一个志愿者服务热线电话；1989 年，天津市和平区新兴街道诞生了全国第一个社区志愿服务团体；1990 年，深圳市诞生了全国第一个正式注册的志愿者社团——深圳市义务工作者联合会；1994 年，共青团中央成立了中国第一个志愿者服务组织"中国青年志愿者协会"。我国志愿服务从地方探索到全国推进，迈出了可喜的一步。在这些志愿服务组织中，就有文化和旅游志愿者，从事着文化和旅游领域的志愿服务，以自身的文化知识和艺术技能，服务广大群众。虽然当时这些从事文化和旅游志愿服务的志愿者，没有以文化和旅游志愿者的名义出现在公众的视野里，然而却构成了我国当代文化和旅游志愿服务的最初形态。

(二)文化和服务旅游机构对文化和旅游志愿服务最初的探索

文化和旅游志愿服务作为志愿服务的重要组成部分，从最初的公众自发参与志愿服务，到各地文化和旅游机构的积极推动，我国文化和旅游志愿服务进行了早期的自觉探索。

部分文化和旅游机构着手建立文化志愿服务组织，招募文化和旅游志愿者，在公共文化场馆和旅游景区开展多种形式的文化和旅游志愿服务活动。湖南省博物馆(1988)、国家博物馆(1995)、上海博物馆(1996)、山东省博物馆(1998)等数十家博物馆先后创建了博物馆志愿者队伍，招募的志愿者以在校的学生为主，主要是应对博物馆出现的一些临时状况或重大活动，并没有形成规范的组织和管理。[1] 1995 年，广州少年儿童图书馆尝试引进学生志愿者协助图书馆开展服务工作。1996 年，福建省图书馆建立了一支专业化的志愿者队伍，借鉴美国的经验开展图书馆志愿者活动。1997 年，

---

[1] 　楼航燕：《博物馆志愿者队伍建设的探索与实践——以中国丝绸博物馆为例》，载《青年与社会》，2013(1)。

深圳市少年儿童图书馆开展学生文化义工服务。2000年，深圳博物馆试行义工导览服务。[1] 旅游志愿服务最初的探索，始于1993年杭州"保护西湖绿色行动"，旅游志愿者在各主要旅游景点开展志愿服务，展示了杭州文明旅游新形象。

（三）保障群众基本权益理念助推文化和旅游志愿服务发展

2000年之后，文化和旅游志愿服务得到人们进一步的重视。2002年党的十六大提出发展公益性文化事业，切实尊重和保障人民基本文化权益，文化志愿服务引起更多公共文化机构的关注，这些机构纷纷把它作为着力解决人民群众日益增长的文化需求与公共文化机构编制有限的矛盾的有效方式，以及推进公共文化服务的有效途径。

2002年，国家博物馆通过新闻媒体向社会招募文化志愿者；随后，故宫博物院、上海博物馆、河南博物院等一批大中型博物馆纷纷开始这种探索与实践。同年，陕西历史博物馆率先在全国博物馆界实行志愿者注册签约制度。2003年，辽宁省图书馆文化志愿者协会成立；同年，共青团青岛市委、青岛市文化局和青岛市志愿者协会联合发起了"艺润心田"——文化志愿者在行动活动，组建了青岛市第一支文化志愿者队伍。

在志愿服务队伍日益壮大的同时，为了强化管理，提升文化志愿服务水平，2007年，深圳市印发《关于实施和规范文化义工服务工作的指导意见》，首次对深圳市属文化场馆文化义工的招募程序、管理模式、激励措施、退出机制等做出规范，以制度建设促进文化志愿服务工作的规范化运行。

这一时期，旅游志愿服务也在同步发展。2004年12月，以"热爱西湖、宣传西湖、保护西湖、管理西湖"为宗旨的杭州西湖志愿者服务总队成立，归杭州西湖风景名胜区（杭州市园林文物局）统一领导。服务总队以"和谐景区、世界共享"为目标，开展旅游志愿服务，让志愿者的微笑成为西湖风景区最好的名片。

从公众自发，到文化和旅游公共服务机构自觉探索，我国文化和旅游志愿服务迈出了可喜的步伐。从各地部分图书馆、博物馆、文化馆零星的探索，到逐渐开始形成文化和旅游志愿服务的共识；从依托文化场馆开展辅助性、基础性的志愿服务，到志愿服务领域不断拓展、志愿服务内容日益丰富，标志着我国文化和旅游志愿服务进入了新的发展阶段。

二、组织化、体系化推进阶段（2008年至2014年）

2008年被称为中国志愿服务元年。这一年发生的两件大事，从客观上有力推动了中国志愿服务的全面兴起。5月12日发生的"汶川大地震"，激发了完全自发的自下而上的志愿服务运动；8月举行的北京奥运会，奥运志愿服务作为高度组织化、专业化的自上而下的志愿服务项目令人瞩目。2008年因此成为中国志愿服务事业发展具有里程碑意义的年份。在全国志愿服务迅速发展的背景下，2008年开始，中国文化和旅游志

---

[1]　见深圳市文化志愿者总队2016年12月提供的《深圳市文化志愿服务总结》。

愿服务进入组织化、体系化推进的阶段。

(一)党和政府的高度重视，成为推进我国文化和旅游志愿服务组织化、体系化的强大动力

这一时期，党中央和政府部门高度重视文化和旅游志愿服务工作，连续出台多个文件，为我国文化和旅游志愿服务的发展提供政策指引。2011年，党的十七届六中全会通过《中共中央关于深化文化体制改革　推动社会主义文化大发展大繁荣若干重大问题的决定》，首次在中央文件中使用"文化志愿者"概念，明确指出，"壮大文化志愿者队伍，鼓励专业文化工作者和社会各界人士参与基层文化建设和群众文化活动，形成专兼结合的基层文化工作队伍"。党的十八大报告明确提出，要深化群众性精神文明创建活动，广泛开展志愿服务。2013年11月召开的十八届三中全会通过了《中共中央关于全面深化改革若干重大问题的决定》，强调要构建现代公共文化服务体系，支持和发展志愿服务组织。

2012年，文化部、中央文明办印发《关于广泛开展基层文化志愿服务活动的意见》，旨在认真贯彻落实党的十七届六中全会精神，丰富人民群众精神文化生活，更好地保障人民群众基本文化权益。文件明确指出开展基层文化志愿服务活动的重要意义、指导思想和基本原则，要求依托公益性文化设施、重点文化惠民工程、重要节日纪念日、内地对边疆民族地区对口支援工作，开展文化志愿服务活动，建立完善基层文化志愿服务活动的领导体制和运行机制。这标志着文化志愿服务被正式纳入公共文化服务体系建设和国家文化发展总体战略。

党中央和政府部门对文化志愿服务的高度重视，从文化政策、舆论导向等方面，为我国文化志愿服务营造了良好的发展氛围，为文化和旅游志愿服务工作蓬勃发展创造了十分有利的政策环境。

(二)奥运志愿服务的示范效应，成为文化和旅游志愿服务组织化、体系化推进的推动力量

万众瞩目的北京奥运会志愿服务工作，使人们充分感受到志愿服务组织的力量和志愿者的风采。在总结北京奥运会志愿者服务工作经验的基础上，2008年，北京市建立文化志愿者服务中心，发挥首都文化人才资源优势，以北京市文化志愿者服务中心为龙头，全市18个区县分中心为基础，广泛吸纳各行各业的文化志愿者，形成了全市性的文化志愿者队伍和相应的管理体系，建立了较为完善的文化志愿服务工作管理机制。从让聋哑学校的孩子体验艺术的快乐到为山区老人拍人生第一张照片，从送"福"下乡到"让文化感动生活"的主题活动，北京市文化志愿者组织体系建设取得了显著成效，文化志愿者已成为公共文化服务的重要力量。2009年是中华人民共和国成立60周年，北京市文化志愿者服务中心发动、组织广大志愿者积极投身各项活动，直接参与国庆游行、游园、联欢晚会和阅兵服务保障等一系列工作。据统计，2009年4月至10

月，北京文化志愿者共进行了 52 个服务项目，包含艺术培训辅导、艺术演出、艺术讲座、笔会、大型活动保障、合唱指挥、展览展示 7 大类，参与服务的文化志愿者 12 530 人次，被服务者 358 122 人次。①

2005—2010 年，中国图书馆学会组织图书馆界有影响的专家学者，对欠发达地区的县级图书馆管理者进行专业培训，5 年走遍 25 个省开展志愿服务。

2009 年 12 月，中国博物馆协会志愿者工作委员会成立，全国 72 家博物馆加入中国博物馆协会志愿者工作委员会。其旨在促进和传播博物馆志愿者理念，组建全国性的博物馆志愿者网络，搭建博物馆与志愿者之间的桥梁，帮助志愿者在志愿服务中提升自我，成为博物馆志愿者分享经验与快乐的平台。中国博物馆协会志愿者工作委员会每年开展"牵手历史——中国博物馆十佳志愿者之星"评选、"志愿者万里行"活动，还时常开展博物馆志愿者培训和交流，组织博物馆志愿者论坛，开展各种在线活动与合作等。

2009 年，在"十一"旅游黄金周开展的"平安满意在张家界"专项活动，是张家界旅游志愿活动的开端。此后每年"十一"黄金周期间，都有青年志愿者在景区景点、机场、火车站等地开展旅游志愿服务。张家界市旅游志愿服务活动主要由团市委组织领导，旅游志愿服务活动主要集中在"五一"及"十一"等旅游高峰期。

2011 年，北京旅游志愿者队伍成立。本着"健康旅游、文明旅游、绿色旅游，打造国际一流旅游城市"的使命宗旨，引导首都社会各界以及热心旅游事业的团体和个人积极参与旅游志愿服务工作，北京市旅游发展委员会打造了一批示范性旅游志愿者组织，推进了一批志愿北京旅游服务品牌，树立了一批旅游志愿者典型。

文化和旅游志愿服务的组织化推动，志愿者专业委员会的体系化推进，都是这个阶段我国文化志愿服务发展的缩影，标志着文化和旅游志愿服务从各地文化和旅游机构局部的探索阶段，进入从上到下的体系化建设、组织化推进阶段。

(三)国家层面的组织推动，成为我国文化和旅游志愿服务组织化、体系化推进的有效抓手

我国文化和旅游志愿服务的组织化、体系化推进，离不开国家层面的组织推动。2010 年，文化部启动"春雨工程"——全国文化志愿者边疆行活动，组织北京市、浙江省、重庆市、福建省的文化工作者组成文化志愿者团队，开展"大讲堂""大舞台""大展台"三种形式的文化志愿服务活动，开展内地省份与边疆民族地区的文化交流，促进边疆民族地区文化繁荣发展。2011 年，内地志愿省份增加到 13 个，招募文化志愿者 800 多人，文化志愿服务范围也从新疆、西藏扩展至内蒙古、黑龙江、贵州、云南、甘肃、青海、宁夏等边疆民族省（区）。2012 年的"春雨工程"，由内地文化部门组织招募文化志愿者，继续深入边疆民族地区为当地群众提供文艺演出、讲座培训和文化展览等公

---

① 《北京市文化志愿者体系建设》，载《群文博览》（内刊），2010 年夏季刊。

益性文化服务。内地文化部门还邀请边疆民族地区的基层文化工作者到内地培训、考察和巡演。2012年的"春雨工程"对接实施了82个文化志愿服务项目,加强了内地与边疆民族地区的文化交流。

2013年开始,全国文化志愿服务工作重点转移到将文化志愿服务与基层文化建设有机结合,推进文化志愿服务工作体系化、组织化。2013年,文化部与中央文明办联合发起"文化志愿者基层服务年"系列活动,14个国家艺术院团的3 500名文化志愿者在基层和边疆地区开展"大地情深"——国家艺术院团(馆)志愿服务走基层和"春雨工程"——全国文化志愿者边疆行两项示范性活动,各省组织文化志愿者开展9个主题系列活动,为群众提供丰富多彩的文化服务;着力构建参与广泛、形式多样、活动经常、机制健全的文化志愿服务体系。

2014年,文化部、中央文明办联合发起"文化志愿服务推进年"系列活动,系列活动由"春雨工程"——全国文化志愿者边疆行和"大地情深"——国家艺术院团志愿服务走基层两项示范活动和9个主题活动组成。同时发布"中国文化志愿者"标识,建立文化志愿者服务记录制度,统一推出"文化志愿者注册服务证"。

文化部将文化志愿服务纳入公共文化服务评估工作中。在2013年推出的第二批国家公共文化服务体系建设示范区创建标准中,将"加强文化志愿者队伍建设"作为创建标准之一;在2015年发布的第三批国家公共文化服务体系示范区创建标准中,对文化志愿服务作了具体明确的要求:"发展文化志愿服务。结合本地实际,建立和完善文化志愿者注册招募、服务记录、管理评价和激励保障机制。创新服务内容、工作方式和活动载体,探索具有地方或行业特色的文化志愿服务模式。"

国家层面的大力倡导与政策推动,使文化和旅游志愿服务发展进入快步道,各地文化和旅游志愿服务组织化、体系化发展的步伐也进一步加快。

(四)地方层面的积极推动,成为我国文化志愿服务组织化、体系化推进的最佳途径

2011年3月,广东省文化志愿者总队成立,建立起覆盖全省的省、市、县(区)、镇(街)四级文化志愿服务网络,构建了一支强有力的公共文化服务辅助队伍。此后,广东省文化志愿者队伍不断壮大,服务能力不断增强。中国青年志愿者网统计,登记人数由2011年的24 852人增加到2014年的81 586人,开展活动次数由2011年的9 485次增加到2014年的66 439次。

深圳市文化志愿者总队的建设同样值得关注。2012年8月,深圳市文体旅游局印发《关于发起组建深圳市专业文艺志愿者队伍的通知》;2013年印发《深圳市推进文化志愿服务工作方案》;2014年,深圳市文体旅游局制定出台《深圳市文化志愿服务促进办法》;2014年10月,伴随市文化志愿服务总队的成立,在全市构建市、区、街道、社区四级文化志愿服务网络体系。深圳文化志愿服务信息平台——深圳文化志愿服务网也正式建成开通。全市已有 88 支服务队、5 480 名志愿者完成网上注册。[①]

天津市公共文化志愿服务总队于 2012 年 11 月成立,在全市范围内组织开展"文化惠民基层行——百场公益演出"活动、"艺术帮扶结对子"系列活动、"文化志愿服务千场公益讲座"活动。2014 年 6 月,河北省图书馆、河北省群众艺术馆、河北演艺集团、河北艺术职业学院、河北博物院、河北画院六家单位联合发起成立河北省文化志愿者协会。2012 年 11 月,成都市文化志愿者协会正式成立,包括成都市文化馆、成者武侯祠博物馆、成都艺术剧院等在内的 50 家单位作为会员单位首批加入其中,该协会在全市范围内招募并注册登记了文化志愿者 10 000 余名,形成具有成都特色的文化志愿服务体系,在"成都故事会""道德讲堂""文化四季风"等社会文化活动中,都可以看到文化志愿者的身影。

山东省 17 个地级市已基本建立文化志愿者协会、文化志愿者服务队等组织机构。这些组织机构由当地文化行政部门指导建立,承担文化志愿者队伍服务和管理相关工作。全省县以上文化志愿者组织机构已达到 334 个,注册文化志愿者 23 万余人。文化志愿者队伍成为向群众提供公共文化服务的重要力量之一。

各级文化和旅游行政部门把文化和旅游志愿服务工作纳入文化和旅游公共服务建设,发挥文化和旅游部门组织化、体系化的优势,进行了大量探索与实践,取得了显著成效:文化和旅游志愿者数量与日俱增,文化和旅游志愿者已经成为文化和旅游公共服务的重要力量;文化和旅游志愿服务示范活动发挥出品牌效应,带动了基层文化和旅游志愿服务活动蓬勃开展;推动了文化和旅游公共服务创新,提升了服务水平和服务效能;文化和旅游志愿服务领域不断拓展,内容不断丰富,扩大了文化和旅游志愿服务的社会影响;文化和旅游志愿服务组织机构初步形成,志愿服务工作机制不断健全;文化和旅游志愿服务工作呈现出整体推进、重点突破、快速发展的良好势头。

三、制度化、社会化发展阶段(2015 年至今)

2015 年 1 月,《关于加快构建现代公共文化服务体系的意见》出台,提出"大力推进文化志愿服务"。2017 年 10 月,党的十九大报告提出"中国特色社会主义进入了新时代",要"把人民对美好生活的向往作为奋斗目标","推进诚信建设和志愿服务制度化",对新时代志愿服务发展提出了新的要求。2018 年文化和旅游机构改革,文化和旅游进入融合发展新阶段。这一阶段,我国文化和旅游志愿服务被纳入政府文化和旅游公共服务的范畴后,文化和旅游志愿者的组织化、专业化、普及化程度明显提高,我国文化和旅游志愿服务进入制度化、社会化发展阶段。

(一)文化和旅游志愿服务制度化列入我国文化和旅游公共服务重要议事日程

2015 年 1 月,中共中央办公厅、国务院办公厅印发《关于加快构建现代公共文化服

---

① 见深圳市文化志愿者总队 2016 年 12 月提供的《深圳市文化志愿服务总结》。

务体系的意见》，在第三部分"增强公共文化服务发展动力"中，对大力推进文化志愿服务提出具体要求："大力弘扬志愿服务精神，坚持志愿服务与政府服务、市场服务相衔接，奉献社会与自我发展相统一，社会倡导和自愿参与相结合，构建参与广泛、内容丰富、形式多样、机制健全的文化志愿服务体系。创新服务内容、工作方式和活动载体，探索具有地方或行业特色的文化志愿服务模式。"要求动员组织专家学者、艺术家等社会知名人士参加志愿服务，提高社会影响力；建立"结对子、种文化"工作机制，建立志愿服务下基层制度；加强对文化志愿队伍的培训，提升文化志愿者的服务意识、服务能力和服务水平。文件明确提出"完善文化志愿者注册招募、服务记录、管理评价和激励保障机制"。

2016年3月，文化部、中央文明办印发《关于开展2016年文化志愿服务工作的通知》，要求大力推进文化志愿服务，促进文化志愿服务制度化、规范化、常态化。除了组织开展以"行边疆、走基层、种文化"为主要内容的3项示范性文化志愿服务活动、以"扎根基层、服务群众"为主要内容的9个主题基层文化志愿服务活动，还提出以"健全组织、规范管理、壮大队伍"为主要内容，夯实文化志愿服务工作基础，在健全文化志愿服务组织的同时，规范文化志愿服务管理，"研究制定促进文化志愿服务制度化建设的政策文件"，"完善服务规范和内部管理制度"，"进一步完善招募注册、供需对接、培训管理、服务记录、激励保障等工作机制"。

在旅游志愿服务发展方面，2015年，国家旅游局出台了《中国旅游志愿者工作实施方案》，提出了建立一套组织管理体系、建立一系列管理保障激励制度、建立一套文化及形象系统、建立一批旅游志愿服务工作站等工作内容。2015年8月31日，国家旅游局发布《关于建立中国旅游志愿者队伍开展旅游志愿服务的通知》，决定在全国范围内建立一支由支持旅游事业、热心公益事业人士组成的旅游志愿者队伍。9月30日，国家旅游局在北京天坛公园举行"中国旅游志愿者队伍成立暨旅游志愿服务活动启动仪式"。首批中国旅游志愿者同步在全国各直辖市、省会城市、副省级城市、重点旅游城市正式亮相，并在"十一"假期期间，开展倡导文明旅游的系列志愿服务活动。

2016年12月7日，国务院印发的《"十三五"旅游业发展规划》明确指出："加强旅游志愿者队伍建设。推进旅游志愿服务制度体系建设，完善旅游志愿者管理激励制度。开展志愿服务公益行动，建立一批旅游志愿服务工作站。培育先进模范志愿者、志愿者组织，树立中国旅游志愿者良好形象。依法登记管理旅游志愿者组织。"因此，开展旅游志愿服务工作已经成为各级旅游管理部门的一项重要任务。国家旅游局积极扩大志愿者队伍，提升志愿服务质量、打造志愿服务品牌，规范志愿服务活动，把志愿服务从自发的、零星的、分散的个人活动"转轨"到有组织、有规模、有方向的社会行为，使志愿服务在旅游业人人可为、事事可为、时时可为，推动中国文明旅游不断迈向新境界。

2019年3月，文化和旅游部、中央文明办联合印发《2019年文化和旅游志愿服务工作方案》，认真贯彻习近平新时代中国特色社会主义思想和党的十九大精神，推动《中华人民共和国公共文化服务保障法》和《志愿服务条例》的落实，策划组织"春雨工程"——全国文化和旅游志愿服务行动计划、"阳光工程"——中西部农村文化志愿服务行动计划、"圆梦工程"——农村未成年人文化志愿服务计划等文化和旅游志愿服务工作，促进文化和旅游志愿服务制度化、规范化、常态化。

文化和旅游志愿服务制度化建设是文化和旅游公共服务体系建设的重要事项，对于我国文化和旅游志愿服务可持续健康发展，意义深远。党中央和政府部门的高度重视，文化和旅游志愿服务工作的现实需要，推动我国文化和旅游志愿服务制度建设进入一个新的阶段。

(二)文化和旅游志愿服务制度建设催生了一批文化和旅游志愿服务规范

文化和旅游志愿服务工作的规范化，迫切需要制定相应的服务规范和管理办法。2015年之前，各地文化和旅游部门就在文化和旅游志愿服务规范化方面作了积极的探索。

2012年8月，广东省文化厅出台《广东省文化志愿者管理办法(暂行)》；同年，辽宁省文化厅下发《辽宁省文化厅文化志愿者管理办法(暂行)》；2013年4月，青岛市文化广电新闻出版局印发《青岛市文化广电新闻出版局文化志愿者管理办法(暂行)》；2014年3月，深圳市出台《深圳市文化志愿服务促进办法》……各地出台的文化志愿服务管理办法，为全国范围内制定和实施文化志愿服务管理办法进行了有益探索并奠定了实践基础。

2015年1月，文化部召开全国文化志愿服务工作推进会议，将2015年确定为"文化志愿服务制度建设年"，提出以培育和弘扬社会主义核心价值观为主线，加强文化志愿服务制度化建设，构建参与广泛、内容丰富、形式多样、机制健全的文化志愿服务体系，提高文化志愿服务科学化、规范化、专业化和社会化水平，推动文化志愿服务事业规范有序、持续健康发展。

2015年8月31日，国家旅游局发布《关于建立中国旅游志愿者队伍开展旅游志愿服务的通知》，根据《中国旅游志愿者工作实施方案》，在全国范围内招募旅游志愿者队伍，开展旅游志愿服务。

2016年7月，文化部印发《文化志愿服务管理办法》，对文化志愿服务的意义、文化志愿者概念、文化志愿者的权利与义务、文化志愿服务的范围、文化志愿服务的激励和保障等方面，进行了明确的规定。这是文化志愿服务制度建设的重要成果，对于文化志愿服务的制度化、规范化，具有重要的意义。

中央对文化和旅游志愿服务的高度重视，文化和旅游部对文化和旅游志愿服务制度建设的有力推动，《中华人民共和国公共文化服务保障法》《文化志愿服务管理办法》的出台，使我国文化志愿服务在全国范围内进入制度化、规范化的发展轨道。

(三)利用数字化管理平台，推动文化和旅游志愿服务制度化、社会化

我国文化和旅游志愿服务的制度化、社会化建设，还体现在利用互联网和现代信息技术，建立文化和旅游志愿服务的信息平台，面向公众进行文化和旅游志愿者招募，文化和旅游志愿服务供需对接，宣传文化和旅游志愿服务，在全社会弘扬志愿服务精神。

上海市文化和旅游部门根据移动互联网时代的特点，建立了上海市文化志愿者信息管理平台、上海文化志愿 APP、上海市文化志愿者的微博，加强对文化志愿服务的规范化管理和社会化宣传。

2014 年，广东省搭建了文化志愿者信息管理服务平台，开辟了电脑网页、微信服务号、手机 APP 等登录渠道，为全省文化志愿者打造了集线上注册、登记、管理、培训、指导于一体的网络服务载体。广东省文化志愿者统一使用"中国文化志愿者"标识和"广东省文化志愿者证"，实现了管理平台、注册和标识"三统一"。同时建立了文化志愿者艺术团体和个人团员注册系统、人才档案库、优秀节目资源库、文化志愿服务数据库等，对文化志愿者实行分类管理。

福建省厦门市、江苏省张家港市重视文化志愿服务，建立文化志愿服务网站，并设置了"志愿服务活动""志愿服务组织""政策法规""文化志愿者风采"模块。

除微博外，微信也是人们信息交流的重要工具，成为文化志愿服务规范化管理的有效载体。2015 年年底，"深圳文化志愿"微信公众号正式建立，宣传文化志愿者精神和相关政策，发布文化活动信息，召集文化志愿者，策划组织实施文化志愿活动，在进一步丰富文化志愿服务信息传播渠道的同时，有利于深圳市各志愿服务队和志愿者间更好地沟通交流。

更多地方的文化和旅游机构在自己已有的网站上，开设"文化和旅游志愿服务"专题，进行文化和旅游志愿者规范化管理，招募社会公众参与文化和旅游志愿服务。

2015 年 9 月 9 日，中国旅游志愿者管理信息服务平台上线，到该年 9 月 30 日，全国已经有 29 个省、自治区、直辖市的 176 个城市的 5 万余名志愿者完成注册。基本建立了旅游志愿者法规、政策、制度体系，畅通志愿者参加旅游志愿服务的渠道，夯实志愿者参与旅游志愿服务的基础。

由文化和旅游部全国公共文化发展中心运行维护的"文化和旅游志愿服务"微信公众号于 2016 年 9 月上线，主要集聚全国"春雨工程""阳光工程""圆梦工程"及 9 个主题的基层文化志愿服务信息，为文化志愿者提供服务内容发布、记录、汇集、评价及分析等功能，引导群众参与互动，为广大群众提供触手可及的公共文化志愿信息服务。在文化和旅游融合的背景下，该微信公众号从"文化志愿服务"调整为"文化和旅游志愿服务"。

除了文化和旅游部门的志愿服务数字平台，还有数量众多的文化和旅游志愿服务组织入驻"志愿汇"手机 APP。这是共青团中央指导下建设、开发、运营的中国志愿者注册系统，提供志愿者注册、公益组织入驻、参与志愿服务、记录志愿者志愿服务时长、志愿者信用激励等功能。

第二节　我国文化和旅游志愿服务的现状特点与发展趋势

一、我国文化和旅游志愿服务的发展现状

(一)文化和旅游志愿服务组织蓬勃发展

蓬勃发展且日益壮大的文化和旅游志愿者群体，已成为我国文化和旅游服务体系建设的重要力量。在文化和旅游志愿服务的实践中，各级文化和旅游志愿服务组织应运而生，数年间得到长足的发展。

我国文化和旅游志愿服务组织中，一类是省、市文化和旅游公共服务机构发起成立的文化和旅游志愿服务组织，从上往下大力推动，建立从省、市到县、区的各级文化和旅游志愿服务组织，其具有体系化的特点。比较典型的是北京市文化志愿者服务中心，该中心成立于 2008 年，其在总结北京奥运会志愿者服务工作经验的基础上建设的北京文化志愿者体系，已基本形成全市性的文化志愿者队伍和相应的管理体系，即以北京市文化志愿者服务中心为龙头，以全市 18 个区县为分中心，广泛吸纳各行各业的文化志愿者。一些分中心在乡镇建立了第三级服务机构。成都市文化志愿者协会于 2012 年 6 月由成都市文化馆发起并正式成立，负责开展全市文化志愿者服务工作。截至 2020 年 4 月，成都市文化志愿者协会拥有会员单位 57 家，注册登记会员 2.4 万人。

在旅游志愿服务组织建设方面，比较典型的是"深圳市文明旅游志愿者服务总队"。2015 年 7 月，国家旅游局授予深圳市"全国文明旅游志愿服务示范市"称号，"深圳市文明旅游志愿者服务总队"同年正式成立。总队在深圳市旅游协会的精心运营下，截至 2019 年年底，已成立了 51 支分队，招募旅游志愿者 12 548 人。2019 年累计项目发布 1 187 场，主题活动超过百场，服务时长达 28 603 小时。

另一类则是各地文化和旅游事业机构因势利导，为开展各项文化和旅游服务活动自发成立的文化和旅游志愿服务组织。这类文化和旅游志愿服务组织数量众多，在丰富基层群众文化生活、引领文明旅游风尚中起到了积极的作用。但这类文化和旅游志愿服务组织管理的规范化、科学化水平参差不齐，总体上不及垂直的体系化的文化和旅游志愿服务组织。

(二)文化和旅游志愿服务管理逐步规范

随着各地文化和旅游志愿服务的发展，文化和旅游志愿服务管理逐步规范化、科学化。各级文化和旅游志愿服务组织成立之初，就制定了文化和旅游志愿者章程，从

文化和旅游志愿者的招募、培训、日常管理、评价激励等方面，作了具体的规定，形成了一系列有效的管理。

文化和旅游志愿服务管理的规范体现在建立健全各项管理制度方面，如深圳、北京、青岛等地出台"文化志愿者管理办法"，规范了文化志愿者的组织管理、招募、权利义务、激励表彰、退出机制等，使文化志愿服务管理走上规范化、专业化的发展之路。

文化和旅游志愿服务管理的规范，还体现在建立文化和旅游志愿服务网站方面。借助于数字化的网络平台，使文化和旅游志愿者的招募、培训、日常管理等更为便捷、公开、透明，体现出移动互联网时代的文化和旅游志愿服务管理的新特点；更为重要的是，通过文化和旅游志愿服务网络平台，使文化和旅游志愿服务项目与基层群众文化需求有效对接，有利于提高文化和旅游志愿服务的效能。

（三）文化和旅游志愿服务范围不断拓展

各级文化和旅游公共服务机构面向基层群众开展文化和旅游志愿服务，服务方式不断创新，服务范围不断拓展，所提供的文化和旅游志愿服务越来越受到群众的欢迎。

当前文化和旅游志愿服务领域，一方面是针对处境不利群体开展的文化和旅游志愿服务，如浙江省文化馆面向山区与海岛少年儿童开展的文化志愿服务、广东中山市文化馆面向"小候鸟"的文化夏令营活动、北京密云区文化馆的"文化暖心工程"等。针对处境不利群体开展的文化和旅游志愿服务，有利于推进公共文化服务的均等化，使基层群众共享文化发展成果。

另一方面，各级文化和旅游公共服务机构面向基层群众，根据当地群众的文化需求，提供人们喜闻乐见的文化和旅游志愿服务，动员和组织文化和旅游志愿者为群众提供艺术培训讲座、文化演出、图书阅读服务、博物馆藏品讲解等丰富多彩的活动，满足群众多样化的精神文化需求。同时，由热心旅游事业和公益事业的人士组成的旅游志愿者群体，为公众提供文明旅游引导、景区游览讲解、旅游服务质量监督、旅游咨询、旅游应急救援等方面的公益服务。

我国文化和旅游志愿服务的地域范围也不断拓展。文化和旅游志愿者不仅仅局限于在公共文化场馆、景区景点开展常规性的文化和旅游志愿服务，各级文化和旅游志愿者还走向广场、乡村、社区，开展各类文艺辅导，推动基层群众文艺团队的蓬勃发展。例如，根据"春雨工程"的要求，各省公共文化服务机构组织文化和旅游志愿者走进新疆、西藏、内蒙古、宁夏、甘肃、青海、云南、广西等地，开展"大讲堂""大舞台""大展台"活动，促进各民族之间的文化交流，在全国产生了积极的社会影响。

（四）文化和旅游志愿服务活动广泛开展

各级文化和旅游志愿服务活动丰富多彩，有声有色。文化和旅游志愿服务活动的广泛开展，体现了文化和旅游志愿服务活动日常化与节日化相结合。文化和旅游志愿者不只是在节日期间集中组织开展文化和旅游志愿服务，如送演出、送春联、拍全家福、文明旅游引导、景区游览讲解等，而且将文化和旅游志愿服务贯穿于全年，体现出日常化的特点。文化和旅游志愿者们还参与公共文化场馆、景区景点的对外开放服务，开展日常化的文艺辅导、文艺演出、图书阅读、文化讲座、文明劝导等文化和旅游志愿服务活动。

文化和旅游志愿服务活动的广泛开展，体现在文化和旅游志愿服务活动的多样化上。例如，根据群众爱美、健身的文化需求，大力推广广场舞蹈方面的志愿服务；根据摄影爱好者急剧增加的情形，组织开展摄影辅导志愿服务，提升摄影爱好者的艺术水平；根据游客的出游需求，提供旅游咨询和引导志愿服务；等等。努力满足群众多样化的文化和旅游需求，是文化和旅游志愿服务的出发点和落脚点，在此基础上，各地文化和旅游志愿服务活动广泛开展，深受群众欢迎。

文化和旅游志愿服务活动的广泛开展，还体现在文化和旅游志愿服务活动的社会广泛参与上。文艺爱好者、热心旅游事业和社会公益服务的人们，怀抱奉献社会之心，积极参与文化和旅游志愿服务。这些文化和旅游志愿者中，有文艺名家和文艺爱好者，有文化学者，有退休教师和工程师，还有数量众多的年轻人，他们积极投身于文化和旅游志愿服务，为广大群众提供高品质的文化和旅游服务。文艺名家、文化名人和优秀志愿者的社会影响力，能够有力地推动文化和旅游志愿服务深入广泛开展，在社会上引起很大的反响。

(五)文化和旅游志愿服务品牌开始形成

在近些年的文化和旅游志愿服务实践中，全国各地形成了具有一定知名度、美誉度的文化和旅游志愿服务品牌，特别是全国志愿服务"四个100"先进典型表彰、文化部全国文化志愿服务示范项目评选以来，以示范引领，以榜样引路，有力地促进了各级文化和旅游志愿服务品牌建设。

文化和旅游志愿服务工作，从开展常规的志愿服务活动，逐渐开始重视文化和旅游志愿服务品质的提升，重视文化和旅游志愿服务品牌的建设，不少文化和旅游志愿服务项目从最初到策划，到之后的实施，都会强调文化和旅游志愿服务项目的创新亮点与服务成效。在全国具有广泛影响的文化和旅游志愿服务品牌，就是文化和旅游部策划组织、各省文化和旅游部门积极参与的"春雨工程"文化志愿服务活动，活动组织志愿者文艺展演团、专家讲师团、民间艺术交流团队，走进边疆地区，这些活动在社会上产生了积极的反响。深圳关山月美术馆的义工服务项目成功荣获国家文化部全国美术馆发展扶持计划"优秀公共推广项目"称号。福建省艺术馆的"情系八闽——文化志愿服务走基层"活动，安徽省芜湖市文化馆面向特殊群体的"全家福"照相馆，河南省群众艺术馆的"公益无限"系列活动，深圳市宝安区群众艺术馆的"文化钟点工"志愿服务活动、罗湖区"罗雪儿"公共文化超市点单式服务、福田区"托起梦想"公益培训工程、龙岗图书馆书香义工，新疆伊宁市文化馆"文化钟点工"志愿服务活动，北京市怀柔区文化馆的文化志愿者"流动戏院"项目，以及山东省济南市"啄木鸟"志愿服务项目，杭州西湖"微笑亭"志愿服务品牌项目，也都成了当地文化和旅游志愿服务品牌，成了我国文化和旅游志愿服务工作的标杆。

文化和旅游志愿服务示范项目的示范效应，推动了各级文化和旅游志愿服务的品牌建设，提升了文化和旅游志愿服务的社会效益与群众参与度，促进了文化和旅游志愿服务事业的蓬勃发展。

二、我国文化和旅游志愿服务的基本特点

(一)文化和旅游志愿服务运作呈现项目化

除了公共文化场馆和旅游景区的常态化志愿服务，文化和旅游志愿服务往往呈现项目化的特征。具体表现为文化和旅游志愿服务大多以项目方式组织运行。北京朝阳区文化馆为外来务工人员举办的"春晚"，是文化和旅游志愿服务项目化运作的典型案例。从"春晚"的策划创意，到节目的选拔、邀请央视名主持与外来务工人员合作主持，再到晚会节目的辅导与排练、节目的合成、舞美音响的设计，以及"春晚"的新闻宣传，都离不开朝阳区文化馆与文化志愿者的周密策划、精心组织，最终晚会取得了预期的效果。河南省群众艺术馆推出的"公益无限"文化志愿服务行动、北京市文化志愿者服务中心推出的"送福到家"文化志愿服务项目等，均表明文化志愿服务的项目化方式运行，在志愿人员招募、经费保障、项目运行、成效评估等方面操作性强，能够保证文化志愿服务的有效开展。

(二)文化和旅游志愿服务团队逐步专业化

文化和旅游志愿服务，主要涉及艺术普及、全民阅读、文化讲座、展览讲解、文明引导、景区导览、旅游咨询等。文化和旅游志愿者队伍，往往根据志愿服务的项目与需求，要求文化和旅游志愿者不但要具有奉献精神和服务的热情，而且应该在文化艺术、人文历史等方面，具有一定的艺术水平和鉴赏能力，从而胜任面向基层群众进行文艺辅导、文化活动策划、阅读推广、艺术鉴赏等方面的志愿服务。在对文化和旅游志愿者进行培训的时候，通常除了进行志愿精神的培训教育，也安排专业化、系统化的业务技能培训，不断提升文化和旅游志愿者的专业水平与文化服务能力。正是文化和旅游志愿服务的内容以及群众多样化的文化和旅游需求，决定了文化和旅游志愿服务团队专业化的特征。

(三)文化和旅游志愿服务体现均等化

文化和旅游志愿服务可根据其主要服务的对象分为两类，一是大众化、普及化的文化和旅游志愿服务，其面向基层的广大群众，让群众普遍享受文化；二是特殊化、个性化的文化和旅游志愿服务，服务的主要对象是社会上的各个特殊群体，这类文化和旅游志愿服务对象就包括老年人、残疾人、外来务工人员、留守儿童等。伴随着志

愿者对文化和旅游志愿服务的认识越来越深入，他们的社会责任感在文化和旅游志愿服务中越来越强，在业余时间，他们既组织开展大众化、普及化的文化和旅游志愿服务，也满怀爱意、不辞辛苦，积极组织和参与面向特殊群体的文化和旅游志愿服务。文化和旅游志愿服务的受惠对象，体现了文化和旅游志愿服务的均等化特征，这些有针对性的文化和旅游志愿服务，有利于改善特殊群体的精神文化生活，让社会各个群体都享受文化，感受文化的温暖，丰富自己的精神文化生活。

案例：湖南省文化馆"播撒艺术的种子"志愿服务项目

"播撒艺术的种子"志愿服务项目是湖南省文化馆创办的文化志愿服务品牌项目，文化馆希望通过志愿服务让留守儿童体验艺术的美，感受生活的美，在他们心里播下艺术的种子。这项志愿服务活动面向国家级、省级贫困地区，以留守儿童为帮扶对象，定期为孩子们开设音乐、舞蹈、器乐、美术、书法、剪纸、戏剧等艺术课程，免费发放学习用品。

从 2014 年启动以来，活动覆盖全省近 20 个国家级、省级贫困县，成立了 18 个文化志愿服务点，深入湖南省花垣县、桑植县、隆回县等 13 个国家级、省级贫困县，为数以千计的留守儿童开展公益艺术培训。

2019 年春节前夕，湖南省文化馆挑选了六个培训点的山区孩子来长沙，参加"播撒艺术的种子"湖南贫困山区留守儿童艺术帮扶计划的成果展演。这群来自湖南山区的孩子来到省会长沙，在湖南省文化馆群星剧场的舞台上，表演了他们精心准备的文艺节目。这些孩子几乎都是第一次走出大山，第一次登上省里的文艺舞台，他们的脸上写满了兴奋与欣喜。当晚的舞台上，来自湘西花垣县十八洞村小学的 14 个苗族孩子，用清脆质朴的嗓音演唱了一首苗歌《水车童谣》。

除了精彩的舞台表演，孩子们从大山里带到长沙的，还有他们精心创作的 62 幅美术、书法作品。

(四)文化和旅游志愿服务呈现常态化

文化和旅游志愿服务具有常态化的特征，或依托公共文化服务场馆、旅游景区，开展艺术辅导培训、场馆引导、阅读推广、艺术鉴赏、景区导览、应急救援等文化和旅游志愿服务，或者依托文化服务机构组织的各类文艺演出、展览，参与演出、协助布展等文化和旅游志愿服务，或是在城市广场，根据当地群众的文化需求，组织开展广场舞的日常化指导，带动群众性文化团队的健康发展。

文化和旅游志愿服务团队已经成为当前公共文化服务不可或缺的有生力量，它们活跃在基层，活跃在民间，推进志愿文化的普及，推动志愿精神深入人心。综观全国各地文化和旅游志愿服务，大多围绕着公共文化场馆、旅游景区进行，这一形式已成为当地公共文化和旅游服务的新常态。

三、我国文化和旅游志愿服务的发展趋势

当前，必须进一步加强文化和旅游志愿服务的法制化、数字化、规范化、社会化、专业化、品牌化建设，推动我国文化和旅游志愿服务健康发展。

(一)强化法规规章建设，进一步促进文化和旅游志愿服务法制化

文化和旅游志愿服务已成为现代社会不可或缺的志愿服务领域之一，文化和旅游志愿者也成为建设社会主义精神文明、推动社会主义文化大发展大繁荣的重要力量，这些在一定程度上展示着一个国家、一个城市的文明风貌。从国家到地方，近几年陆续出台了志愿服务的相关法律、法规，志愿服务立法工作取得了一定进展，但是文化和旅游志愿服务方面的法规规章还有待进一步健全。

大力弘扬志愿服务精神，积极推进文化和旅游志愿服务，必须制定与完善文化和旅游志愿服务相关的法律规章，通过相应的法规、政策，健全文化和旅游志愿服务的法律法规保障体系，通过文化和旅游志愿服务法规规章，保障文化和旅游志愿服务健康发展。要在认真总结文化和旅游志愿服务地方性法规规章的基础上，切实推进文化和旅游志愿服务的法制化进程。

文化和旅游部已经制定出台了《文化志愿服务管理办法》，一些地方也出台了《文化志愿服务促进条例》《文化志愿者管理办法》等地方性志愿服务法规规章。通过制定和完善文化和旅游志愿服务法律法规，提升文化和旅游志愿服务的法律保障力度，推动文化和旅游志愿服务蓬勃发展，使文化和旅游志愿者成为文化和旅游公共服务的重要力量。

(二)强化网络平台建设，进一步推动文化和旅游志愿服务数字化

在移动互联网时代，必须推进文化和旅游志愿服务的数字化建设。通过文化和旅游志愿服务网站、微信公众号、微博等载体，扩大文化和旅游志愿服务的现代传播。建立文化和旅游志愿服务数字平台，建立网上文化和旅游志愿者注册系统，实现网上公开招募，使公众能便捷地报名参加文化和旅游志愿服务；并通过文化和旅游志愿服务数字平台，将文化和旅游志愿服务的资源与基层群众的文化和旅游需求有效对接，提升文化和旅游志愿服务效能。

建立文化和旅游志愿服务网站，有助于文化和旅游志愿服务的日常管理与服务数据的处理。文化和旅游志愿服务组织的各个团队，可以将日常志愿服务反映在数字平台上，进行科学的管理。数字平台也可以展示各个文化和旅游志愿服务团队的服务动态，展示文化和旅游志愿者的风采，形成团结协作、比学赶超的良好局面。

当前新媒体影响力巨大，应当高度重视，如建立文化和旅游志愿服务的微信公众号。文化和旅游志愿服务微信公众号有着区别于网站的优势，网站是被动接受网民访问的，而微信公众号可主动向用户推送文化和旅游志愿服务信息，解决文化和旅游志

愿服务信息传播不畅的问题，扩大文化和旅游志愿服务的覆盖面，体现文化和旅游志愿者招募的即时性，提升文化和旅游志愿服务效率。

(三)强化管理制度建设，进一步促进文化和旅游志愿服务规范化

在文化和旅游志愿服务健康发展的过程中，规范文化和旅游志愿服务的各种规章制度是必不可少的。通过文化和旅游志愿服务组织的内部制度建设，可以促进文化和旅游志愿服务的规范化，推动文化和旅游志愿服务活动的常态化开展，推进文化和旅游志愿服务组织的健康发展。

强化文化和旅游志愿服务的制度建设，一方面要建立和完善文化和旅游志愿服务的管理制度，如建立和完善文化和旅游志愿者注册招募、服务记录、服务评价与反馈、激励表彰制度，建立和完善文化和旅游志愿服务项目管理制度，有效推行登记注册管理、定期组织培训、提倡持证上岗、规范化服务。另一方面，在文化和旅游志愿服务实践过程中，要按照文化和旅游志愿服务组织的章程和各项管理制度，推进文化和旅游志愿服务组织建设，重点是抓好招募注册、供需对接、培训管理、服务记录、激励保障等方面的规范化；保障文化和旅游志愿者的权利与义务；必须特别重视文化和旅游志愿服务的绩效评价，提高文化和旅游志愿服务效率，从机制层面确保有限的文化和旅游志愿服务资源得到优化配置。

建立和完善文化和旅游志愿服务的各项制度十分重要，应引起足够的重视。在文化和旅游志愿服务实践中，只有将各项管理制度落到实处，才能推动文化和旅游志愿服务事业蓬勃发展。

(四)强化志愿服务培训，进一步促进文化和旅游志愿服务专业化

人民群众多样化的文化和旅游需求、专业化的服务要求，对我国文化和旅游志愿服务提出了专业化的要求。文化和旅游志愿者只有不断提升文艺专业水平，提升文艺志愿服务能力，才能与人民群众对美好生活的新期待相适应。

如今，文化和旅游志愿服务日益成为展示志愿者个人才能的平台，文化和旅游志愿服务的专业化可以更好地发挥文化和旅游志愿者文艺才能的优势，可以更好地发挥文化和旅游志愿服务组织的作用。常态化、规范化的文化和旅游志愿培训，全面提升文化和旅游志愿服务水平，促进文化和旅游志愿服务的专业化，是文化和旅游志愿服务今后需要着力的工作重点之一。

文化和旅游志愿服务的专业化培训，当前最缺乏的就是培训教材与培训师资。一方面，要组织文化和旅游志愿服务领域的专家、学者，编写文化和旅游志愿服务培训教材；另一方面，除了对文化和旅游志愿者进行专业能力培训，当前十分紧迫的是发现和培养一批对文化和旅游志愿服务有理论研究、有实践经验的培训师资，进一步增进文化和旅游志愿者对志愿服务的认识，不断强化他们的志愿服务精神。

从专业化的文化和旅游志愿服务角度来看，除了要求文化和旅游志愿者具有志愿

精神，还需具备与文化和旅游志愿服务相对应的专业能力。而从目前文化和旅游志愿者的报名注册情况来看，大体只是基于他们对文化艺术、旅游事业的热爱以及对社会的奉献热情，文化和旅游志愿者个体之间的文艺素养、艺术水平、服务能力往往存在一定的差异。这就意味着，文化和旅游志愿者的专业化培训是个长期的常态化的过程，需要通过对文化和旅游志愿服务组织领头人、文化和旅游志愿者骨干和一般文化旅游志愿者的针对性培训，全面推进文化和旅游志愿服务的专业化，不断增强文化和旅游志愿服务能力。

（五）强化社会组织理念，进一步推动文化和旅游志愿服务社会化

志愿服务体现的是人与人之间的社会关系，是在一定的公共空间和特定的人群当中进行他助或互助，公共福利和社会公益是志愿服务的价值目标。作为公益性的社会组织，伴随着中国社会志愿服务的发展进程，文化和旅游志愿服务组织的社会化是必然的趋势。文化和旅游志愿服务社会化，具体表现在文化和旅游志愿服务组织的相对独立化、文化和旅游志愿服务内容的社会化、文化和旅游志愿服务筹资的多元化等方面。

当前我国文化和旅游志愿服务组织，大多依附于各级公共文化服务机构和风景区管理机构。文化和旅游志愿服务组织绝大多数是由这些文化和旅游公共服务机构发起成立的，文化和旅游公共服务机构人员担任着文化和旅游志愿服务组织的负责人；文化和旅游志愿服务项目从策划设计，到召集文化志愿者团队具体实施，基本上由文化和旅游公共服务机构人员带领文化和旅游志愿者完成；文化和旅游志愿服务绩效的评估，也离不开文化和旅游公共服务机构人员的具体参与。

文化和旅游公共服务机构在文化和旅游志愿服务中的深度参与，固然可以有效地动员社会上富有爱心的群体个体参与文化和旅游志愿服务，在文化和旅游志愿服务中可以由文化场馆和旅游景区提供各种文化和旅游资源，将志愿服务与文化和旅游公共服务有机地结合起来，提高文化和旅游志愿服务效能。但是作为公益性的文化和旅游志愿服务组织，其自主性、创造性不足。文化和旅游志愿服务的项目或内容，更多的是从文化和旅游工作本位出发的，而不一定是从文化和旅游志愿者内在的服务意愿出发的；文化和旅游志愿服务所必要的经费，主要来自文化和旅游公共服务机构的服务经费，大多不是通过多元化的筹资渠道获得的。

因此，必须深化对文化和旅游志愿服务组织社会化的认识，文化和旅游公共服务机构对于文化和旅游志愿服务组织，一方面要逐渐学会放手，减少文化和旅游志愿服务中的行政色彩，尊重志愿服务的发展规律，鼓励包括政府机构参与、法人参与、社会参与、个人参与等社会化参与，支持、推进文化和旅游志愿服务组织的自主性、社会化，让文化和旅游志愿服务组织成为真正意义上的"第三部门"；另一方面要在逐渐放手的同时，加强对文化和旅游志愿服务组织的指导，为文化和旅游志愿服务提供专业培训、文化和旅游信息等方面的支持。文化和旅游志愿服务只有逐步走向社会化，才能越来越充满蓬勃的生机与活力。

(六)强化志愿服务宣传，进一步推进文化和旅游志愿服务品牌化

志愿精神的兴起和志愿行动的产生，往往在社会运行层面发挥特有的作用，主要表现为具有社会教化、社会整合、社会动员、社会导向和社会参与等方面的功能。志愿服务应该逐步成为全社会广泛参与的社会公益事业。

当前文化和旅游志愿服务的社会影响逐步扩大，逐渐为更多的社会公众所熟知。要大力推进文化和旅游志愿服务，激发社会各界参与文化和旅游志愿服务的热情，提高文化和旅游志愿服务的社会认同，就必须强化文化和旅游志愿服务宣传，进一步弘扬志愿服务精神，让奉献、友爱、互助、进步的志愿精神深入人心。大体有以下途径。

动员组织艺术家、文化学者等社会知名人士参与文化和旅游志愿服务，提高文化和旅游志愿服务的社会影响力。艺术家、文化学者都具有一定的社会影响力，他们参与文化和旅游志愿服务的行动，将起到示范表率和引领作用，影响和带动人们参与到文化和旅游志愿服务活动中来。

运用现代网络平台，创新文化和旅游志愿服务宣传方式。在充分利用报纸、期刊进行常规的文化和旅游志愿服务宣传外，必须根据移动互联网时代的信息传播特点，借助现代信息技术，扩大文化和旅游志愿服务的现代传播，有的放矢地宣传文化和旅游志愿服务活动，让更多的群众了解文化和旅游志愿服务。

强化文化和旅游志愿服务品牌宣传，提升文化和旅游志愿服务的社会感召力。在多年的文化和旅游志愿服务实践中，各地都形成了一些文化和旅游志愿服务品牌。每个文化和旅游志愿服务品牌的背后，都有感人肺腑、温暖人心的品牌故事。要善于发现与挖掘文化和旅游志愿服务品牌故事，讲好品牌故事，传递正能量，进一步激发社会公众参与文化和旅游志愿服务的热情。

【思考题】

1. 我国文化和旅游志愿服务的发展经历了哪几个阶段？

2. 我国当前文化和旅游志愿服务有哪些基本特点？

3. 当前我国文化和旅游志愿服务面临的挑战主要有哪些？面对这些挑战，如何做好文化和旅游志愿服务工作？

第三章　文化和旅游志愿者的管理

【目标与任务】

通过本章学习，熟练掌握文化和旅游志愿者的权利与义务，了解文化和旅游志愿者招募的方式、流程，充分了解文化和旅游志愿者培训对文化和旅游志愿服务组织建设的重要作用，熟悉文化和旅游志愿者的激励机制和激励原则，掌握文化和旅游志愿者权益保障的具体内容与要求，切实保障文化和旅游志愿者的合法权益。

文化和旅游志愿者是文化和旅游志愿服务组织的重要资源，是组织实施文化和旅游志愿服务必不可少的文化力量。文化和旅游志愿者的招募工作直接关系到文化和旅游志愿服务的实施，关系到文化和旅游志愿服务组织的服务能力，关系到文化和旅游志愿服务组织健康发展。文化和旅游志愿服务组织必须重视文化和旅游志愿者的招募选拔工作，加强对文化和旅游志愿者的培训与激励，切实保障文化和旅游志愿者的合法权益，通过行之有效的管理制度，发挥文化和旅游志愿者在文化和旅游公共服务中的积极作用。

第一节　文化和旅游志愿者的招募

文化和旅游志愿服务组织必须充分重视文化和旅游志愿者的招募工作，按照文化和旅游志愿服务的需要，根据一定的文化艺术技能和旅游知识要求，通过合法的手段和有效的途径，招募吸纳文化和旅游志愿者。

一、文化和旅游志愿者的基本条件

什么样的人才能成为文化和旅游志愿者？成为文化和旅游志愿者需要具备怎样的基本条件？

文化部 2016 年 7 月颁布的《文化志愿服务管理办法》对此有明确的表述："文化志愿者应热心文化事业，具有一定的文化艺术才能和相应的民事行为能力。鼓励有意愿、有能力的人成为文化志愿者。鼓励老年人在自愿和量力的情况下参加文化志愿服务活动。未成年人经其监护人同意或由其监护人陪同，可参加与其年龄、身心状况相适应的文化志愿服务活动。"

以上可见，文化和旅游志愿者的基本条件有三方面。首先，文化和旅游志愿者必须热爱文化和旅游事业，热心公益事业，具有奉献精神，对文化和旅游公共服务充满热情，这是文化和旅游志愿者基本条件中最为可贵的。只有热心文化和旅游事业，才能满腔热情地参与到文化和旅游志愿服务中去，不辞辛苦，不计报酬，尽己所能，甘于奉献；才能把文化和旅游志愿服务作为事业，持之以恒；才能从文化和旅游志愿服务实践中，享受到文化和旅游志愿者的自豪与幸福。

其次，文化和旅游志愿者应具有一定的文化艺术才能和旅游知识。虽然从事公共文化场馆服务引导、大型文化活动维护秩序、文明引导等服务的文化和旅游志愿者，不一定都要具有文化艺术方面的才能，但绝大多数的文化和旅游志愿服务都具有专业化的特点，无论是文化艺术的辅导培训、文艺作品欣赏、图书阅读分享，还是博物馆的藏品展示讲解、景区导览等，都具有很强的专业性。因此，文化和旅游志愿者只有具备一定的艺术欣赏能力、文艺创作能力、阅读理解能力、景区景点讲解能力，具有良好的表达水平和沟通能力，才能完成文化和旅游志愿服务工作，让服务对象满意，达到文化和旅游志愿服务预期的目的。

最后，文化和旅游志愿者须具有相应的民事行为能力。民事行为能力是民事主体独立地以自己的行为为自己或他人取得民事权利和承担民事义务的能力。自然人的行为能力分三种情况：完全行为能力、限制行为能力、无行为能力。具有完全民事行为能力应当满足下列两个条件：其一是18周岁以上的公民；其二是精神健康状况正常，能够正确理解法律规范和社会生活共同规则，理智地实施民事行为。具有完全民事行为能力、身体健康，就具备了文化和旅游志愿者必需的民事行为能力。未成年人虽然不具有完全行为能力，属于限制行为能力的群体，但经其监护人同意或由其监护人陪同，可申请成为文化和旅游志愿者，参加与其年龄、身心状况相适应的文化和旅游志愿服务活动。

二、文化和旅游志愿者的权利与义务

权利与义务是对立统一的，没有无权利的义务，也没有无义务的权利。文化和旅游志愿者必须正确理解权利与义务的关系，正确行使文化和旅游志愿者的权利，自觉履行自身的义务。

(一)文化和旅游志愿者的权利

文化和旅游志愿者拥有一定的权利。这些权利具体是：根据自己的意愿、时间和能力提供文化和旅游志愿服务；获得文化和旅游志愿服务活动真实、准确、完整的信息；参加文化和旅游志愿服务培训；获得开展文化和旅游志愿服务必要的工作条件；

要求文化和旅游志愿服务组织单位如实记录参与文化和旅游志愿服务的有关信息；请求文化和旅游志愿服务组织单位帮助解决在文化和旅游志愿服务过程中遇到的实际困难；对文化和旅游志愿服务工作提出意见和建议；相关法律、法规及规章制度规定的其他权利。

文化和旅游志愿者的权利，主要体现在几个方面。即自愿自主的权利、信息获取的权利、参加培训的权利、服务保障的权利、意见建议的权利，以及其他权利。

自愿自主的权利，指的是文化和旅游志愿者有权根据自己的意愿和能力，选择文化和旅游志愿服务团队、文化和旅游志愿服务项目，根据自己的意愿选择文化和旅游志愿服务的时间。自愿自主的权利，有助于激发文化和旅游志愿者的服务积极性，使其身心愉悦地参与跟自身条件相适应的文化和旅游志愿服务。

信息获取的权利，指的是文化和旅游志愿者有权获得文化和旅游志愿服务的相关信息，这些信息必须是真实、准确、完整的。文化和旅游志愿者对这些文化和旅游志愿服务相关的信息拥有知情权，有利于做出准确判断，自愿自主地参加相应的文化和旅游志愿服务。

参加培训的权利，指的是文化和旅游志愿者为了提升文化和旅游志愿服务的能力，提高自身文化艺术技能，有权参加文化和旅游志愿服务组织所提供的文化和旅游志愿服务通识教育、文化艺术技能专业培训，分享文化和旅游志愿服务心得。通过文化和旅游志愿服务培训，文化和旅游志愿者可以不断提高自身奉献意识、志愿精神和专业水平。

服务保障的权利，指的是文化和旅游志愿者在从事文化和旅游志愿服务过程中，有权获得文化和旅游志愿服务组织提供的开展文化和旅游志愿服务必要的工作条件。文化和旅游志愿服务组织应解决交通、餐饮、保险等相关的经费，保障文化和旅游志愿服务的顺利开展。

意见建议的权利，指的是文化和旅游志愿者有权对文化和旅游志愿服务工作提出意见和建议，对文化和旅游志愿服务组织的管理与发展提出意见和建议。文化和旅游志愿者畅所欲言，坦诚交流，献计献策，有利于提升文化和旅游志愿服务效能，促进文化和旅游志愿服务组织的发展。

文化和旅游志愿者拥有的这些权利，任何文化和旅游志愿服务组织都必须在文化和旅游志愿服务工作中切实有效地保障。

(二)文化和旅游志愿者的义务

文化和旅游志愿者拥有权利的同时，必须承担相应的义务。《文化志愿服务管理办法》对文化和旅游志愿者的义务做出明确的规范："自觉维护文化志愿者的形象与声誉；遵守文化志愿服务管理制度；履行文化志愿服务承诺或协议，完成文化志愿服务组织单位安排的志愿服务任务；尊重服务对象的意愿、人格和隐私，不得向其收取或者变相收取报酬；因故不能参加或完成预先约定的文化志愿服务活动时，履行合理告知的义务；相关法律、法规及规章制度规定的其他义务。"

文化和旅游志愿者必须履行的义务，可以归纳为如下几个方面。

维护文化和旅游志愿者形象的义务。文化和旅游志愿者必须像天鹅爱惜自己的羽毛一样，爱惜文化和旅游志愿者的声誉，一诺千金，使命必达；不向服务对象收取金钱、财物，无私奉献，不计报酬，实践"友爱、互助、奉献、进步"的志愿精神，充分展现文化和旅游志愿者良好的社会形象。

服从志愿服务组织管理的义务。文化和旅游志愿者可以根据自己的意愿、技能、时间选择参与文化和旅游志愿服务，但在文化和旅游志愿服务工作中，必须强调组织性、纪律性，自觉遵守文化和旅游志愿服务组织的各项管理制度，服从文化和旅游志愿服务组织的管理。

履行文化和旅游志愿服务职责的义务。自成为文化和旅游志愿者的那一天起，每个文化和旅游志愿者必须积极投身于文化和旅游志愿服务中，根据文化和旅游志愿服务组织的整体安排，承担起符合自己意愿、与自身知识和技能相适应的文化和旅游志愿服务，履行文化和旅游志愿者的岗位职责，在文化和旅游志愿组织中发挥自己的作用。在志愿服务过程中，绝不允许出现"出工不出力"、敷衍了事的服务作风，以及没有责任心、不求进取的服务态度。因故不能参加或完成预先约定的文化和旅游志愿服务活动时，应履行合理告知的义务。

尊重文化和旅游志愿服务对象的义务。文化和旅游志愿者与志愿服务对象之间，是自愿、平等和互相尊重的关系。在开展文化和旅游志愿服务的过程中，文化和旅游志愿者必须尊重服务对象的意愿和人格，保护服务对象的隐私，不做损害服务对象的事情。同时以欣赏他人、与人为善、平等尊重的态度，与志愿服务对象融洽相处，为其提供专业的文化和旅游志愿服务。

没有规矩，不成方圆。每位文化和旅游志愿者在拥有权利的同时，必须认真履行义务，实践承诺，展现文化和旅游志愿者良好的思想素质、道德操守和精神追求。

三、文化和旅游志愿者招募的概念与原则

文化和旅游志愿服务组织单位必须制订文化和旅游志愿服务计划，进行文化和旅游志愿者招募。这是开展文化和旅游志愿服务的基础环节，其成功与否直接影响着文化和旅游志愿服务团队的服务能力与服务水平。有效的志愿者招募可以帮助热心文化和旅游事业的人们找到志愿服务的平台，帮助文化和旅游志愿服务组织选拔到优秀的文化和旅游志愿者，充实文化和旅游志愿力量，增强文化和旅游志愿服务组织的稳定性，有利于文化和旅游志愿服务组织的长效发展。

(一)文化和旅游志愿者招募的概念

文化和旅游志愿者招募是指文化和旅游志愿服务组织单位面向全社会或特定的范围、特定的群体，根据文化和旅游志愿服务工作的需要，根据文化和旅游志愿服务的

岗位设置与岗位要求，确定招募的文化和旅游志愿者数量，设置相应的招募条件，通过新闻报刊、电视广告、网站宣传、微信微博等多种现代传媒广而告之，接受热心文化和旅游事业、乐于志愿服务的人们报名，按照科学的筛选测评方法、规范的招募流程，对申请者进行选拔、录用的过程。

文化和旅游志愿者招募，是文化和旅游志愿服务组织单位为了选拔录用具备相应的文化和旅游志愿服务能力、奉献精神，有助于实现文化和旅游志愿服务组织目标的志愿者而实施的一系列活动。

文化和旅游志愿服务组织单位筛选符合文化和旅游志愿服务条件的公众参加文化和旅游志愿服务组织，能够为文化和旅游志愿服务组织提供充足的人力资源，保证各项文化和旅游志愿服务的顺利进行。科学有序的文化和旅游志愿者招募，应广泛发动，把好质量，为文化和旅游志愿服务组织的长效发展，从志愿者队伍方面打下扎实的工作基础。

（二）文化和旅游志愿者招募的原则

文化和旅游志愿服务组织单位在文化和旅游志愿者招募中，必须遵循几项原则：报名自愿原则、广泛参与原则、公开竞争原则、岗位匹配原则。

1. 报名自愿原则

文化和旅游志愿者不为物质报酬、利用自己的时间、精力、资源，以及知识与技能，服务社会，服务他人。他们报名参加文化和旅游志愿组织，是出于内心的道义和甘于奉献的精神，愿意为社会、为他人在文化和旅游生活方面，提供公益服务。文化和旅游志愿者参与文化和旅游志愿服务活动，是基于他们内在的善良愿望，自觉自愿地参加文化和旅游志愿服务组织，在享受文化和旅游志愿者权利的同时，承担相应的义务。因此，文化和旅游志愿服务组织单位在文化和旅游志愿者招募中，不能利用外界的压力强迫人们成为文化和旅游志愿者，只能通过加强文化和旅游志愿服务的宣传力度，激发人们热爱文化旅游、服务他人的愿望，自觉自愿地报名成为文化和旅游志愿者。

2. 广泛参与原则

文化和旅游志愿服务组织单位在文化和旅游志愿者招募中，必须广泛动员社会各界适合做文化和旅游志愿者的人们，加入文化和旅游志愿者的行列。文化和旅游志愿组织的类型众多，分布在社会的各个领域，对文化和旅游志愿者的人文素养、知识技能等要求各有侧重。各级文化和旅游志愿组织单位必须通过新闻媒体、网络传播等渠道进行宣传，使之家喻户晓，让更多的人报名参加文化和旅游志愿者的招募。尤其是重大文化和旅游活动，活动规模大，社会影响大，对文化和旅游志愿者的需求量也大，招募时不能局限于大学生等部分群体，应该面向全社会招募，扩大选拔范围。这样，报名者数量众多，也更有利于选拔最优秀的人成为文化和旅游志愿者。

3. 公开竞争原则

在广泛动员的基础上，文化和旅游志愿服务组织单位选拔出合适的报名者，纳入文化和旅游志愿者队伍。根据文化和旅游志愿服务必须具备的条件，选择合适的文化和旅游志愿者时，必须公开、公正、公平，做到招募程序、招募信息向社会公开，确保每位报名参加招募者的知情权，让他们通过公平竞争，成为文化和旅游志愿者。公平的竞争可以确保文化和旅游志愿者在社会公众中的良好形象，保证文化和旅游志愿服务组织的队伍素质，确保文化和旅游志愿服务的品质，从人才资源上保障文化和旅游志愿服务事业可持续发展。

4. 岗位匹配原则

文化和旅游志愿服务组织进行文化和旅游志愿者招募，必须与文化和旅游志愿服务需求有效对接，根据文化和旅游志愿服务的实际需求，确定志愿者招募的数量、人员的素质要求及文化艺术技能要求，使广大文化和旅游志愿者人尽其才，在每个合适的文化和旅游志愿服务岗位上，充分发挥他们的才能。文化和旅游志愿服务组织单位在招募之前，要做好调研工作，了解文化和旅游志愿服务岗位需求，把热爱文化和旅游事业、拥有相关知识与技能的报名者，吸纳到文化和旅游志愿者队伍中。在文化和旅游志愿者招募中，坚持岗位匹配原则，能够让文化和旅游志愿者都有展示自己的知识与技能、奉献服务爱心的平台。

四、文化和旅游志愿者的招募方式

文化和旅游志愿者的招募方式有社会化的公开招募、组织化的集中招募、个性化的定向招募、综合性的灵活招募等。文化和旅游志愿者的招募方式不同，运作方法不同，招募的效果也有一定的差别。文化和旅游志愿服务组织单位在招募文化和旅游志愿者前，必须根据文化和旅游志愿服务岗位的需求，特别是文化和旅游志愿服务岗位对志愿者的文化素养、艺术技能、旅游知识，以及志愿者数量的要求，选择合适的招募方式，提高招募工作的针对性，保障文化和旅游志愿者队伍的良好素质。

(一)社会化的公开招募

当对文化和旅游志愿者数量要求较大、知识技能要求不是太高，经过简单的培训就能够胜任时，一般可以采用社会化的公开招募，即通过报纸、电视台、广播、网站、微信公众号、微博等有效传媒，发布文化和旅游志愿者招募信息，使之广为人知，便于更多社会公众获得招募信息。社会化的公开招募方式，信息发布范围广，报名者可能也较多，但不适合招募对文化艺术、旅游知识和服务技能有特殊岗位要求的志愿者。

(二)组织化的集中招募

文化和旅游志愿服务组织单位采用组织化的集中招募方式，主要是借助行政手段等，广泛动员公众参与文化和旅游志愿服务；或者通过文化和旅游志愿服务组织的力量，进行组织动员，完成文化和旅游志愿者招募工作。组织化的集中招募方式，能够充分发挥行政组织的动员能力，有效地动员高等院校学生、文艺协会会员和社会各界热爱文化和旅游的人士，加入文化和旅游志愿者队伍中来。组织化的集中招募方式，适合文化和旅游志愿者招募数量多、志愿服务工作量大的文化和旅游志愿服务项目。

(三)个性化的目标招募

个性化的目标招募，也叫定向招募。这种招募方式，基于所要招募的文化和旅游志愿服务岗位，对文化和旅游志愿者有较强的文化艺术专业或者旅游知识技能等要求，即必须拥有较高的文学艺术创作能力、艺术欣赏水平、旅游讲解技能等。文化和旅游志愿服务组织单位运用社会化的公开招募、组织化的集中招募等方式，有时并不一定能招募到合适的文化和旅游志愿者，只能根据文化和旅游志愿服务岗位的要求，进行定向的组织发动、招募工作。例如，对外文化交流领域的文化和旅游志愿者，就必须在外语方面有较高的素质，笔译、口译达到一定的水平；面向视障人群开展活动的朗读服务志愿者，必须具有较高的朗诵水平。在这样的情形下，最好的方式，就是采用个性化的目标招募，面向具有特定文艺素养、知识技能的人群，进行宣传动员，有针对性地进行招募。

(四)综合性的灵活招募

综合性的灵活招募，是将前面所述的几种招募方式综合起来运用的招募方式。文化和旅游志愿服务组织单位在招募文化和旅游志愿者时，并不一定只采用单一的一种招募方式，大多数情况下，以某种招募方式为主，几种招募方式并用，多管齐下，从而发挥每一种招募方式的优势，才能招募到一定数量、与文化和旅游志愿服务岗位相匹配的优秀文化和旅游志愿者。

五、文化和旅游志愿者招募的基本流程

文化和旅游志愿服务组织单位进行文化和旅游志愿者招募，目的是选拔合适的文化和旅游志愿者。事先必须认真制订招募方案，规范招募流程，保证文化和旅游志愿者招募的制度化、科学化，确保文化和旅游志愿者招募工作取得实效。

文化和旅游志愿者招募的基本流程，通常有确定招募需求、制订招募计划、发布招募信息、建立报名途径、选拔录用注册五个环节。

(一)确定招募需求

文化和旅游志愿者招募成功的前提是在招募前期进行深入的调查研究，确定招募的需求。例如，根据文化和旅游志愿服务组织单位设定的志愿服务目标，了解文化和旅游志愿服务岗位职责，掌握文化和旅游志愿服务所需的数量要求，以及为达到预期的文化和旅游志愿服务效果，招募的文化和旅游志愿者是否需要具备一定的文化艺术技能，是否还要具备其他能力要求等。通过深入细致的调查研究，形成对文化和旅游

志愿服务岗位的服务职责、岗位要求、专业技能、综合能力等方面的要求，确定文化和旅游志愿者角色，使招募工作与文化和旅游志愿服务岗位相匹配，为下一步制订文化和旅游志愿者招募计划，顺利完成招募工作，打下扎实的基础。

（二）制订招募计划

在确定招募需求后，文化和旅游志愿服务组织单位可开始制订文化和旅游志愿者招募计划。招募计划的内容包括：文化和旅游志愿服务内容，文化和旅游志愿服务岗位，招募志愿者的数量，对招募的文化和旅游志愿者在文艺专业技能、文化素养、旅游讲解、综合能力等方面的要求，招募的范围、招募方式、招募时间、招募信息宣传发布的渠道、招募经费预算等。文化和旅游志愿者招募计划必须具有可行性、操作性，充分考虑到文化和旅游志愿服务的需求，做到志愿服务岗位要求与招募的文化和旅游志愿者素质能力、人员数量相对应。

（三）发布招募信息

文化和旅游志愿服务组织单位的文化和旅游志愿者招募计划确定后，便可按计划发布招募信息。招募信息发布有多种途径，主要有媒体发布、现场招募讲座以及通过网站、微信公众号、微博等进行宣传，扩大信息发布的覆盖面，使文化和旅游志愿者招募信息广为人知。招募信息发布的内容主要包括：文化和旅游志愿服务组织的情况、文化和旅游志愿服务岗位数量及服务内容，志愿服务岗位对文化和旅游志愿者思想素质的要求、文化艺术技能的要求，报名应招需要准备的材料，提供报名申请文化和旅游志愿者的具体程序以及联系方式，需明确的文化和旅游志愿者的权利义务，以及相关待遇和保障、激励措施等。这些招募信息必须真实准确，文字表述简洁明了，让公众看到招募信息后，对文化和旅游志愿服务组织、文化和旅游志愿服务岗位有清晰的认识和了解，并根据文化和旅游志愿服务岗位的要求，判断自己是否能够胜任正在招募的文化和旅游志愿服务工作。

（四）建立报名途径

文化和旅游志愿者报名有多种途径，包括网络报名、现场报名等。网络报名要求申请参加文化和旅游志愿服务者通过文化和旅游志愿服务组织提供的网站、微信公众号或电子邮箱，上传有关个人信息资料，包括身份信息、联系电话、身体健康状况、专业特长，是否具有招募的文化和旅游志愿服务岗位所需要的文化艺术技能和旅游讲解能力等。现场报名要求申请者根据招募广告上的信息，到文化和旅游志愿服务组织指定的地方，提供个人身份信息、专业特长等相关资料。此外，还可以通过信函报名、电话报名等。网络报名和现场报名是最常采用的报名途径，网络报名具有方便、快捷的特点，现场报名适合包括中老年人在内的各个群体。文化和旅游志愿服务组织单位在志愿者招募之前，必须建立多种报名途径，并安排专人负责。

（五）选拔录用注册

文化和旅游志愿者申请人报名后，文化和旅游志愿服务组织单位就要进行严格的选拔工作。根据文化和旅游志愿服务岗位的数量和人员素养能力的要求，根据文化和旅游志愿服务活动的特点，确定文化和旅游志愿者选拔的标准、选拔的办法，按科学的程序，进行公平、公正的考核，选拔与文化和旅游志愿服务岗位要求匹配度高的申请者，录用到文化和旅游志愿服务组织。考核的主要内容是依据志愿者申请人的个人素养、文化水平，判断其是否具备志愿服务岗位所需要的文化艺术技能与专业业务水平，是否有责任心、奉献精神等文化和旅游志愿者须具备的综合素质。在选拔考核合格后，申请人按规定进行注册登记，成为文化和旅游志愿者。

第二节 文化和旅游志愿者的培训

文化和旅游志愿者培训工作，是文化和旅游志愿服务组织建设的重要环节。文化和旅游志愿服务组织单位在文化和旅游志愿者正式上岗之前，必须对其进行志愿精神的教育、志愿服务所需要的文艺技能、旅游讲解等培训，使他们能初步胜任文化和旅游志愿服务工作。文化和旅游志愿者的培训应该是常态化的工作，有计划、常态化的培训，能够促进文化和旅游志愿者的综合素质与服务能力的提升，使其更好地履行文化和旅游志愿者的职责，完成文化和旅游志愿服务任务。

一、文化和旅游志愿者培训概述

（一）文化和旅游志愿者培训的含义

文化和旅游志愿者培训是文化和旅游志愿服务组织单位为了提升文化和旅游志愿者的专业技能、服务水平，增强对志愿服务的认识，强化"奉献、友爱、互助、进步"的志愿精神，更好地完成文化和旅游志愿服务工作，而进行的有计划的教育、培养、训练的过程。通过对文化和旅游志愿者的培训，使他们在进行文化和旅游志愿服务时所需要的文化素养、服务能力、服务态度有较大的提升，与文化和旅游志愿服务要求相适应。

文化和旅游志愿者培训是保持文化和旅游志愿服务组织的执行能力、服务能力的有效途径，是保证文化和旅游志愿服务目标实现的关键环节，在推进文化和旅游志愿服务工作中，有着十分重要的作用。

文化和旅游志愿者虽然都具有奉献社会、服务他人的内心愿望，愿意为他人付出自己的时间、精力和文化技能、文化智慧。但是文化和旅游志愿者的文化素质与专业技能，往往存在着一定的差异，在这种情况下，文化和旅游志愿者的培训就显得十分必要。

　　文化和旅游志愿者通过招募选拔，加入文化和旅游志愿服务组织，不少人对文化和旅游志愿服务工作还缺乏全面的了解，对志愿服务精神的认识还比较肤浅，文化和旅游服务专业技能还有待提高。这就要求文化和旅游志愿服务组织单位在调研的基础上，根据文化和旅游志愿者的具体情况，结合文化和旅游志愿服务岗位的要求，对其进行针对性的培训，使他们能很快地熟悉文化和旅游志愿服务岗位，较好地担负起文化和旅游志愿服务的任务。

　　文化和旅游志愿服务组织单位开展常态化的培训，是志愿服务组织长效发展、永远保持生机活力的现实需要。文化艺术专业技能的培训是没有止境的，志愿服务精神的认识与教育也是细水长流、润物无声的工作。文化和旅游志愿者常态化培训，能够促进志愿服务精神传播，培育和建设志愿文化，打造富有战斗力、竞争力的文化和旅游志愿服务组织。

（二）文化和旅游志愿者培训的功能

1. 强化志愿服务理念

　　强烈的奉献热情，崇高的使命感和责任感，助人、自助的理念，决定了文化和旅游志愿者内在的志愿服务动机，是文化和旅游志愿服务组织富有活力、可持续发展的重要因素。文化和旅游志愿服务组织单位通过有计划的志愿服务培训，使文化和旅游志愿者进一步认识到文化和旅游志愿服务的意义，把志愿服务精神内化为自觉的追求，一方面通过文化和旅游志愿服务为服务对象送去文化体验与快乐感受，另一方面在助人的过程中，体验到精神充实、内心快乐，获得丰富的人生经历。文化和旅游志愿者培训能帮助文化和旅游志愿者树立文化和旅游志愿服务理念，强化他们从事文化和旅游志愿服务的内驱力，激发他们以更大的热情、更饱满的精神状态，投入到文化和旅游志愿服务中去。

2. 提升志愿服务技能

　　文化和旅游志愿者光有热情还不够，还必须具备文化和旅游志愿服务岗位所需要的文艺技能、旅游讲解等方面的能力。当前，文化和旅游志愿服务越来越呈现专业化的特点。如面向视障群体的朗读服务，普通的朗读缺少感染力，如果具备主持人、播音员这样的朗诵水平，对于服务对象来说更是一种难得的听觉享受；在博物馆讲解服务中，如果志愿者具有比较深厚的历史文化功底，讲解起来就可深入挖掘、信息量大。文化和旅游志愿服务组织单位面向文化和旅游志愿者开展有计划的培训，设计科学的、有针对性的志愿者培训，将文化和旅游志愿者的服务热情转化为优良的文化和旅游志愿服务，不断提高文化和旅游志愿者的专业能力与服务水平，促进文化和旅游志愿服务组织整体服务能力的持续提升。

3. 促进志愿者成长

　　人是社会性的，群体环境对于一个人的价值观、人生观的影响十分显著。常态化的文化和旅游志愿者培训，有助于培养志愿者无私奉献的精神品格，乐观友好的人生态度，乐于助人的文化情怀；精心安排的培训内容，有助于文化和旅游志愿者掌握沟通方法与技巧，懂得文化和旅游志愿者与服务对象的心理感受；文化和旅游志愿服务组织单位的志愿者培训，也有助于志愿者服务技能的提升。要之，科学合理的培训，有利于促进文化和旅游志愿者的全面发展，使其在人生的道路上实现自身的社会价值。

4. 推进志愿服务组织发展

文化和旅游志愿服务组织是否有执行力，文化和旅游志愿服务是否高效，与志愿服务组织内部每一位文化和旅游志愿者的综合素质、服务能力紧密相关。常态化的文化和旅游志愿者培训，在提高文化和旅游志愿者综合素质和服务能力的同时，能够有力地提高文化和旅游志愿服务组织的服务能力，推动文化和旅游志愿服务组织健康发展。试想，在行之有效的制度管理下，文化和旅游志愿者奉献意识强，服务水平高，文化和旅游志愿服务组织的服务能力就会节节攀升；反之，如果不重视文化和旅游志愿者培训，不注意志愿者服务水平的提升，文化和旅游志愿服务组织的服务能力就会大打折扣，缺少发展后劲。

二、文化和旅游志愿者培训内容与方式

（一）文化和旅游志愿者培训的内容

文化和旅游志愿服务组织开展的文化和旅游志愿者培训内容，可以分为三类：志愿服务知识培训、文化和旅游专业技能培训、素质拓展管理培训。

1. 志愿服务知识培训

文化和旅游志愿服务知识培训，也称通识培训。培训内容主要有几个方面：首先，介绍志愿服务的常识，包括志愿精神、志愿服务的意义、志愿者概念等基本的知识，使志愿者掌握志愿者的权利与义务，熟悉国内外志愿服务发展的历史，通晓文化和旅游志愿者的责任与使命；其次，讲解文化和旅游志愿服务相关政策与法律法规、文化和旅游志愿服务发展历史、文化和旅游志愿服务组织及章程、文化和旅游志愿服务岗位及其相关要求；最后，介绍文化和旅游志愿服务组织的工作规划、机构设置，志愿服务礼仪要求，以及下一阶段文化和旅游志愿服务安排等。通过志愿服务知识培训，文化和旅游志愿者能够系统性地掌握志愿服务知识，了解当地文化和旅游志愿服务的基本情况，增强荣誉感与自豪感。

2. 文化和旅游专业技能培训

文化和旅游志愿服务组织应根据文化和旅游志愿服务岗位要求，组织文化和旅游服务专业技能培训。这些文化和旅游服务专业技能与志愿服务岗位的技能要求紧密相关，具有很强的针对性与实践性。博物馆文化和旅游志愿者的展陈讲解技巧，图书馆面向儿童服务的"故事妈妈"绘声绘色讲故事的本领，美术馆优秀美术作品讲解志愿者所必需的美术作品审美能力，文化馆文化志愿者的创作表演能力，景区景点的导览服

务和文明引导的能力等，都是文化和旅游志愿者服务岗位中不可缺少的。要充分发挥文化和旅游志愿者的服务能力，文化和旅游志愿服务组织在培训中，就必须安排相应的文化和旅游专业技能培训课程，对文化和旅游志愿者进行专题培训，提高文化和旅游志愿者的专业技能。

3. 素质拓展管理培训

素质拓展管理培训的目的是让文化和旅游志愿者能够妥善处理各种突发情况，顺利完成文化和旅游志愿服务。文化和旅游志愿服务组织单位进行素质拓展管理培训的内容主要涉及文化和旅游志愿者的沟通能力、组织能力、协调能力、应变能力、策划能力等，包括沟通交流的技巧、组织协调能力的提升、与志愿服务对象建立关系的技巧，以及文化和旅游志愿者之间沟通、合作的艺术，文化和旅游志愿服务项目的策划实施等。素质拓展管理培训有利于提高文化和旅游志愿者的综合素质和服务能力。

(二)文化和旅游志愿者培训的方式

1. 讲授法

讲授法是文化和旅游志愿者培训中最为常见的培训方式。文化和旅游志愿服务组织单位根据事先制订的文化和旅游志愿者培训计划，邀请专家学者、资深志愿者等上台讲授，以实现预期的培训目标。讲授法的优点是文化和旅游志愿服务组织应用起来轻车熟路，适合文化和旅游志愿服务的通识培训，讲授的专家学者、资深志愿者能控制讲授进度，胸有成竹；不足之处是该方式以单向信息传递为主，互动交流少。

2. 讨论法

培训中的讨论法分为两种类型：一种是在培训教师的引导下，就文化和旅游志愿服务工作进行有趣的讨论，反转课堂就是比较典型的例子；另一种是分小组进行讨论，针对文化和旅游志愿服务中可能面对的问题，分析原因，寻求解决的办法。与以教师为主体的讲授法相比较，讨论法以培训对象为主体，是双向的交流，参与讨论者的观点交锋，能够及时反馈培训学习的情况。讨论法适用于讨论文化和旅游志愿服务知识的理解，也适用于讨论文化和旅游志愿服务问题的解决方案。

3. 案例研讨

案例研讨是向接受培训的文化和旅游志愿者提供文化和旅游志愿服务实践的具体案例，包括背景资料、面临问题，组织研讨活动，以寻求解决志愿服务实际问题的途径的培训方式。案例研讨对于培训师来说，在案例编写、研讨引导等方面有较高的要求，对于接受培训的文化和旅游志愿者来说，可以从中受益，获得梳理问题、分析问题、解决问题的能力。

4. 技巧示范

技巧示范也是文化和旅游志愿者培训中经常出现的培训方式，适用于器乐、声乐、舞蹈、戏剧、曲艺、旅游导览等文化和旅游技能的培训，以及文明礼仪方面的培训，具有直观鲜明、生动形象的特点。培训者通过示范性的文艺技巧展示、文明礼仪规范动作，指导培训对象掌握表演艺术、文明礼仪的动作要领，使其领悟文化艺术技能要求，掌握文明礼仪的细节之美。

除了以上几种培训方式，文化和旅游志愿者培训的方式还有角色扮演法等。在移动互联网时代，文化和旅游志愿服务的公开课、慕课，将进入人们的视线。文化和旅游志愿服务组织单位通过网站、新媒体平台，对文化和旅游志愿者进行通用知识、文化和旅游技能的培训，将逐步成为文化和旅游志愿者培训的方式之一。

三、文化和旅游志愿者培训的流程

文化和旅游志愿服务组织单位在开展文化和旅游志愿者培训时，必须熟悉志愿服务培训流程。一般来说，文化和旅游志愿者培训的流程，有以下几个主要环节：深入调研，了解培训需求；未雨绸缪，制订培训计划；细致周到，实施培训计划；目标导向，评估培训绩效。

(一)调研培训需求

文化和旅游志愿者培训要取得预期的成效，文化和旅游志愿服务组织单位就必须深入调研，了解培训需求，设计培训课程。调研的内容主要有两个方面：一方面，对文化和旅游志愿者的调研，通过问卷调查法、访谈法等方式，了解文化和旅游志愿者对文化和旅游志愿服务工作的认知状况，了解他们的志愿服务能力，包括组织协调能力、活动策划能力、沟通交流能力等，掌握他们的服务水平情况，建立文化和旅游志愿者培训档案；另一方面，通过调研掌握文化和旅游志愿服务岗位的服务特点，以及对文化和旅游志愿者知识、技能和能力的要求。

文化和旅游志愿服务组织单位只有深入调研，才能充分了解培训需求，其所组织的文化和旅游志愿者培训工作才能有的放矢，培训方式和培训内容才会更具针对性，培训工作才能取得显著的成效。

(二)制订培训计划

培训计划是文化和旅游志愿者培训的重要组成部分，与培训是否成功紧密相关。科学、合理、可操作性的培训计划，是文化和旅游志愿者培训取得显著成效的关键。

文化和旅游志愿服务组织单位必须认真制订文化和旅游志愿者培训计划，主要内容包括：培训目的、培训对象、培训规模、培训时间、培训地点、培训内容、培训师资、培训方式、培训经费等。

培训目的越是清晰，培训计划就越是有针对性。对文化和旅游志愿者进行培训的目的，就是要让志愿者清晰了解文化和旅游志愿服务组织与志愿服务的目标与期望，提升文化和旅游志愿者的素质与文化素养、艺术技能、服务能力，增强文化和旅游志愿者的奉献精神和合作意识等。

培训对象既与培训目的相关联，又与培训课程设置有直接联系。一般来说，培训时人数不宜太多，否则会影响培训的效果；人数太少，则与志愿者培训财力、精力投入不成比例，故培训应该控制在适度的范围内。

培训时间一般根据培训内容来确定，如果只是一场辅导讲座，半天时间就足够了；如果安排比较系统的文化和旅游志愿者培训，则须安排集中培训，时间可能需要两三天。培训地点的选择，要从培训效果、交通便利等要素进行综合考察。

培训教师一般选择讲授志愿服务知识的教授学者、文化和旅游方面的专业人员、资深文化和旅游志愿者、文化和旅游志愿服务组织领袖，以及志愿者素质拓展、项目策划、组织管理的专家，培训教师最好具备培训教学经验或志愿服务实践经验。

培训内容应基于调研得到的文化和旅游志愿者的培训需求，以及文化和旅游志愿服务岗位要求，以提升文化和旅游志愿者的文化素养、服务能力为切入点，进行科学、合理的安排。

培训经费则包括教师授课费用、交通费用、住宿餐饮费用、场租费用、培训资料费用等。

需要强调的是，文化和旅游志愿者培训计划必须以提高志愿服务绩效为导向，与文化和旅游志愿服务工作要求相结合，具有可行性、针对性。

(三)实施培训计划

实施培训计划就是按照已经制订的培训方案，落实文化和旅游志愿者的培训工作，这是文化和旅游志愿者培训运行系统的关键环节。文化和旅游志愿者的培训实施，包括组建培训工作团队、落实培训对象、联系培训教师、安排培训时间、确定培训场地、准备培训设备、提供培训教材资料、落实培训经费等。

文化和旅游志愿者培训需要有团队去执行，文化和旅游志愿服务组织单位要组建培训工作团队，明确各自的工作岗位与职责，根据文化和旅游志愿者培训方案，有条不紊地开展各项组织工作。通知组织文化和旅游志愿者按时到达指定培训地点，明确文化和旅游志愿者培训的内容，安排培训课程，发放文化和旅游志愿者培训的教材或资料，联系专家教师或资深文化和旅游志愿者、文化和旅游志愿服务组织富有经验的管理者进行授课，授课的内容必须体现针对性。此外，应采用行之有效的培训方式、方法，面向文化和旅游志愿者进行培训。文化和旅游志愿服务组织单位必须根据文化和旅游志愿者的具体情况，开展培训工作。无论采用何种培训方式，都要以提高文化和旅游志愿者思想素质和服务技能为目的，确保培训工作的成效。最后，做好培训的各项保障工作，落实文化和旅游志愿者培训的用餐、住宿，调试培训设备，包括音响、电脑及投影等。

(四)评估培训绩效

评估培训绩效是文化和旅游志愿者培训工作不可缺少的环节。文化和旅游志愿服务组织单位通过对培训过程、培训效果进行收集、分析、判断，评估文化和旅游志愿者培训是否达到了预期的效果，以改进和优化后续的文化和旅游志愿者培训工作。

对文化和旅游志愿者培训绩效的评估，主要包含培训过程评估和培训效果评估。培训过程评估主要检查整个文化和旅游志愿者培训过程中是否存在问题；培训计划在实施中是否有不够科学的地方；邀请的培训教师采用的方法是否适合参加培训的文化和旅游志愿者；培训组织工作是否到位；参加培训的文化和旅游志愿者是否专注听课，积极参与各个教学环节等。培训效果评估侧重于文化和旅游志愿者通过培训是否有预期的收获，接受培训的文化和旅游志愿者对培训教学的满意度如何等。检验培训效果有多种方法，既可以与参加培训的文化和旅游志愿者进行访谈（或向其发放调查问卷），了解培训课程设置是否科学合理，授课教师是否具有较高的教学水平，通过培训有什么收获，有哪些需要改进之处；也可以通过测试的方式，对文化和旅游志愿服务知识等进行测试，掌握培训的效果。对于文化和旅游服务技能方面的培训，在培训结束前进行汇报展示，也不失为直观有效的方法。

文化和旅游志愿者培训评估必须及时进行，文化和旅游志愿服务组织单位应当对收集的评估反馈资料作科学的分析，不断改进文化和旅游志愿服务培训工作，切实提高文化和旅游志愿者的奉献意识和服务能力。

第三节　文化和旅游志愿者的激励

文化和旅游志愿服务组织应结合实际，建立文化和旅游志愿服务激励回馈制度。有效的激励机制，能进一步增强文化和旅游志愿者的荣誉感和自豪感，激发他们的奉献精神和服务热情，提高文化和旅游志愿服务组织的凝聚力，推动文化和旅游志愿服务组织健康发展。

一、文化和旅游志愿者激励的含义

激励是指持续地激发人的动机和内在动力，使其心理过程始终保持激奋的状态，鼓励人朝着所期望的目标采取行动的过程。文化和旅游志愿者激励是指志愿服务组织或政府文化部门采用多种有效的手段，满足文化和旅游志愿者的心理需要、精神需要和社会需要等，调动文化和旅游志愿者的志愿服务积极性，激发文化和旅游志愿者内在的驱动力，使文化和旅游志愿者产生志愿服务组织所期望的特定行为的过程。

文化和旅游志愿服务是公益性的、不以谋取报酬为目的的行为，理应得到社会的尊重、文化和旅游志愿服务组织的激励、政府部门的表彰。文化和旅游志愿者激励，一方面是肯定、嘉奖文化和旅游志愿者为社会作出的无私奉献，让文化和旅游志愿者享受应该得到的组织鼓励、社会尊重，满足文化和旅游志愿者的成就感、自豪感，激发他们持久的志愿服务热情，从而更加积极地投身文化和旅游志愿服务事业。另一方面，志愿服务组织的嘉奖、政府的表彰能够扩大文化和旅游志愿者的社会影响，弘扬志愿服务精神，吸引更多的公众参与文化和旅游志愿服务，促进文化和旅游公共服务的均等化。

二、文化和旅游志愿者激励的原则

激励被管理学家称为"最伟大的管理原理"。在文化和旅游志愿服务实践中，文化和旅游志愿服务组织单位建立和完善文化和旅游志愿者激励机制，有利于强化文化和旅游志愿者奉献精神，增强文化和旅游志愿服务组织的活力。在运用激励方法时，必须遵循以下几个原则。

(一)公平激励原则

公平合理是激励中十分重要的原则。公平激励原则，就是必须公正公平地对待每一位文化和旅游志愿者，科学评价文化和旅游志愿者的志愿服务，评价他们为文化和旅游志愿服务所付出的精力、取得的成效，评价的标准要透明、统一，对所有文化和旅游志愿者一视同仁。公平激励原则，能使所有文化和旅游志愿者在受到公平对待的同时，对受到表彰嘉奖的文化和旅游志愿者心服口服。公平公正的激励，使受到表彰嘉奖的文化和旅游志愿者在感到问心无愧的同时充满荣誉感和自豪感，激发他们以饱满的热情，继续为社会奉献自己的时间、精力和智慧；对于其他文化和旅游志愿者来说，公平激励将激发他们见贤思齐，向身边的文化和旅游志愿者榜样学习，把文化和旅游志愿服务做得更好。

(二)适时激励原则

适时激励原则，是文化和旅游志愿服务实践中保证激励效果的原则之一，即激励要尽量贴近值得肯定和激励的行为出现的时间。及时的激励能使文化和旅游志愿者感受到自己目前的志愿服务行为被重视、服务奉献的价值被肯定，从而乐于保持并重复出现被肯定的良好志愿服务行为，有利于激发文化和旅游志愿者更大的奉献热情。否则时过境迁，文化和旅游志愿服务中良好的激励强化机会就不知不觉地错过了。

(三)差别激励原则

激励是通过满足人们的某些需求，激发人的动机和内在动力，鼓励人们朝着所期望的目标采取行动的过程。由于文化和旅游志愿者的个体需求之间存在着差异，文化和旅游志愿服务组织对文化和旅游志愿者实施激励时，必须因人而异，体现出针对性。对于重视成就感的文化和旅游志愿者，可以根据其管理组织能力给予一定的授权，如参与文化和旅游志愿服务项目、团队的管理等；对于渴望获得认可的文化和旅游志愿者，可以通过表扬、颁发荣誉证书等激励手段，满足他们的心理需求。差别激励原则能够充分发挥激励的效用，有效实现激励的目的。

（四）持续激励原则

文化和旅游志愿服务往往是持续性的，即使是大型文化活动的志愿服务工作，也有一定的时间长度。文化和旅游志愿者的服务热情，不可能始终如最初参加文化和旅游志愿服务那样高涨，随着时间的推移，志愿服务新鲜感的消失，以及文化和旅游志愿服务工作的单调、重复，或者在志愿服务中遇到困难，文化和旅游服务志愿者难免会出现情绪波动、热情消退的情况。因此文化和旅游志愿服务组织要遵循持续激励原则，运用科学的激励方法，持续地进行激励，强化文化和旅游志愿者的奉献精神与服务意识，使其保持较高的志愿服务热情。

（五）精神激励与物质激励相结合原则

文化和旅游志愿者激励必须坚持精神激励与物质激励相结合的原则。文化和旅游志愿服务固然是自发自愿、不计报酬、不谋私利、服务社会的高尚行为，对文化和旅游志愿者往往以精神激励为主，满足他们的成就感，如政府、社会公众的肯定与嘉奖等；但必要的物质激励同样是需要的，如志愿服务纳入信用体系、纳入户口迁徙的评分条件，对文化和旅游志愿服务必要的回馈，给予文化和旅游志愿者在艺术观摩与培训、文化艺术消费、景区旅游、公益性文化服务等方面的优惠待遇。文化和旅游志愿服务组织运用精神激励与物质激励相结合的原则，能有效提高文化和旅游志愿者服务的积极性，吸引更多的公众关注文化和旅游志愿服务，参与文化和旅游志愿服务，争做文化和旅游志愿者。

三、文化和旅游志愿者激励的机制

文化和旅游志愿服务组织在推进公共文化领域志愿服务的过程中，必须建立完善的激励机制。通过有效的激励手段，满足文化和旅游志愿者获得尊重、实现自我价值与社会价值的精神需求，引导全社会关注文化和旅游志愿服务，激发更多的公众参与文化和旅游志愿服务。

文化和旅游志愿者激励机制，主要有政府激励机制、社会激励机制、组织激励机制、自我激励机制等。

（一）政府激励机制

政府激励机制主要是出台法律、法规、政策，对文化和旅游志愿服务进行激励，对优秀文化和旅游志愿者、优秀文化志愿服务项目进行表彰。政府激励主要有政策立法激励、荣誉表彰激励。在政策立法激励方面，志愿服务的相关政策和地方立法持续推进，《中华人民共和国公共文化服务保障法》《志愿服务条例》《文化志愿服务管理办法》等法律法规，对文化和旅游志愿服务立法支持，明确文化和旅游志愿服务的法律地位，保障文化和旅游志愿者、志愿服务组织的合法权益。政策立法激励是我国文化和旅游志愿服务激励的重要机制之一。在荣誉表彰激励方面，各级政府文化和旅游部门对文化和旅游志愿服务进行的年度表彰，是政府激励机制的组成部分。各级文化和旅游部门表彰志愿服务示范项目、优秀文化和旅游志愿者、优秀文化和旅游志愿服务组织、文化和旅游志愿服务优秀组织工作者，激励着全国各地文化和旅游志愿者、文化和旅游志愿服务组织，以更积极的姿态、更饱满的热情，推动文化和旅游志愿服务积极健康发展。

(二)社会激励机制

社会激励机制是通过制定和完善文化和旅游志愿服务的相关政策，建立和完善文化和旅游志愿服务的激励回馈机制。社会激励机制主要有社会荣誉激励、社会回馈激励和大众传媒宣传激励三个方面。实施社会激励机制，有利于在全社会营造文化和旅游志愿服务的良好氛围，在激发文化和旅游志愿者的积极性和自豪感的同时，吸引更多的公众加入文化和旅游志愿服务的行列。

社会荣誉激励是社会各界对文化和旅游志愿服务的表彰奖励，使文化和旅游志愿者感受到志愿服务的社会价值以及志愿服务过程中所体现的自身价值，激发自己的荣誉感和积极性。社会荣誉激励主要是各级志愿者协会、文化和旅游志愿者协会建立的表彰奖励，激励方式主要包括给予文化和旅游志愿服务认证、颁发荣誉奖状等，使文化和旅游志愿者获得志愿服务的成就感。

社会回馈激励主要是通过物质补偿的方式，对文化和旅游志愿者进行回馈激励，如采取文化和旅游志愿服务补贴等形式，或是政策性的回馈激励，规定文化和旅游志愿者可享受在艺术观摩与培训、文化艺术消费、公益性文化服务方面的优惠待遇。虽然文化和旅游志愿者参与志愿服务是出于社会责任，不以谋取物质利益为目的，但一定的回馈激励有助于提高文化和旅游志愿者的幸福指数，使其充分享受文化和旅游志愿服务的快乐。

大众传媒宣传激励指通过新闻媒体、网站、微信公众号等宣传平台，宣传文化和旅游志愿服务，讲述优秀文化和旅游志愿者的服务故事，展示文化和旅游志愿者的精神风貌，弘扬志愿服务精神。大众传媒宣传激励能够增强文化和旅游志愿者的自豪感，有助于增强社会公众对文化和旅游志愿服务的认识，增强对文化和旅游志愿服务的认同感，扩大文化和旅游志愿服务的社会影响，形成人人尊重志愿者、人人争做志愿者的良好社会氛围。

(三)组织激励机制

组织激励机制指的是在文化和旅游志愿服务组织中建立有效的文化和旅游志愿者激励机制，以强化文化和旅游志愿者的服务热情，保持文化和旅游志愿服务组织的活力。组织内部激励的方式主要有榜样激励、赞许激励、绩效激励、参与管理等。

榜样激励是文化和旅游志愿服务组织对在开展文化和旅游志愿服务活动中表现出色的优秀志愿者或优秀文化和旅游志愿服务团队给予肯定和表扬。榜样激励在肯定优秀文化和旅游志愿者，满足优秀文化和旅游志愿者的成就感，强化他们志愿服务热情的同时，使组织内部的其他文化和旅游志愿者与志愿服务团队产生见贤思齐、向榜样学习的良好愿望，对整个文化和旅游志愿服务组织及志愿者都有很好的激励作用。

赞许激励是对文化和旅游志愿者在志愿服务活动中良好的服务表现，及时、适时地进行表扬，肯定和认可他们的文化和旅游志愿服务工作。赞许激励一般更多地使用于文化和旅游志愿服务工作过程中，只要文化和旅游志愿者在志愿服务中某个细节做得特别出色、某个策划点子有创意，就应及时予以肯定。赞许激励越贴近行为出现的时间，激励的效果就越好。

绩效激励一般通过绩效评价进行。绩效评价是文化和旅游志愿服务组织对志愿者、志愿服务团队在文化和旅游志愿服务中的服务态度、服务能力、服务业绩、社会反响等方面进行的综合评价，以客观、公正地反映文化和旅游志愿者的服务情况。科学合理的绩效评价能够对志愿者起到良好的激励、鞭策作用。

参与管理也是文化和旅游志愿服务组织对文化和旅游志愿者的激励方式。文化和旅游志愿服务组织针对有组织管理能力、成就感强的志愿者，安排他们参与文化和旅游志愿服务项目的策划、组织、管理，满足他们成就方面的精神需求，发挥他们潜在的管理能力，增强他们的责任心，在文化和旅游志愿服务组织中更好地发挥骨干的作用。

(四)自我激励机制

自我激励机制是通过激发文化和旅游志愿者的内在需求与动机，达到激励自我、保持志愿服务热情的目的。自我激励主要包括自我价值激励、自我成就激励、自我提升激励、自我愉悦激励。

自我价值激励，指文化和旅游志愿者通过参与文化和旅游志愿服务，重新发现自己的价值，发现自己的志愿服务对社会、对他人的作用，在此过程中强化了对自我价值、社会价值的认识，强化了对志愿服务精神的认识，从而激励自己成为优秀的文化和旅游志愿者，创造更有价值、更有意义的人生。

自我成就激励指文化和旅游志愿者在开展志愿服务活动中，其热情的服务态度、专业的文化服务，得到他人的认可与赞许，得到了社会的肯定。文化和旅游志愿者在志愿服务中获得的成就感，自身就能够在精神上产生积极的激励作用。

自我提升激励指文化和旅游志愿者通过参与文化和旅游志愿服务活动、参加文化和旅游志愿服务培训等，使自己的思想境界、文化艺术专业技能、项目策划能力、组织协调能力、交往沟通能力等方面得到一定的提升。这将进一步激励文化和旅游志愿者以满腔热情投身文化和旅游志愿服务，提升自己的精神境界，丰富自己的精神世界。

自我愉悦激励指文化和旅游志愿者在志愿服务过程中体验到助人的快乐，享受到奉献的欢愉，这种愉悦的感受激励着文化和旅游志愿者，更加积极地参与文化和旅游志愿服务工作，在奉献文化智慧、服务社会、帮助他人的同时，收获快乐的人生体验，使文化和旅游志愿者保持长久的志愿服务热情。

科学、有效的文化和旅游志愿者激励，必须从文化和旅游志愿服务实际出发，综合运用，适时激励。文化和旅游志愿服务组织必须将文化和旅游志愿者激励贯穿于招募、培训、服务、总结的全过程，只有灵活运用各种激励机制，才能充分激发文化和旅游志愿者的服务热情，实现文化和旅游志愿服务组织的服务目标，推动文化和旅游志愿服务事业的长效发展。

第四节　文化和旅游志愿者的权益保障

文化和旅游志愿服务是文化和旅游公共服务体系建设的组成部分，推进文化和旅游志愿服务健康、长效发展，必须从文化立法、政策支持、资金保障、服务保障、安全保障等方面，建立文化和旅游志愿者保障机制，保障文化和旅游志愿者的合法权益。

一、文化和旅游志愿者权益保障的概念与特征

(一)文化和旅游志愿者权益保障的概念

文化和旅游志愿者权益保障是指政府、社会、文化和旅游志愿服务组织对文化和旅游志愿者的合法权益，进行制度化的支持与保障，为文化和旅游志愿服务创造必需的工作条件和必要的保障，使文化和旅游志愿者能够身心愉快地开展志愿服务。

建立文化和旅游志愿者权益保障机制，目的是保障文化和旅游志愿服务活动的顺利开展，保障文化和旅游志愿者在志愿服务中的合法权益，保障文化和旅游志愿服务项目的有效执行。

(二)文化和旅游志愿者权益保障的特征

文化和旅游志愿者的权益保障，具有保障工作常态化、保障主体多元化、保障手段多样化的特征。

1. 保障工作常态化

文化和旅游志愿服务是文化和旅游公共服务中一项长期的工作，无论是以公共文化设施为依托开展文化和旅游志愿服务，还是组织开展流动性的文化和旅游志愿服务，都必须从物质、经费、组织动员等方面做好保障工作。由于文化和旅游志愿服务呈现常态化的特点，文化和旅游志愿服务的保障工作也必须常态化。

2. 保障主体多元化

从文化和旅游志愿服务实践来看，保障主体具有多元化的特征。文化和旅游志愿服务组织必须为文化和旅游志愿服务提供经费等方面的支持，提供必要的志愿服务条件，使文化和旅游志愿者能顺利地完成志愿服务工作，保障文化和旅游志愿者享受合

法权益；国家和地方政府也应通过立法、出台政策等方式，确保文化和旅游志愿者的合法权利。

3. 保障手段多样化

由于文化和旅游志愿服务内容多样，服务项目丰富，涉及面广，文化和旅游志愿者保障的手段也具有综合性、多样化的特征。从保障手段来看，既需要从立法角度，明确文化和旅游志愿者的权利和义务，又需要文化和旅游志愿服务组织与文化和旅游志愿服务组织从经费、物质等方面提供相应的保障，

二、文化和旅游志愿者权益保障的内容

(一)政府层面的保障内容

1. 立法保障

立法是政府层面对文化和旅游志愿者权益的最有力的保障手段。即通过出台文化和旅游志愿服务的法律法规，明确文化和旅游志愿者的法律地位，明确文化和旅游志愿者的权利、义务，明确文化和旅游志愿者在从事志愿服务时受到伤害的救助机制；同时明确文化和旅游志愿服务组织、被服务对象的权利与义务。

立法保障是促进文化和旅游志愿服务事业发展、保障文化和旅游志愿者合法权益最根本的手段。《中华人民共和国公共文化服务保障法》《文化志愿服务管理办法》《志愿服务条例》等均从法律角度为文化和旅游志愿者的权益提供保障。

2. 政策支持

政策支持指国家和一些地方政府支持志愿服务工作，制定促进志愿服务的相关政策，保障包括文化和旅游志愿者在内的志愿者合法权益。这些政策涉及文化和旅游志愿者荣誉、就业、艺术欣赏、文艺培训、景区旅游等领域，旨在保障文化和旅游志愿者的合法权益。

3. 资金保障

文化和旅游志愿服务离不开必要的经费。文化和旅游志愿服务组织应当将文化和旅游志愿服务经费列入预算，为文化和旅游志愿者依托公共文化设施、景区景点开展文化和旅游志愿服务等活动提供经费保障。在重大文化和旅游活动的志愿服务中，拨出专款保障文化和旅游志愿活动的顺利开展，为文化和旅游志愿者开展志愿服务提供必要的条件。

(二)志愿组织层面的保障内容

1. 基础保障

文化和旅游志愿服务的基础保障，指文化和旅游志愿服务组织必须为进行志愿服务的文化和旅游志愿者，在餐饮、交通、通信、证件服务等方面，提供必要的保障；如果文化和旅游志愿者参与流动文化和旅游志愿服务，文化和旅游志愿服务组织必须

提供交通、住宿等方面的条件。这些基础性的保障措施，是文化和旅游志愿者开展志愿服务时必不可少的。

2. 安全保障

文化和旅游志愿服务安全第一。文化和旅游志愿服务组织必须为文化和旅游志愿者提供必要的安全保障，对文化和旅游志愿者的健康负责，对文化和旅游志愿者的安全负责。在安排文化和旅游志愿服务时，应注意高温、雨雪等极端天气下的安全保障，合理安排志愿服务时间，为志愿者提供医疗服务保障。在文化和旅游志愿者开展志愿服务时，应在食品安全方面做好保障。还应为文化和旅游志愿者购买保险，使文化和旅游志愿者在遇到人身意外伤害时得到有效的救助。

3. 管理保障

文化和旅游志愿服务组织为提高志愿服务效率，发挥每位文化和旅游志愿者的作用，达到志愿服务组织的既定目标，必须建立上下联动、职责清晰的组织管理机制，统筹文化和旅游志愿服务组织的资源，保证文化和旅游志愿服务按计划有序进行，保证文化和旅游志愿服务有成效，文化和旅游志愿者有成就感与自豪感。

《文化志愿服务管理办法》规定，文化志愿者有"请求文化志愿服务组织单位帮助解决在文化志愿服务过程中遇到的实际困难"的权利，有"对文化志愿服务工作提出意见和建议"的权利。因此，志愿服务组织必须为志愿者提供畅通的诉求渠道，及时解决志愿者提出的合理利益诉求，倾听和采纳志愿者提出的合理化建议，保障志愿者正当、合理的权利。

为文化和旅游志愿者建立必要的保障机制，推动文化和旅游志愿者权益保障的制度化、法治化、规范化，是保障文化和旅游志愿者合法权益，促进我国文化和旅游志愿服务常态化和可持续发展的重要保障，各级政府、文化和旅游志愿服务组织单位必须予以高度重视。

【思考题】

1. 文化和旅游志愿者有哪些权利与义务？

2. 文化和旅游志愿者招募的流程有哪些？请撰写一份文化和旅游志愿者招募计划。

3. 文化和旅游志愿者激励有哪些原则？结合实际谈谈文化和旅游志愿服务组织如何做好文化和旅游志愿者的激励回馈？

4. 文化和旅游志愿服务组织在开展文化和旅游志愿服务工作时，应如何切实保障文化和旅游志愿者的合法权益？

第四章 文化和旅游志愿服务组织建设与管理

【目标与任务】

通过本章学习，明确文化和旅游志愿服务组织职能定位的重要性，熟悉文化和旅游志愿服务组织注册登记的条件与程序，学习制定文化和旅游志愿服务组织的章程，掌握文化和旅游志愿服务组织的内部管理与外部监督管理的具体要求，用于指导文化和旅游志愿服务组织建设与管理工作。

文化和旅游志愿服务组织是指以开展文化和旅游志愿服务为宗旨的非营利性社会组织，致力于传播志愿服务精神，向公众提供文化和旅游服务，弥补政府服务、市场供给的不足。

文化和旅游志愿服务组织要在现代公共文化服务和旅游发展中发挥积极作用，必须在文化和旅游志愿服务组织单位的指导下，明确文化和旅游志愿服务组织的定位，制订具体可行的发展规划，建立有效的组织内部管理机制，做好文化和旅游志愿服务组织的日常管理。

第一节 文化和旅游志愿服务组织的职能定位与规划

文化和旅游志愿服务组织在建立和管理中，最重要的是确定文化和旅游志愿服务组织的使命。必须根据文化和旅游志愿服务组织单位的工作职能，聚焦文化和旅游志愿服务组织的使命，明确共同追求的愿景。对于文化和旅游志愿服务组织来说，使命与愿景是这个志愿服务组织具有凝聚力、执行力、可持续发展的核心要素，是文化和旅游志愿服务组织的灵魂。

一、确定文化和旅游志愿服务组织的使命

文化和旅游志愿服务组织单位及其管理者必须清楚，文化和旅游志愿服务组织的

使命是文化和旅游志愿服务组织及其组织内部文化和旅游志愿者的共同理想，它为文化和旅游志愿者建立了一个清晰的追求目标。有了明确的使命，文化和旅游志愿服务组织就会更有凝聚力，会走得更远。

(一)文化和旅游志愿服务组织使命的概念

很多志愿服务组织在创建之初，都肩负着一定的使命，也就是说这些志愿服务组织是为实现一定的目标而创建的。志愿服务组织的使命，指的是志愿服务组织为实现组织的理想而肩负的任务。例如，环保志愿服务组织的使命，是致力于推进当地的自然环境保护；法律志愿服务组织的使命，是致力于面向处境不利群体的法律援助，共享法治建设的成果。

文化和旅游志愿服务组织的使命，通常是致力于改善特殊群体的文化生活，促进公共文化服务的均等化，倡导文明旅游，服务八方游客，体现我国文化和旅游志愿服务的良好社会风尚等。

文化和旅游志愿服务组织单位应确定文化和旅游志愿服务组织的使命，把使命具体化为志愿服务行动，服务社会，造福人民。

如何清晰地描述文化和旅游志愿服务组织的使命？最有效的办法就是阐述三个问题：我们是谁？我们要做什么？为什么要这样做？这三个问题的答案，就是这个文化和旅游志愿服务组织的使命与定位，体现了这个文化和旅游志愿服务组织的价值追求。

文化和旅游志愿服务组织的使命，通常包括三个方面的内容，一是文化和旅游志愿服务组织的指导原则与价值观；二是志愿服务组织所要实现的目标；三是实现这个目标的手段与途径。

文化和旅游志愿服务组织只有具有清晰的使命，才能够吸引和动员人们积极响应、参与到文化和旅游志愿服务组织中来，一起为达成共同的使命，而自愿付出自己的时间、精力、文化智慧和文艺技能。

案例：厦门市少年儿童图书馆"故事妈妈"文化志愿者俱乐部

福建省厦门市少年儿童图书馆"故事妈妈"文化志愿者俱乐部成立于 2011 年 10 月 18 日，是一支面向社会公开招募的公共文化领域文化志愿者服务队，也是福建省图书馆界第一支"故事妈妈"队伍，曾被评为"全国基层文化志愿服务活动典型案例"。

"故事妈妈"文化志愿者俱乐部的使命，是让孩子们爱上阅读。她们要做的事情，就是通过讲述绘本故事，激发孩子们的阅读兴趣。"故事妈妈"文化志愿者俱乐部招募了一批具有一定活动组织能力、富有爱心的幼儿家长，利用业余时间到少儿图书馆(室)、学校、社区公园给孩子们讲绘本故事，将快乐的故事分享给更多的孩子，提高孩子的阅读兴趣，带动孩子早期阅读，并指导亲子阅读活动的开展。

"故事妈妈"文化志愿者俱乐部以推广早期阅读为主线，以社区文化公益服务为宗旨，馆内活动精彩纷呈，馆外服务多点开花。每逢周末、节假日，这些"故事妈妈"就会带着孩子们（"故事宝宝"）在厦门少儿图书馆、社区、公园、幼儿园和小学，组织读书会、亲子荐书会、手工制作、幼儿讲故事比赛、绘本故事亲子表演活动等"绘本亲子阅读活动"。

截至 2019 年 11 月，"故事妈妈"文化志愿者俱乐部累计举办活动 914 场，服务 40 772 人次。

(二)文化和旅游志愿服务组织使命的重要性

文化和旅游志愿服务组织单位明确文化和旅游志愿服务组织的使命，对于志愿服务组织的建设与发展，具有十分重要的意义，有助于确立文化和旅游志愿服务组织的定位和发展方向，增强文化和旅游志愿服务组织的凝聚力和向心力，推动文化和旅游志愿服务组织持续发展。

1. 有助于确立文化和旅游志愿服务组织的发展方向

确定文化和旅游志愿服务组织的使命，从文化和旅游志愿服务组织角度来说，就是要明确这个文化和旅游志愿服务组织肩负的奋斗目标，追求的精神文化价值，体现文化和旅游志愿服务组织存在的意义。从文化和旅游志愿服务组织内部的志愿者来说，可以清楚地了解自身的价值追求，是否与文化和旅游志愿服务组织的使命相一致，从而增强对文化和旅游志愿服务组织的认同感和归属感，自觉自愿地参与到文化和旅游志愿服务组织的各项志愿服务活动中。

2. 有助于明确文化和旅游志愿服务组织的定位

当文化和旅游志愿服务组织确定了组织的使命，就明确了志愿服务组织的定位，明确了文化和旅游志愿服务组织与政府文化行政部门、文化和旅游服务单位以及社会的关系。文化和旅游志愿服务组织有了明确的定位，就能合理地处理与政府、文化和旅游单位、社会等各方面的关系，根据自身的定位，组织策划开展与其使命相对应的文化和旅游志愿服务活动。

3. 有助于增强文化和旅游志愿服务组织的凝聚力

准确清晰的使命，使许多文化和旅游志愿服务组织具有鲜明的个性特征，吸引着一大批志同道合、富有奉献精神、具备文化和旅游服务技能的志愿者，聚集到文化和旅游志愿服务组织中来。共同的组织使命，共同的精神追求，有利于增强文化和旅游志愿服务组织的凝聚力。在文化和旅游志愿服务组织内部，志愿者们围绕着共同的使命，心往一处想，劲往一处使，文化和旅游志愿者的稳定性就会更强，文化和旅游志愿服务组织的持续发展也会更有后劲。

(三)文化和旅游志愿服务组织使命的确定

文化和旅游志愿服务组织成立之初就确立了其组织使命。虽然许多文化和旅游志愿服务组织的宗旨类似，但实现目标的途径和方法却不一样。例如，厦门市少年儿童图书馆"故事妈妈俱乐部"与浙江美术馆"艺游乡里"志愿服务组织，虽然都开展公共文化志愿服务，旨在促进文化服务均等化，但是它们的使命是不同的：前者的使命是让孩子们爱上阅读，后者的使命是面向乡村小学生开启美的教育。两个志愿服务组织的使命不同，它们所开展的志愿服务的方式也有区别。

文化和旅游志愿服务组织使命的确定，需要文化和旅游志愿服务组织单位把握文化需求，精准服务定位。

如何将志愿服务组织的使命，内化为组织内部每位文化和旅游志愿者的使命？除了进行培训宣讲，增强文化和旅游志愿者的使命意识，一个行之有效的办法就是文化和旅游志愿服务组织单位召集文化和旅游志愿者进行座谈，讨论组织的使命。讨论的内容主要有：我们是谁？我们的服务对象是谁？他们有什么文化需求？我们能做什么？我们的服务理想和价值观是什么？这类讨论有助于文化和旅游志愿者们对这些问题达成基本共识，对文化和旅游志愿服务组织的使命有充分的认知，在内心里产生强烈的认同感，确认自己是这个志愿服务组织里一名光荣的文化和旅游志愿者，奉献意识和自豪感油然而生。

当然，文化和旅游志愿服务组织的使命不是一成不变的。随着志愿服务对象精神文化需求的变化以及现代数字技术和信息传播技术的发展，文化和旅游服务方式与方法可能需要随之发生变化，文化和旅游志愿服务组织的使命，也需要适时进行调整，以适应文化和旅游公共服务发展的要求。

二、建立文化和旅游志愿服务组织的愿景

确定了文化和旅游志愿服务组织的使命，文化和旅游志愿服务组织单位还需要与文化和旅游志愿者一起，共同勾画美好的愿景，为共同的愿景而追求、奋斗。

(一)文化和旅游志愿服务组织愿景的概念

1. 愿景概念

愿景就是未来的前景，就是文化和旅游志愿服务组织通过努力去创造的未来蓝图。文化和旅游志愿服务组织的愿景，是在使命的引导下，通过不懈的努力，期望达到的美好前景。

文化和旅游志愿服务组织的前景，是指根据使命的指引，达成了预定的目标，为社会、为公众带来可喜的变化；其中也包括文化和旅游志愿服务组织自身的变化，即文化和旅游志愿服务组织未来的社会影响力、未来的服务方式和服务内容。

文化和旅游志愿服务组织的愿景，一般由组织内部的文化和旅游志愿者制定，经过大家的讨论和描述，最后达成共识，形成全体志愿者愿意全力以赴的未来方向。

文化和旅游志愿服务组织的前景能够振奋人心、富有感召力，和组织的使命一起，把文化和旅游志愿者凝聚在一起，团结互助，为共同的愿景而甘于奉献、服务社会。

2. 愿景陈述

在文化和旅游志愿服务组织建立之初，发起者在心中就建立了文化和旅游志愿服务组织的愿景。在文化和旅游志愿服务组织的建设、文化和旅游志愿者的管理实践中，志愿服务组织的愿景是由组织内部的文化和旅游志愿者一起描述、确定的，这样更有利于把文化和旅游志愿服务组织的愿景，内化为每个文化和旅游志愿者内在的动力和精神上的追求。

在描述和讨论文化和旅游志愿服务组织的愿景时，要注意几个方面的问题。

首先要以积极的态度，充满激情地去描述。文化和旅游志愿服务组织是朝气蓬勃的组织，文化和旅游志愿者都是胸怀理想、具有奉献精神的人，有情怀、有激情。在讨论、描述文化和旅游志愿服务组织的愿景时，积极的态度、富有激情的描述，容易感染周围的志愿者，激发他们自愿、持久参与文化和旅游志愿服务的热情。

其次，既要基于现实、又体现理想的光辉。关于文化和旅游志愿服务组织的愿景的讨论和描述，是从现实出发，具有可行性的，这种未来构想是可以达到的，同时要有理想主义的情怀。要运用一定的想象力，激发文化和旅游志愿者敢于突破现实的局限，完成志愿组织既定的使命。

最后要具体、清晰地描述愿景。文化和旅游志愿服务组织的愿景描述最忌泛泛而谈。好的组织愿景，应该是清晰、形象、具体的，这样才能鼓舞、引导组织内部的文化和旅游志愿者为之而努力。

文化和旅游志愿服务组织的愿景，经过充分的讨论描述，形成全体文化和旅游志愿者的共识，接下来就要根据使命与愿景，落实具体的文化和旅游志愿服务规划，策划文化和旅游志愿服务活动，开展文化和旅游志愿服务。

(二)文化和旅游志愿服务组织愿景的作用

建立共同的愿景，对于文化和旅游志愿服务组织建设、完成志愿组织的使命，有着重要的作用。

1. 共同的愿景能够唤起组织成员的希望

在文化和旅游志愿服务组织建设中，常态化的文化和旅游志愿服务有时候难以使志愿者保持如最初那样饱满的热情，志愿服务组织的活力也可能受到影响。而共同的愿景能唤起文化和旅游志愿者的希望，重新激发起他们服务的热情，投身于文化和旅游志愿服务组织的各项志愿服务活动，文化和旅游志愿服务组织也会因此重新焕发活力。

2. 共同的愿景能够改善组织成员的关系

文化和旅游志愿服务组织的愿景，是由组织内部每位文化和旅游志愿者一起参与，共同讨论、描述的。讨论、描述的过程，是文化和旅游志愿者互相交流、探讨文化和旅游志愿服务组织发展方向、目标定位、服务方式与内容，以及为社会和公众带来的积极改变，对志愿服务组织发展的共同探讨的过程。共同的愿景使文化和旅游志愿服务组织内部的文化和旅游志愿者，对志愿组织有着强烈的归属感，对志愿组织的其他文化和旅游志愿者产生强烈的认同感，感觉到组织内的文化和旅游志愿者都是为了某项光荣的使命、追求共同的愿景而走到一起的。这样一来，文化和旅游志愿者之间的关系才能更加融洽，文化和旅游志愿服务组织才能更有凝聚力。

3. 共同的愿景能够明确组织发展的方向

建立共同的愿景，将文化和旅游志愿服务组织的使命转化为未来的蓝图，确保文化和旅游志愿服务组织按既定的方向与目标发展，也有利于培养组织内部的文化和旅游志愿者参与志愿服务的方向感。尤其是每位文化和旅游志愿者都参与讨论与描述的志愿组织愿景，可逐渐内化为文化和旅游志愿者个人的愿景，内化为自身的价值追求和努力方向。无论是新建立的文化和旅游志愿服务组织，还是处于发展中的文化和旅游志愿服务组织，都需要建立共同的愿景，按照愿景的指引，制订文化和旅游志愿服务组织的发展规划，并将之落实在文化和旅游志愿服务行动中。

(三)文化和旅游志愿服务组织愿景的建立

关于共同愿景的建立，一般有两种途径。一种是自下而上，由文化和旅游志愿服务组织的全体志愿者参与，经过广泛的酝酿和讨论，形成一致的意见，建立起文化和旅游志愿服务组织的愿景；另一种是自上而下，由文化和旅游志愿服务组织单位预先确定文化和旅游志愿服务组织的愿景，然后组织全体志愿者参与讨论，达成共识，把志愿组织成立之初确定的愿景，变为全体文化和旅游志愿者共同的愿景。

事实上，许多文化和旅游志愿服务组织在建立之初就已经有明确的组织愿景，再通过组织文化和旅游志愿者进行座谈、讨论、描述组织愿景，最后在全体文化和旅游志愿者中形成共识，确定共同的组织愿景。这一过程大致可分为三个环节。

第一个环节，由文化和旅游志愿服务组织单位与文化和旅游志愿服务组织的组织者一起，初步拟定志愿组织的愿景。志愿组织愿景主要考虑几个方面的内容：这个文化和旅游志愿服务组织的服务对象是谁？如何改善他们的文化生活和旅游体验，应提供什么样的针对性的文化和旅游服务？文化和旅游志愿者对于这个社会有什么特殊的贡献？核心的价值观是什么？文化和旅游志愿服务组织的未来图景应该是怎么样的？对这些问题进行梳理和系统思考，就能比较清晰地描述出这个文化和旅游志愿服务组织的价值取向、对社会的贡献、预期获得的社会影响、志愿服务组织与文化和旅游志愿者的自身价值和社会价值等。

第二个环节，与文化和旅游志愿者开展沟通，并对其进行咨询。文化和旅游志愿服务组织单位通过合适的机会，与文化和旅游志愿者进行有效的沟通，听取文化和旅游志愿者对组织愿景的看法和建议，修正、补充原有的组织愿景内容，为下一步交流、探讨并确立文化和旅游志愿服务组织的共同愿景，奠定良好的基础。

第三个环节，全体参与讨论，达成共识，形成文化和旅游志愿服务组织的共同愿景。组织者召集全体文化和旅游志愿者，就志愿服务组织的愿景初稿，进行广泛深入的讨论。鼓励志愿者各抒己见，畅所欲言，廓清认识上可能存在的误区，明确文化和旅游志愿服务组织的发展方向、社会价值，最后达成一致的意见，形成共同的愿景。在以后的文化和旅游志愿服务组织发展中，把共同的愿景作为每位文化和旅游志愿者的自觉追求。

需要注意的是，建立文化和旅游志愿服务组织的愿景，必须在组织使命指引下，由全体文化和旅游志愿者参与探讨，开展良性的互动，将志愿服务组织的愿景与文化和旅游志愿者个人的愿景有机统一，将志愿服务组织的愿景内化为每位文化和旅游志愿者的个人愿景。只有这样，文化和旅游志愿服务组织的愿景才能真正唤起志愿者持久的服务热情，激发文化和旅游志愿服务组织的活力。

三、制订文化和旅游志愿服务组织的规划

文化和旅游志愿服务组织的建立与发展，需要准确的定位，确定文化和旅游志愿服务组织的使命与愿景，认真做好志愿组织发展的规划，切实有效地推进文化和旅游志愿服务组织的发展。

(一)文化和旅游志愿服务组织规划的概念与特点

1. 文化和旅游志愿服务组织规划的概念

规划是指个人或组织制订的比较全面长远的发展计划，是在对未来整体性、长期性、基本性问题的思考和把握的基础上，设计的未来系列行动的方案。

文化和旅游志愿服务组织的规划，就是根据志愿组织的使命、愿景，确定长远的志愿服务和组织发展计划，是文化和旅游志愿服务组织健康发展的战略安排。

凡事预则立。文化和旅游志愿服务组织单位具体指导文化和旅游志愿服务组织制订适合自身优势与特点的发展规划，可以有效地利用文化和旅游志愿组织内的文化资源、物质资源，确定文化和旅游志愿服务的特色与重点，动员和组织文化和旅游志愿者共同朝着这个方向和目标努力。文化和旅游志愿服务组织科学的发展规划，也有助于管理者及时评估文化和旅游志愿服务组织的整体发展方向是否符合发展规划的要求。如果偏离了使命、愿景和制订的发展规划，文化和旅游志愿服务组织的管理者就必须适时对当前的发展方向进行调整，确保完成志愿服务的使命。

2. 文化和旅游志愿服务组织规划的特点

文化和旅游志愿服务组织规划与企业规划虽然有一定的区别，在追求目标、体现价值、服务内容、服务模式等方面存在显著的差异，但同时也具有一些共同之处。

(1)战略性

战略性是文化和旅游志愿服务组织规划的自然属性。作为对组织使命、组织愿景指引下的文化和旅游志愿服务组织规划的制订，不仅应立足当前的公共文化和旅游志愿服务实际，还必须着眼长远，把握文化事业和旅游产业的发展规律，把握文化和旅游志愿服务的发展趋势，同时对可能出现的困难做出理性的预判。在此基础上，根据

文化和旅游志愿服务组织的特色与优势，制订文化和旅游志愿服务组织的发展规划。这样的文化和旅游志愿服务组织规划，就具有战略性的特点，体现指导性、原则性，成为志愿服务组织开展文化和旅游志愿服务、推进组织发展的路线图。

（2）系统性

文化和旅游志愿服务组织规划是根据组织的使命、愿景，做出的比较全面、系统的长远计划，具有系统性的特征。规划的系统性，既体现在文化和旅游志愿服务组织未来规划的内容、步骤与方法是一个系统的工程，又体现在文化和旅游志愿服务组织对规划的制订，凝聚着对文化事业和旅游产业发展、对文化和旅游志愿服务发展，以及对志愿组织自身优势与特点的把握。并在此基础上进行系统性思考。

（3）自律性

文化和旅游志愿服务组织规划是要落实在行动层面的。对于文化和旅游志愿服务组织来说，为了达到组织的使命与愿景，必须根据组织规划确定的方向，制订相应的实施计划，并保证组织规划被有效地执行。从这个意义上说，组织规划对于文化和旅游志愿服务组织具有自律性。一旦出现文化和旅游志愿服务组织的计划与行动，与规划不一致的情形，就需要重新审视、调整实施计划。

（二）文化和旅游志愿服务组织规划的作用

文化和旅游志愿服务组织规划与志愿组织的长远行动与一系列实施计划，有着紧密的关联，科学的规划能够促进文化和旅游志愿服务组织的蓬勃发展，体现出志愿组织旺盛的生命力。

1. 明确文化和旅游志愿服务组织的定位

将文化和旅游志愿服务组织的使命、愿景，充分体现在志愿组织规划中，能明确文化和旅游志愿服务组织的定位，进而落实在志愿组织的计划制订、任务管理等方面。例如，根据文化和旅游志愿服务组织的规划与定位，能够明确志愿组织内部的机构与分工，落实每位文化和旅游志愿者在实现组织规划中各自的职责与任务。可见，志愿组织规划让文化和旅游志愿服务组织的运行有了准确的定位，有了方向感和路线图，让文化和旅游志愿者有了使命感和自豪感。

2. 确定文化和旅游志愿服务组织的优先目标

志愿组织规划是文化和旅游志愿服务组织未来发展的蓝图。围绕着组织的使命，志愿组织往往要通过完成一系列的文化和旅游志愿服务目标，实现当初描绘的美好蓝图。文化和旅游志愿服务组织在发展过程中，往往会有多个目标需要完成，这些目标会分散志愿组织有限的资源。如果制订了志愿组织的长远规划，就容易分析判断出哪些是文化和旅游志愿服务组织的优先目标，应该安排主要的文化和旅游资源与志愿力量，投入优先目标，完成志愿组织使命所赋予的重要任务。如果没有组织规划的指引，就不能在众多目标中准确地判断哪些是优先目标，哪些是相对次要的事情，导致眉毛胡子一把抓，文化和旅游志愿服务组织的使命感、方向感就会渐渐弱化。

3. 有效诊断志愿服务组织存在的问题

在文化和旅游志愿服务组织发展过程中，难免会遇到问题。对问题的认识，诸如志愿组织的发展、文化和旅游志愿服务项目的策划等方面，也会有分歧、有不同的意见；对于志愿服务如何适应信息时代的变化、公众文化需求的变化，也会有不同解决方案和服务建议。那么，遇到分歧如何处理？如何协调文化和旅游志愿者不同的意见？文化和旅游志愿服务组织规划作为方向性、指导性、宏观性的方案，为求同存异寻找解决分歧的办法，提供了富有说服力的依据。

需要注意的是，文化和旅游志愿服务组织的规划，虽然具有稳定性的特点，但文化和旅游志愿服务组织要密切关注文化和旅游发展的外部环境，倾听社会公众潜在的文化需求，如果规划不适应形势的变化，就要及时做出调整。

(三) 文化和旅游志愿服务组织规划的制订

制订文化和旅游志愿服务组织的规划，可以从以下几个步骤去实施。

1. 确认组织使命

文化和旅游志愿服务组织规划的制订，必须讨论、确认志愿组织的使命，描述志愿组织的发展愿景。以组织的使命、组织追求的愿景作为指引，为制订文化和旅游志愿服务组织的规划，把握方向，明确目标，打好基础。

2. 做好调查研究

调查研究是规划制订的基础性工作。制订志愿组织规划时，必须深入了解文化和旅游发展的规律，了解志愿服务对象的文化需求，掌握志愿服务组织的发展趋势，了解文化和旅游志愿服务组织的服务绩效情况、文化和旅游志愿者的满意度与成就感情况，以及文化和旅游志愿服务组织的公众形象等。调研的方式可以多样，最终目的都是为了通过调查研究，准确地掌握文化和旅游志愿服务组织的外部环境和内部状况。

3. 分析组织优势

文化和旅游志愿服务组织要取得长足的发展，文化和旅游志愿服务就必须有特色、有亮点，这样才能在社会上产生显著的反响，赢得广大公众的普遍好评。因此，制订志愿组织规划时，就必须理性分析文化和旅游志愿服务组织的优势与劣势，研判公共文化服务中文化和旅游志愿服务组织的最佳时机，确定最终努力的方向，以及实现使命和愿景的方式与途径。

4. 确定重点目标

在制订文化和旅游志愿服务组织规划时，必须扬长避短，根据志愿组织自身的优势，结合服务对象日益增长的文化需求，厘清发展方向，确定重点工作目标。重点目标往往聚焦于组织使命与组织愿景，规划中重点目标越明确，整个文化和旅游志愿服务组织的工作就越有方向。

5. 布置具体行动

要确保志愿组织规划能够被实施，就需要确定清晰的行动路线图。在文化和旅游志愿服务组织的规划中，必须紧紧围绕着规划中的重点目标，科学设置具体的实施方案，制订行动计划和实施时间表，促使文化和旅游志愿服务组织的规划落到实处。

第二节　文化和旅游志愿服务组织的注册登记

当前，大多数文化和旅游志愿服务组织依附于文化和旅游志愿服务组织单位，立足于公共文化服务设施和旅游景区景点，开展文化和旅游志愿服务。这些文化和旅游志愿服务组织，主要在文化和旅游志愿服务组织单位进行登记、备案，手续简捷。

为推进文化和旅游志愿服务组织的规范化，切实保障文化和旅游志愿者的合法权益，应积极推动文化和旅游志愿服务组织依法登记。文化和旅游志愿服务组织单位对符合登记条件的文化和旅游志愿服务组织，指导其依法办理登记，依法进行组织管理，开展文化和旅游志愿服务。

一、成立文化和旅游志愿服务组织的条件与程序

文化和旅游志愿服务组织属于社会团体。国务院颁布的《社会团体登记管理条例》（2016 年 2 月 6 日修正版），规定了社会团体（包括文化和旅游志愿服务组织）的注册登记的条件与程序。

（一）成立具备法人资格的文化和旅游志愿服务组织的条件与程序

1. 成立具备法人资格的文化和旅游志愿服务组织的条件

文化和旅游志愿服务组织由中国公民自愿组成，奉行"奉献、友爱、互助、进步"的志愿精神，不以物质报酬为目的，愿意奉献自己的时间、知识、技能和体力，开展文化和旅游志愿服务，推动文化和旅游公共服务。作为非营利性社会组织，按照现在法律规定申请成立具有法人资格的社会组织，应当经其业务主管单位审查同意，由发起人向登记管理机关申请筹备，应当具备下列基本条件。

• 有 50 个以上的个人会员或者 30 个以上的单位会员；个人会员、单位会员混合组成的，会员总数不得少于 50 个。

• 有规范的名称和相应的组织机构。

• 有固定的住所。

• 有与其业务活动相适应的专职工作人员。

• 有合法的资产和经费来源，全国性的社会团体有 10 万元以上活动资金，地方性的社会团体和跨行政区域的社会团体有 3 万元以上活动资金。

• 有独立承担民事责任的能力。

2016 年 7 月，中宣部、中央文明办、民政部等单位印发《关于支持和发展志愿服务组织的意见》。针对当前大部分志愿服务组织规模小、注册资金不足、缺乏相应专职人

员和固定场所的实际，提出在不违背社会组织管理法律法规基本精神的基础上，可以按照活动地域适当放宽成立志愿服务组织所需条件。

2. 成立具备法人资格的文化和旅游志愿服务组织的程序

具备了民政部门规定的上述条件，在经过文化和旅游志愿服务组织单位审查同意后，文化和旅游志愿服务组织的发起人可以到社会团体登记管理机关申请筹备。根据《社会团体登记管理条例》的规定，具体程序如下。

申请登记成立文化和旅游志愿服务组织，发起人应当向登记管理机关提交以下文件：登记申请书；业务主管单位的批准文件；验资报告、场所使用权证明；发起人和拟任负责人的基本情况、身份证明；章程草案。

登记管理机关应当自收到文化和旅游志愿服务组织的登记申请书及有关文件之日起60日内，作出准予或者不予登记的决定。准予登记的，发给《社会团体法人登记证书》。社会团体登记事项包括：名称、住所、宗旨、业务范围、活动地域、法定代表人、活动资金和业务主管单位。不予登记的，应当向发起人说明理由。

文化和旅游志愿服务组织凭《社会团体法人登记证书》申请刻制印章，开立银行账户。文化和旅游志愿服务组织应当将印章式样和银行账号报登记管理机关备案。

(二)成立不具备法人资格的文化和旅游志愿服务组织的条件与程序

1. 成立不具备法人资格的文化和旅游志愿服务组织的条件

由于成立具有法人资格的社会团体的基本条件较高，登记程序较为复杂，不少文化和旅游志愿服务组织还不具备相应的资格。为鼓励发展志愿服务，国家和地方有关部门制定了针对不具备法人资格的社会团体的基本条件和登记程序。

(1)共青团中央《社区志愿服务团队管理办法(试行)》规定的条件

共青团中央印发的《社区志愿服务团队管理办法(试行)》规定了不具备法人资格的志愿服务组织的成立条件和备案要求，明确规定：社区志愿服务团队，是指拥有3名以上志愿者，履行申请手续，经街道团(工)委备案后，有计划、有步骤地开展工作的各类社区志愿服务组织，其申请成立必须具备的条件如下。

遵守宪法、法律、法规和国家政策，坚持宪法确定的基本原则，维护国家的统一、安全和民族团结，维护国家利益、社会公共利益及其他组织和公民的合法权益，维护社会道德风尚；一般要求有3名以上按照《中国注册志愿者管理办法》相关规定进行注册的志愿者(注册志愿者)；有规范的名称和相应的组织机构，名称应当与其服务范围、志愿者规模、活动地域等相一致，准确反映其特征；有相对固定或已形成规模的社区志愿服务项目；团队成员具备与所参加的志愿服务项目及活动相适应的基本素质；能够发挥管理型志愿者和志愿者骨干的核心作用，带动其他成员开展工作，提升团队的整体水平；其他应具备的相关条件。

(2)《上海志愿者团队网上注册指引(试行)》规定的条件

上海市志愿者协会出台的《上海志愿者团队网上注册指引(试行)》中，规定各类民间自发的非正式的志愿者团队，只要符合基本条件，就可以以项目形式，加入市区（县）志愿者协会、市志愿者协会直属总队、市区级志愿者服务基地等各类正式志愿服务团队。其规定的基本条件是以下四个方面。

热心社会公益志愿服务事业的团体；遵守宪法、法律、法规和国家政策，遵守《上海市志愿服务条例》；具备一定的专业特长，拥有较固定的志愿者50人以上；可独立开展并长期运作能充分发挥其专业特长的志愿服务项目，且在专业服务领域有较大社会反响，具备一定社会影响力。

《社区志愿服务团队管理办法》和《上海志愿者团队网上注册指引（试行）》，都是鼓励志愿组织发展的有效举措，具有较强的可行性，对于不具备法人资格的文化和旅游志愿服务组织的登记，具有一定的借鉴意义。

2016年7月，中宣部、中央文明办、民政部等单位印发《关于支持和发展志愿服务组织的意见》，鼓励已登记的志愿服务组织积极吸纳它们作为会员单位或分支机构，提供规范指导和工作支持；通过扶持、引导、规范，这些组织在发展中达到登记条件的，可以申请登记。循序渐进，将更多的志愿服务组织纳入依法管理的范畴。

各地文化和旅游志愿服务组织如果尚不具备法人资格的基本条件，可以申请成为当地志愿者组织的下属志愿服务组织，进行注册登记，推进文化和旅游志愿服务组织的规范化建设，保障文化和旅游志愿者的合法权益。

2. 成立不具备法人资格的文化和旅游志愿服务组织的程序

（1）《社区志愿服务团队管理办法（试行）》规定的程序

具备了基本条件的社区志愿服务团队申请程序是：如实填写《志愿服务团队登记表》，上报街道团（工）委；由街道团（工）委对申请单位进行审核，审核内容为了解志愿服务必需的人员、技能等基本条件和服务内容及服务工作计划。街道团（工）委收到《志愿服务团队登记申请表》之日起7日内，做出同意备案或者不同意备案的决定；不同意备案的，应当向申请人说明理由。同意备案后，由街道团（工）委通过一定途径向社会进行公告。成立后的社区志愿服务团队就可以进行志愿者招募，按《中国注册志愿者管理办法》的有关程序进行注册、管理，开展志愿服务工作。

（2）《上海志愿者团队网上注册指引（试行）》规定的程序

上海市志愿者协会对不具备法人资格的志愿服务团队，规定进行分类注册。区县志愿者协会下属的志愿者组织注册，联系所属区县志愿者协会进行注册登记；市志愿者协会直属总队、市级志愿服务基地的注册，联系市志愿者协会进行注册登记，其下属的志愿者团队原则上纳入直属总队、市级志愿服务基地的管理；各类民间自发的非正式的志愿者团队，只要符合基本条件，可以以项目形式，加入市区（县）志愿者协会、市志愿者协会直属总队、市区级志愿者服务基地等各类正式志愿服务团队。各类企业的志愿者团队，提供由企业盖章的证明函。

志愿服务实践中，不具备法人资格的文化和旅游志愿服务组织，可参照上海的做法，申请加入各地志愿者协会，作为志愿者协会下属的文化和旅游志愿服务组织，按规定进行注册登记，确保文化和旅游志愿服务组织和志愿者的权益。

二、文化和旅游志愿服务组织的变更登记和注销登记

国务院颁布的《社会团体登记管理条例》中，关于社会团体的变更登记和撤销登记，也适用于文化和旅游志愿服务组织。

(一)文化和旅游志愿服务组织的变更登记

条例规定，社会团体的登记事项需要变更的，应当自业务主管单位审查同意之日起 30 日内，向登记管理机关申请变更登记。社会团体修改章程，应当自业务主管单位审查同意之日起 30 日内，报登记管理机关核准。

(二)文化和旅游志愿服务组织的注销登记

关于注销登记，条例规定，社会团体有下列情形之一的，应当在业务主管单位审查同意后，向登记管理机关申请注销登记：完成社会团体章程规定的宗旨的；自行解散的；分立、合并的；由于其他原因终止的。

社会团体在办理注销登记前，应当在业务主管单位及其他有关机关的指导下，成立清算组织，完成清算工作。清算期间，社会团体不得开展清算以外的活动。社会团体应当自清算结束之日起 15 日内向登记管理机关办理注销登记。办理注销登记，应当提交法定代表人签署的注销登记申请书、业务主管单位的审查文件和清算报告书。登记管理机关准予注销登记的，发给注销证明文件，收缴该社会团体的登记证书、印章和财务凭证。社会团体处分注销后的剩余财产，按照国家有关规定办理。

社会团体成立、注销或者变更名称、住所、法定代表人，由登记管理机关予以公告。

第三节　文化和旅游志愿服务组织的章程与机构

一、文化和旅游志愿服务组织的章程

文化和旅游志愿服务组织必须在文化和旅游志愿服务组织单位的指导下，制定文化和旅游志愿服务组织章程。

文化和旅游志愿服务组织属于社会团体，根据民政部公布的《社会团体章程示范文本》的要求，制定文化和旅游志愿服务组织章程。章程主要由下列内容构成。

(一)文化和旅游志愿服务组织章程的基本内容

1. 总则

(1)本团体的名称(包括英文译名、缩写)。社团的名称应当符合法律、法规的规定,不得违背社会道德风尚。社团的名称应当与其业务范围、成员分布、活动地域相一致,准确反映其特征。

(2)本团体的性质。其中必须载明组成的人员或单位;学术性、联合性、专业性或行业性;全国性或地方性;自愿结成;非营利性社会组织。

(3)本团体的宗旨。其中必须载明:遵守宪法、法律、法规和国家政策,遵守社会道德风尚。

(4)本团体接受业务主管单位、社团登记管理机关的业务指导和监督管理。必须载明具体的业务主管单位和社团登记管理机关。

(5)本团体的住所。

2. 业务范围

本团体的业务范围必须具体、明确。

3. 会员

(1)本团体的会员种类。包括单位会员、个人会员。

(2)申请加入本团体的会员,必须具备下列条件:拥护本团体的章程;有加入本团体的意愿;在本团体的业务,(行业、学科)领域内具有一定的影响。

(3)会员入会的程序。提交入会申请书;经理事会或常务理事会讨论通过;由理事会或理事会授权的机构发给会员证。

(4)会员享有下列权利:本团体的选举权、被选举权和表决权;参加本团体的活动;获得本团体服务的优先权;对本团体工作的批评建议权和监督权;入会自愿、退会自由。

(5)会员履行下列义务:遵守本团体的章程,执行本团体的决议;维护本团体合法权益;完成本团体交办的工作;按规定交纳会费;向本团体反映情况,提供有关资料。

(6)会员退会。应书面通知本团体,并交回会员证。会员如果1年不交纳会费或不参加本团体活动的,视为自动退会。

(7)会员除名。如有严重违反本章程的行为,经理事会或常务理事会表决通过,予以除名。

4. 组织机构和负责人产生、罢免

内容主要有,本团体的最高权力机构的规定,关于理事会、常务理事会的规定,关于理事长(会长)、副理事长(副会长)、秘书长任职条件,任职期限,地位,职权的规定等。

5. 资产管理、使用原则

(1)本团体经费来源:会费;捐赠;政府资助;在核准的业务范围内开展活动或服

务的收入；利息；其他合法收入。

（2）本团体经费必须用于本章程规定的业务范围和事业的发展，不得在会员中分配。本团体建立严格的财务管理制度，保证会计资料合法、真实、准确、完整。

（3）本团体配备具有专业资格的会计人员。会计不得兼任出纳。会计人员必须进行会计核算，实行会计监督。会计人员调动工作或离职时，必须与接管人员办清交接手续。

（4）本团体的资产管理必须执行国家规定的财务管理制度，接受会员大会（或会员代表大会）和财政部门的监督。资产来源属于国家拨款或者社会捐赠、资助的，必须接受审计机关的监督，并将有关情况以适当方式向社会公布。

（5）本团体换届或更换法定代表人之前必须接受社团登记管理机关和业务主管单位组织的财务审计。

6. 章程的修改程序

对本团体章程的修改，须经理事会表决通过后报会员大会（或会员代表大会）审议。本团体修改的章程，须在会员大会（或会员代表大会）通过后15日内，经业务主管单位审查同意，并报社团登记管理机关核准后生效。

7. 终止程序及终止后的财产处理

本团体完成宗旨或自行解散或由于分立、合并等原因需要注销的，由理事会或常务理事会提出终止动议。本团体终止动议须经会员大会（或会员代表大会）表决通过，并报业务主管单位审查同意。本团体终止前，须在业务主管单位及有关机关指导下成立清算组织，清理债权债务，处理善后事宜。清算期间，不开展清算以外的活动。本团体经社团登记管理机关办理注销登记手续后即为终止。本团体终止后的剩余财产，在业务主管单位和社团登记管理机关的监督下，按照国家有关规定，用于发展与本团体宗旨相关的事业。

8. 附则

本章程经×年×月×日第×（届次）会员大会（或会员代表大会）表决通过。本章程的解释权属本团体的理事会。本章程自社团登记管理机关核准之日起生效。

（二）组织章程举例

文化和旅游志愿服务组织应根据不同类型，因地制宜，从文化和旅游志愿服务工作实际出发，起草制定文化和旅游志愿服务组织章程。

这里提供《宁波博物馆志愿者章程》，供大家参考。

案例：宁波博物馆志愿者章程

第一章　总则

第一条　为规范和促进宁波博物馆的志愿者活动，根据宪法及有关法律、法规、

《中国博物馆条例》以及《中国博物馆志愿者服务条例》等有关规定，结合宁波博物馆实际，制定本条例。

第二条　本条例所称志愿者是指在宁波博物馆志愿者组织登记的成员；本条例所称志愿活动是指志愿者自愿无偿地服务于宁波博物馆公共文化服务的行为。

第三条　宁波博物馆开展志愿者活动的宗旨为：

（一）获取社会力量对宁波博物馆事业在人才资源等各个方面的支持与援助；

（二）以志愿者活动的形式，促进宁波博物馆与社会的联系与互动，推动宁波博物馆的社会化进程；

（三）重点培育和弘扬志愿服务精神，传播博物馆文化，促进社会文明、和谐建设。

第二章　志愿者的基本条件、权利与义务

第四条　18至65周岁，具有独立民事行为的中国公民以及在中国常住的外国公民，凡符合下列条件者均可向宁波博物馆申请成为志愿者成员。

（一）热心社会公益事业，能够利用自己的业余时间，无偿为公众服务；

（二）热爱博物馆事业，具有博物馆的基础知识以及相关的历史、文化、科学知识；

（三）身心健康，胜任志愿者活动的需要；

（四）遵守法律、法规以及所服务博物馆的规章制度。

第五条　志愿者享有以下权利：

（一）有权参加宁波博物馆的各种相关活动、接受相关的专业培训；

（二）有权了解宁波博物馆的性质、使命与特点，宁波博物馆开展志愿者活动的出发点与目标，在工作、学习与管理方面的具体方法与具体要求，包括服务中可能遇到的问题等全部信息；

（三）有权享有工作所需的必备条件和保障，包括适合的工作、休息、学习的条件和场所；在学习方面，享有宁波博物馆提供的资料、图书和网络资源的权益，享有相应的考察活动权益，以开阔工作视野；

（四）有权享有在宁波博物馆用餐等；

（五）工作业绩显著者，享有口头、书面等多种形式表彰和鼓励；

（六）参与志愿者管理，对志愿者活动提出建议和批评，并进行监督；

（七）志愿者有权在任何时候、以任何原因申请退出志愿者组织。博物馆对做出有损博物馆形象等行为的志愿者予以除名；对于不能履行志愿者工作的人员予以劝退。

第六条　志愿者具有以下义务：

（一）志愿者必须遵守《宁波博物馆志愿者章程》以及相关的各项规章制度；

（二）履行志愿服务承诺，不以志愿者身份从事有违志愿者精神和社会公德的活动；

（三）传播志愿服务理念，践行公共服务精神。

第三章　志愿者的申请与退出

第七条　志愿者申请

(一)每年9月宁波博物馆招募志愿者；

(二)填写《宁波博物馆志愿者注册申请表格》；

(三)递交身份证复印件和两张1寸照；

(四)参加宁波博物馆志愿者岗前培训和考核，在培训考核完成前处于实习志愿者阶段。

第八条　志愿者退出

(一)志愿者依据本人的意愿，亦可随时申请中断志愿工作；

(二)志愿者必须填写《宁波博物馆志愿者退出申请表》。

第四章　宁波博物馆星级志愿者评定

第九条　一星志愿者

(一)遵守本馆的规章制度；

(二)参与志愿者各项培训；

(三)服务、文书、摄影岗位志愿者服务时间达到30小时，讲解岗位志愿者通过讲解考核可成为宁波博物馆一星志愿者；

(四)每年服务累计时间一般不少于48小时。

第十条　二星志愿者

(一)拥有一星志愿者资格；

(二)在获得一星志愿者资格后，服务时间达到80小时；

(三)每年服务累计时间一般不少于48小时。

第十一条　三星志愿者

(一)拥有二星志愿者资格；

(二)在获得二星志愿者资格后，服务时间达到180小时；

(三)每年服务累计时间一般不少于48小时。

第十二条　四星志愿者

(一)拥有三星志愿者资格；

(二)在获得四星志愿者资格后，服务时间达到500小时；

(三)每年服务累计时间一般不少于48小时。

第十三条　五星志愿者

(一)拥有四星志愿者资格；

(二)在获得四星志愿者资格后，服务时间达到1 000小时；

(三)每年服务累计时间一般不少于48小时。

第五章　志愿者培训

第十四条　培训时间：每年 10—12 月

第十五条　培训内容为宁波博物馆志愿者基本素质培训，专业技巧培训（摄影、讲解技巧等内容）、宁波历史文化知识培训（越窑青瓷、浙东文化、宁波建城史、河姆渡文化、宁波海上丝绸之路等宁波乡土文化培训）。培训分为讲座式培训和深度培训，志愿者可根据自身情况参与培训课程。

第六章　志愿者的法律地位

第十六条　宁波博物馆依法保护志愿者的合法权益。

第十七条　志愿者与宁波博物馆之间是自愿、平等和互相尊重的服务与被服务关系。

第十八条　志愿者在服务期间所遇到的法律问题，均按照国家相关的法律和规章制度妥善处理。

附　则

第十九条　本章程自发布之日起生效，其修改、变更、解释权属于宁波博物馆。

二○一六年一月

二、文化和旅游志愿服务组织的机构

根据社会团体章程有关的规定，文化和旅游志愿服务组织的机构一般由会员大会（或会员代表大会）、理事会、常务理事会构成，机构设置与职责由章程明文规定。

（一）会员大会（或会员代表大会）

社会团体的最高权力机构是会员大会（或会员代表大会），会员大会（或会员代表大会）的职权是：制定和修改章程；选举和罢免理事；审议理事会的工作报告和财务报告；制定和修改会费标准；决定终止事宜；决定其他重大事宜。

有关会员大会（或会员代表大会）的规定。须有 2/3 以上的会员（或会员代表）出席方能召开，其决议须经到会会员（或会员代表）半数以上表决通过方能生效。会员大会（或会员代表大会）代表任期最长不超过 5 年。因特殊情况需提前或延期换届的，须由理事会表决通过，报业务主管单位审查并经社团登记管理机关批准同意。但延期换届最长不超过 1 年。

（二）理事会

理事会是会员大会（或会员代表大会）的执行机构，在会员大会闭会期间领导本团体开展日常工作，对会员大会（或会员代表大会）负责。

理事会的职权是：执行会员大会(或会员代表大会)的决议；选举和罢免理事长(会长)、副理事长(副会长)、秘书长和常务理事；筹备召开会员大会(或会员代表大会)；向会员大会(或会员代表大会)报告工作和财务状况；决定会员的吸收和除名；决定办事机构、分支机构、代表机构和实体机构的设立、变更和注销；决定副秘书长、各机构主要负责人的聘任；领导本团体各机构开展工作；制定内部管理制度；决定其他重大事项。理事会须有2/3以上理事出席方能召开，其决议须经到会理事2/3以上表决通过方能生效；理事会每年至少召开一次会议。情况特殊的，也可采用通讯形式召开。

理事会负责文化和旅游志愿服务组织的管理责任，确定文化和旅游志愿服务组织的使命、愿景，进行财务和志愿服务项目等方面的监督，维护文化和旅游志愿服务组织的形象和声誉，保证文化和旅游志愿服务组织正常有序地运行，推动文化和旅游志愿服务组织健康发展。

(三)常务理事会

常务理事会由理事会选举产生，在理事会闭会期间行使职权，对理事会负责。常务理事人数不超过理事人数的1/3。常务理事会须有2/3以上常务理事出席方能召开，其决议须经到会常务理事2/3以上表决通过方能生效。常务理事会至少半年召开一次会议；情况特殊的也可采用通讯形式召开。

本团体的理事长(会长)、副理事长(副会长)、秘书长必须具备下列条件：坚持党的路线、方针、政策，政治素质好；在本团体业务领域内有较大影响；理事长(会长)、副理事长(副会长)、秘书长最高任职年龄不超过70周岁，秘书长为专职；身体健康，能坚持正常工作；未受过剥夺政治权利的刑事处罚的；具有完全民事行为能力；本团体法定代表人不兼任其他团体的法定代表人。本团体的理事长(会长)、副理事长(副会长)、秘书长连任不超过两届。因特殊情况需延长任期的，须经会员大会(或会员代表大会)2/3以上会员(或会员代表)表决通过，报业务主管单位审查并经社团登记管理机关批准后，方可任职。

本团体理事长(会长)行使下列职权：召集和主持理事会(或常务理事会)；检查会员大会(或会员代表大会)、理事会(或常务理事会)决议的落实情况；代表本团体签署有关重要文件。

(四)秘书处

秘书处是文化和旅游志愿服务组织的办事机构。秘书长应在志愿服务组织理事长(会长)的领导下，开展日常管理工作，负责协会各部门之间的协调，负责文件的起草与下发，文化和旅游志愿者档案管理，以及文化和旅游志愿服务组织的活动开展、宣传推广等。秘书处的力量与文化和旅游志愿服务组织的运行效率与管理水平有着紧密的关联。

根据章程的一般规定，秘书长行使下列职权：主持办事机构开展日常工作，组织实施年度工作计划；协调各分支机构、代表机构、实体机构开展工作；提名副秘书长以及各机构主要负责人，交理事会或常务理事会决定；决定办事机构、代表机构、实体机构专职工作人员的聘用；处理其他日常事务。

除了按照章程的规定，设置以上这些机构外，可以根据工作需要，在文化和旅游志愿服务组织内部建立后勤保障、招募培训、活动组织、宣传推广等职能部门，每个部门各司其职，从整体上保障文化和旅游志愿服务组织日常工作的良性运行。

第四节　文化和旅游志愿服务组织的管理

文化和旅游志愿服务组织的旺盛生命力和活力，离不开科学的制度管理。文化和旅游志愿服务组织的制度管理，主要分为组织内部管理和外部的监督管理。

组织内部管理主要通过建立和实施一系列行之有效的管理制度进行，组织外部的监督管理主要由文化和旅游志愿服务组织单位和社会团体登记部门，分别从不同的工作职能出发，对文化和旅游志愿服务组织进行外部的监督管理和指导。

一、文化和旅游志愿服务组织的内部管理

文化和旅游志愿服务组织的内部管理，是建立科学、有效的管理制度，以制度进行的管理。文化和旅游志愿服务组织的管理制度，主要包括招募注册管理制度、学习培训制度、活动管理制度、激励表彰制度、财务管理制度等。

(一)建立管理制度

在文化和旅游志愿服务组织的管理中，必须建立一系列科学的管理制度，推动文化和旅游志愿服务组织的规范化运行。文化和旅游志愿服务组织的管理制度是依据有关章程的规定，根据文化和旅游志愿服务组织的机构设置、志愿服务组织运行的需要建立的。

制度管理的优势有三。第一，有利于强化文化和旅游志愿服务组织管理的规范性。以制度来管理文化和旅游志愿者，开展文化和旅游志愿服务活动，开展文化和旅游志愿服务绩效管理，能够规范文化和旅游志愿者的激励机制，提高文化和旅游志愿服务的效能。用制度管理可以避免随意性，体现公开、公平、公正的原则。第二，有利于推动文化和旅游志愿服务组织的长效发展。在文化和旅游志愿服务组织内部建立的科学的管理制度，并使之成为组织内部每位文化和旅游志愿者必须自觉遵守的组织纪律和管理规定，能够强化文化和旅游志愿服务组织成员的认同感，促进文化和旅游志愿服务组织可持续发展。第三，有利于文化和旅游志愿服务组织成

员的沟通协调。只有建立科学的管理制度，进行规范化的有效管理，在制度的框架下，才能明确文化和旅游志愿者的权利与义务，明确文化和旅游志愿服务组织的运行机制。志愿服务组织内部的管理制度越是健全，越是能有效实施制度管理，促使组织成员之间遇到矛盾时根据相应的制度来处理，组织内部的文化和旅游志愿者也越有凝聚力。

文化和旅游志愿服务组织内部的管理制度，除了章程，还包括注册管理制度、工作组织制度、例会制度、学习培训制度、考勤制度、奖惩制度等。

工作组织制度的内容主要包括文化和旅游志愿服务组织内部的机构、部门负责人的职责等；例会制度的内容主要是例会召开的时间安排、会议内容安排、会议纪律、讨论表决的原则等；学习培训制度的内容包括学习培训的制度性安排、培训要求等；考勤制度的主要内容涉及文化和旅游志愿服务组织开展志愿服务等活动时，对于出勤、请假的规定；奖惩制度主要包括激励表彰和处罚的有关规定。

科学的行之有效的管理制度，作为文化和旅游志愿服务组织成员共同遵循的行为规范与服务准则，将促进文化和旅游志愿服务组织管理的规范化，提高文化和旅游志愿服务的效率。

(二)管理制度简介

文化和旅游志愿服务组织的管理制度不少，这里介绍注册管理和财务管理两个方面的重要制度。

1. 注册管理

文化和旅游志愿服务组织依据文化和旅游志愿者本人申请，对于符合条件的予以注册并发放注册服务证，如实记录文化和旅游志愿者个人基本信息和服务开展情况。

2013 年 11 月修订的《中国注册志愿者管理办法》对注册机构作了规定：市(地、州、盟)、县(市、区、旗)、乡(镇、街道)以及大中专院校团组织及其授权的志愿者组织为志愿者注册机构。

注册程序主要是：申请人直接到开展志愿者注册工作的团组织、志愿者组织提出申请或通过网络、通信等方式提出申请，填写志愿者注册登记表。注册机构对申请人进行审核。审核合格，注册机构向申请人颁发注册志愿者证章。注册机构可根据实际需要，为注册志愿者编制本地管理服务号码。

有意愿参与文化和旅游志愿服务的申请人，可以向当地文化和旅游志愿服务组织提出申请，也可以通过网络、电话等方式提出申请。

文化和旅游志愿者注册登记表（参考式样）

志愿者编号（注册机构填写）：　　　　　　　　　　　　填表日期：　　　年　月　日

姓名		性别		出生年月		民族		照片
籍贯		户籍所在地		政治面貌		宗教信仰		
学历		职称		职务		职业		
毕业学校及专业								
工作单位及地址								
住址								
身份证号码					特长			
其他有效证件号					爱好			
联系方式		联系地址				邮编		
		联系电话	办公室：		宅电：		手机：	
		Email				QQ		
服务意向								
个人简历								
申请人承诺		（请抄写）我愿意成为一名光荣的志愿者。我承诺：尽己所能，不计报酬，帮助他人，服务社会，践行志愿精神，传播先进文化，为社会进步贡献力量！ 申请人签字： 年　月　日						
备注								

资料来源：《中国注册志愿者管理办法》。

注册志愿者参加志愿服务后，由服务对象或组织者提供志愿者的服务时间、服务内容等证明，注册机构及其下属团组织、志愿者组织予以认定。服务时间为实际服务时间（不含往返时间），以小时为单位计量。

注册机构应建立健全注册志愿者档案和信息管理系统，逐步实现网上注册和管理，促进管理工作的科学化、制度化、规范化。

注册志愿者使用全国统一的标识。开展志愿服务活动时，注册志愿者应佩戴以全国统一标识为主体图案的标志。志愿者旗帜和服装以红、蓝、白为基本色调。

注册机构可在重大活动时或定期组织志愿者进行宣誓。志愿者誓词："我愿意成为一名光荣的志愿者。我承诺：尽己所能，不计报酬，帮助他人，服务社会，践行志愿精神，传播先进文化，为社会进步贡献力量！"

注册志愿者培训工作主要由注册机构及其下属的团组织、志愿者组织负责，对注册志愿者申请人进行志愿服务基本理念培训，定期向注册志愿者提供志愿服务相关技能等方面的培训，向志愿者骨干提供专门的培训，提高志愿者的服务能力和综合素质。

文化和旅游志愿服务组织应探索和完善注册志愿者服务时间储蓄制度，使注册志愿者在本人需要帮助时，优先得到志愿者组织和其他志愿者的服务。

2. 财务管理

没有在民政部门依法登记注册的文化和旅游志愿服务组织，其经费都是由所依附的文化和旅游志愿服务组织单位提供和管理的。

在民政部门依法登记注册的文化和旅游志愿服务组织的财务管理，是通过资金的管理和使用，对志愿组织的经济活动进行的综合管理。根据《中华人民共和国会计法》《社会团体登记管理条例》《民间非营利组织会计制度》等法律法规，在文化和旅游志愿服务组织内部必须建立健全财务管理制度，加强财务管理和监督，提高资金使用效益，促进文化和旅游志愿服务组织蓬勃发展。

在财务监管方面，文化和旅游志愿服务组织的财务活动接受国家有关部门的监督，每年年检须由具有审计资格的会计师事务所审计；理事会换届、法定代表人与秘书长更换前，应当进行财务审计。

文化和旅游志愿服务组织必须严格遵守各项财务制度和财经纪律，经费必须用于章程规定的服务范围，不得在文化和旅游志愿者中分配。必须建立健全各项经费支出管理和审批制度，以及资产监督制度，严格执行现金管理办法、内部控制制度，对财务收支、资金使用、财产物资管理等进行制度化的监督检查，并依法进行会计档案管理。

二、文化和旅游志愿服务组织的监督管理与指导服务

文化和旅游志愿服务组织的健康发展，不仅需要志愿服务组织加强内部管理，文化和旅游志愿服务组织单位与政府相关部门也必须履行指导与监督管理的职能。依据国务院颁布的《社会团体登记管理条例》，政府部门对注册登记的文化志愿服务组织进行监督管理。依据文化部《文化志愿服务管理办法》，文化志愿服务组织单位必须承担起指导与管理的职责。

(一)文化和旅游志愿服务组织单位的指导管理与服务

文化部颁布的《文化志愿服务管理办法》中，将文化志愿服务组织定义为"以开展文化志愿服务为宗旨的非营利性社会组织"，同时提到文化志愿服务组织单位，是指"组织开展文化志愿服务的文化行政部门、文化单位"。在各地文化和旅游志愿服务建设的实践中，文化和旅游志愿服务组织往往依托公共文化设施、旅游景区开展文化和旅游志愿服务，与文化和旅游志愿服务组织单位有着十分紧密的关系。

不管文化和旅游志愿服务组织是相对独立的社会化组织，还是依附于公共文化设

施和旅游景区景点的文化和旅游志愿服务组织，文化和旅游志愿服务组织单位都扮演着业务指导、监督管理的角色，对文化和旅游志愿服务组织承担着管理指导与服务的责任。

作为业务指导管理的文化和旅游志愿服务组织单位，对文化和旅游志愿服务组织的指导、管理与服务职责，主要体现在以下几个方面。

（1）制订文化和旅游志愿服务计划。

（2）依法筹集、管理和使用文化和旅游志愿服务经费、物资。

（3）组织开展文化和旅游志愿服务活动。

（4）为文化和旅游志愿服务组织、志愿者开展文化和旅游志愿服务提供必要的工作条件，帮助解决文化和旅游志愿服务过程中遇到的实际困难。

（5）根据文化和旅游志愿者的要求和相关管理规定，出具文化和旅游志愿服务相关证明。

（6）开展文化和旅游志愿服务宣传、交流与合作。

（7）应定期对文化和旅游志愿者开展业务知识、技能培训和安全教育。

（8）应结合实际建立文化和旅游志愿服务激励回馈制度。有良好服务记录的文化和旅游志愿者可获得艺术观摩与培训、文化艺术消费、文化和旅游服务等方面的优惠待遇。

（9）应建立文化和旅游志愿服务嘉许制度。对服务时间较长、业绩突出、社会影响较大的文化和旅游志愿者、志愿服务团队与志愿服务项目给予褒扬。

（10）应为文化和旅游志愿服务开展提供必要的经费支持。文化和旅游志愿服务经费应主要用于文化和旅游志愿服务开展过程中涉及的场地租用、物品制作、人员培训、后勤保障、宣传推广等方面。

（二）社会组织登记管理机关的监督管理

《社会团体登记管理条例》规定，国务院民政部门和县级以上地方各级人民政府民政部门是本级人民政府的社会团体登记管理机关，履行下列监督管理职责。

（1）负责社会团体的成立、变更、注销的登记。

（2）对社会团体实施年度检查。

已经在民政部门登记的社会团体，必须接受登记管理机关的监督管理，接受年度检查。按照条例规定，文化和旅游志愿服务组织应当于每年3月31日前向业务主管单位报送上一年度的工作报告，经业务主管单位初审同意后，于5月31日前报送登记管理机关，接受年度检查。工作报告的内容包括：本社会团体遵守法律法规和国家政策的情况、依照本条例履行登记手续的情况、按照章程开展活动的情况、人员和机构变动的情况以及财务管理的情况。

（3）对社会团体违反本条例的问题进行监督管理，对社会团体违反本条例的行为进行相应的处罚。

《社会团体登记管理条例》在"罚则"中，列举了以下具体情形及相应的处罚。

（1）在申请登记时弄虚作假，骗取登记的，或者自取得《社会团体法人登记证书》之日起1年未开展活动的，由登记管理机关予以撤销登记。

（2）如果社会团体有下列情形之一的，由登记管理机关给予警告，责令改正，可以限期停止活动，并可以责令撤换直接负责的主管人员；情节严重的，予以撤销登记；构成犯罪的，依法追究刑事责任：涂改、出租、出借《社会团体法人登记证书》，或者出租、出借社会团体印章的；超出章程规定的宗旨和业务范围进行活动的；拒不接受或者不按照规定接受监督检查的；不按照规定办理变更登记的；违反规定设立分支机构、代表机构，或者对分支机构、代表机构疏于管理，造成严重后果的；从事营利性的经营活动的；侵占、私分、挪用社会团体资产或者所接受的捐赠、资助的；违反国家有关规定收取费用、筹集资金或者接受、使用捐赠、资助的。前款规定的行为有违法经营额或者违法所得的，予以没收，可以并处违法经营额1倍以上3倍以下或者违法所得3倍以上5倍以下的罚款。

（3）社会团体的活动违反其他法律、法规的，由有关国家机关依法处理；有关国家机关认为应当撤销登记的，由登记管理机关撤销登记。

（4）筹备期间开展筹备以外的活动，或者未经登记，擅自以社会团体名义进行活动，以及被撤销登记的社会团体继续以社会团体名义进行活动的，由登记管理机关予以取缔，没收非法财产；构成犯罪的，依法追究刑事责任；尚不构成犯罪的，依法给予治安管理处罚。

（5）社会团体被责令限期停止活动的，由登记管理机关封存《社会团体法人登记证书》、印章和财务凭证。社会团体被撤销登记的，由登记管理机关收缴《社会团体法人登记证书》和印章。

登记管理机关依法管理，目的是保障公民的结社自由，维护和保障包括文化和旅游志愿服务组织在内的社会团体的合法权益和健康发展。文化和旅游志愿服务组织作为社会团体，适用《社会团体登记管理条例》的相关规定，必须自觉接受登记管理机关的管理。

【思考题】

1. 请回答文化和旅游志愿服务组织愿景的概念及作用，结合工作实际，谈谈如何建立文化和旅游志愿服务组织愿景。

2. 文化和旅游志愿服务组织注册登记有哪些具体要求？如何办理注册登记？

3. 文化和旅游志愿服务组织的理事会与秘书处分别有哪些工作职能？

4. 为推动文化和旅游志愿服务组织健康发展，应如何强化文化和旅游志愿服务组织的内部管理？

第五章　文化和旅游志愿服务的类型

【目标与任务】

通过本章学习，了解文化馆、图书馆、博物馆、美术馆、文物保护、旅游等不同领域志愿服务的方式、特点，运用比较的方式感受不同领域文化和旅游志愿服务的异同点，尤其要熟悉自身所处领域文化和旅游志愿服务的方式、特点，针对性地开展志愿服务工作。

文化和旅游志愿服务可以分为多种类型。根据服务领域的不同，文化和旅游志愿服务可分为文化馆领域的志愿服务、图书馆领域的志愿服务、博物馆领域的志愿服务、美术馆领域的志愿服务、文物保护领域的志愿服务、旅游领域的志愿服务等。

第一节　文化馆领域的志愿服务

文化馆是县级以上人民政府设立的、提供公共文化产品和公共文化服务的公益性文化事业机构，也是面向群众免费开放服务的公共文化服务设施。文化馆通过举办群众喜闻乐见的丰富多彩的文化活动，组织指导群众文艺创作、培训辅导群众文艺骨干，开展群众文化工作理论研究，收集、整理、研究和保护传承非物质文化遗产，组织数字文化服务，弘扬社会主义核心价值观，继承和发展中华优秀传统文化，大力推进全民艺术普及，提高全民族的文化艺术素养，丰富人民群众的精神文化生活。

在各级文化馆活跃着许多志愿服务组织。在文化馆免费开放服务的管理、文化艺术培训、群众文艺演出、文艺作品创作、文化艺术推广等方面，文化志愿服务组织发挥出越来越显著的作用。

文化馆志愿服务的开展，缓解了因文化馆业务人员编制有限带来的服务人员不足的问题，营造了广大群众积极参与文化共建共享的喜人局面，丰富了人民群众的文化生活，为群众文化事业的发展和繁荣作出了贡献，成为现代公共文化服务体系建设的有机组成部分。

一、文化馆的志愿服务方式

在文化馆领域，志愿服务组织及其志愿者的服务内容比较丰富，涉及文化馆公共文化服务的众多方面。

(一)协助文化馆开展文化艺术培训

面向公众开展各种文艺培训辅导，是文化馆的公共文化服务职能之一，也是一项常态化的文化服务。

文化馆领域的志愿服务组织和志愿者，既是文化馆建设与公共文化服务的受惠者，也是文化馆各项文化服务的参与者。这些文化志愿者往往与文化馆有着很深的感情，他们现在较强的文艺表演能力，或许就得益于当初文化馆的学习与培训。现在这些文化志愿者满怀着奉献之心，走进文化馆的公共文化服务空间，协助文化馆业务人员，参与群众文艺培训辅导工作。

文化志愿者协助文化馆开展文艺培训辅导的主要形式如下。

作为艺术师资，以志愿者的身份，走进文化馆培训教室，根据自身的艺术特长，把音乐、舞蹈、戏剧、曲艺，或者书画、摄影等方面的文艺技能，无私地奉献给参加文化馆文艺培训的学员。在教学培训付出的同时，收获精神上的愉悦与师生的真情。

作为文化馆业务人员的助手参与文艺培训辅导，按文化馆业务人员的要求进行示范，以直观形象的榜样作用，帮助参加文艺培训班的学员，掌握舞蹈动作要领，了解声乐、发声技巧，把握戏剧表演的生动细节等。

参与文化馆文艺团队的艺术辅导，文化志愿者往往是群众文艺团队的带头人或者骨干，可与文化馆业务人员一起，以常态化的文艺辅导，不断提升文艺团队的艺术水平。

(二)协助文化馆开展群众文化活动

各级文化馆每年都会组织开展丰富多彩的群众文化活动，这是文化馆公共文化服务的重要内容，也是受到社会广泛关注、群众喜闻乐见的公共文化服务。无论是在城市广场，还是深入农村进行演出，文化馆组织开展的各项文化活动，大多具有较高的人气，吸引广大群众观看、欣赏。

文化志愿者协助文化馆开展群众文化活动的主要形式有两种。

作为表演者，参与群众文化活动的演出。文化志愿者中不乏能歌善舞的文艺骨干，他们对于文化艺术情有独钟，乐于参加文化馆各类文艺演出等活动，展示自己的艺术才华，给群众带来赏心悦目的艺术享受。在公共文化服务实践中，文化志愿服务组织往往主动承担起组织开展文化活动的重任，动员组织内部的文化志愿者参与文艺演出等。文化志愿者成为文化馆开展群众文化活动的重要力量。

作为管理者，协助管理活动现场。这类文化志愿者热爱文化，虽然自身的文艺水平有限，没有上台表演的机会，但是他们热心于公益性的文化活动，以文化志愿者身份参与文化活动现场的管理，协助文化馆等单位，维护文化活动现场的秩序，为群众文化活动的现场安全提供保障。

(三)协助文化馆开展文艺创作活动

繁荣群众文艺创作是满足人民群众精神文化需求，为人民群众提供优质文化产品的需要，对于全社会形成共同理想和精神支柱，弘扬社会主义核心价值观，提高人民群众的文化素质和艺术修养，有着重要的意义。繁荣群众文艺创作是文化馆的工作职责，是推进文化大发展大繁荣的重要抓手。

文化志愿者协助文化馆开展文艺创作活动的主要形式如下。

参与文化创作活动。文化志愿者往往也是群众文艺创作者，在文化馆业务人员的带领和指导下，进行书法创作、现代民间绘画创作，或者创作戏剧小品、曲艺作品，以及参加文学创作活动等，努力创作出具有浓郁地方特色和一定艺术水平的文艺作品。

参与文艺创作采风。文化志愿服务组织和文化志愿者不仅可以兴致益然地参加文化馆组织的文艺创作采风活动，体验不一样的生活感受，寻找文艺创作的灵感，积累文艺创作素材，还可以作为文艺创作采风活动的积极协助者，帮助策划采风的线路，安排采风活动沿途的各项后勤服务等。

协助开展文艺赛事。文化馆组织开展的各类文艺赛事，能够在发现群众文艺人才的同时，活跃群众的精神文化生活。文化志愿服务组织和文化志愿者，不仅是文化馆开展文艺赛事的好帮手，往往也积极报名，参与各项文艺大赛，努力在文艺赛事中脱颖而出，一展身手。

(四)协助文化馆开展免费开放服务

文化馆既是政府举办的公益性文化事业单位，也是面向群众开展公共文化服务的重要场所，是保障人民群众基本文化权益的重要阵地。文化馆必须切实做好免费开放工作，为群众提供更多、更好的公共文化产品和服务，让广大群众就近、便捷地参与文化活动，享受公共文化发展成果。

各地文化志愿服务组织和文化志愿者是文化馆免费开放服务的有生力量，能够破解文化馆编制有限的现实困境。尤其是经济发达地区，文化馆场馆面积在1万平方米以上，馆舍面积增加了几倍，但人员编制没有相应增加。文化志愿服务组织和文化志愿者参与免费开放服务，对于发挥文化馆场馆的功能，服务广大群众，具有积极的意义。

文化馆免费开放服务，不仅仅是向公众敞开大门，更重要的是需要提供群众所需要的公共文化服务和优质文化产品。一些文化馆积极组建文化志愿服务组织，组织和动员文化志愿者参与到文化馆免费开放服务中来，取得了很好的社会效益，深受群众欢迎。例如，上海市群众艺术馆在春节期间开办的"团团圆圆照相馆"，精心设计布置了老上海石库门等怀旧场景，定向招募擅长人像摄影的文化志愿者，为人们喜拍"全家福"照片和同学聚会的合影，受到市民的广泛好评。

案例：上海市群众艺术馆"团团圆圆照相馆"志愿服务项目

走进上海市群众艺术馆（以下简称群艺馆），乘坐电梯直达 3 楼，电梯门打开的一瞬间，几个格子间映入眼帘，老式石库门和洋房错落的场景令昔日上海风情再现，以青春为主题设计的校园教室布景等也吸引着人们的目光。这里，便是很多上海市民近几年喜欢相约前往拍摄全家福的"团团圆圆照相馆"。

上海市群艺馆在 2013 年开辟了这样一方园地，希望以"免费拍摄全家福"这样一种特殊的服务方式锁定老百姓的日常幸福生活。此后每年，群艺馆在一些节日里都会推出相应的拍摄活动，定向招募精于人像摄影的志愿者，专门到馆里为市民群众免费拍照。人们只要成功预约，便可携老少家人、亲朋好友前往。

在"团团圆圆照相馆"，前来拍照的每组人员不仅可以有 15～20 分钟时间在各个场景内独照或合影，还能当场拿到一张照片，并可以将所有拍摄的照片的电子版拷贝带走。

"团团圆圆照相馆"注重背景设计，力图还原市民生活的本真，唤起一代代人的集体记忆。除了精心策划、布置的主题场景外，馆内还提供带两条杠的老式运动服、海魂衫、糖葫芦、红领巾、老式电话等各类凸显主题的怀旧服装和道具，增添拍摄过程中的趣味。

孙女士已是第三次带着家人来这里拍全家福了，她说："这里虽然不像外面的照相馆那样有豪华的场景、专业的化妆师和布光，但是拍出来的照片有一份朴实，感觉画面更加自然与温馨。"

"团团圆圆照相馆"每年都会创新主题、更换布景。2017 年，为了让市民更好地拍出老上海的感觉，工作人员又在照相馆的布景上玩出了新花样：老式的长公交车的场景再现，配有铁门、铁艺门头、绿树和大象滑梯的公园场景以及设置有邮筒、路灯的上海石库门景观，让新老上海人纷纷赶来体验、怀念老上海的风情。佘女士是土生土长的上海人，第一眼看到这些怀旧的拍摄场景时，昔日的回忆便涌上心头。一个个妙趣横生的瞬间在摄影志愿者照相机的快门声中永久定格。其中一张照片是佘女士的父亲扶着石库门布景中一辆老式自行车，母亲则甜蜜地依偎在他身旁。"这张照片一拍出来，二老就感觉回到了年轻时。那时候，只要爸爸下班，就会骑着自行车去接妈妈回家，那场景就跟照片里一样，很是温馨幸福。"佘女士说。

在"团团圆圆照相馆"内，有一本市民留言簿，里面都是在此拍照的人的留言："每年来群艺馆拍全家福，已经是我们大家庭必点的'年夜饭'。感谢志愿者们的辛勤付出。"

春节期间，很多来"团团圆圆照相馆"的市民表示，节日里拍一张喜庆的"大团圆"，感觉年味更浓了。

二、文化馆志愿服务的主要特点

依托各级文化馆开展的志愿服务，无论是志愿者的构成、志愿服务内容，还是志愿服务对象与志愿服务地域，都具有鲜明的特点。

(一)志愿服务人员的专业性

总体来看，文化馆的志愿服务人员具有服务社会、服务他人的奉献精神，同时具有一定的文艺特长，或精通吹拉弹唱，或能歌善舞，或者长于书画摄影。志愿者的文艺创作表演专长，为他们参与文化馆公共文化服务，展现自身的文艺才华，推动全民艺术共享，提供了多样化的可能性。文化馆的志愿者既有文艺专业院团、文艺专业院校的专家教授，又有群众业余文艺骨干。前者在志愿服务中有号召力和影响力，对于扩大文化馆志愿服务的社会影响，有着积极的作用；后者人数众多，活跃在各级文化馆，成为文化馆开展公共文化服务的重要力量。志愿者的专业性，提升了文化馆志愿服务的质量，有力地推动全民艺术普及。

(二)志愿服务对象的广泛性

文化馆志愿服务的服务对象非常广泛。一方面，文化馆重视老年人、残疾人、少年儿童、外来务工人员等社会群体的精神文化生活，开展精准化的公共文化服务，如送文艺演出到老年人、外来务工人员比较集中的地方，为残疾人提供喜闻乐见的文化服务，面向少年儿童开展艺术培训，举办专场文化演出等，保障这些社会群体的基本文化权益。另一方面，文化馆志愿服务不仅仅局限于特殊社会群体，而是面向广大群众开展的，包括广场舞的辅导推广、基层文艺演出等，服务对象覆盖了更广大的社会群体，让更多群众享受到文化服务。

(三)志愿服务内容的丰富性

与博物馆等公共文化事业单位不同，文化馆向群众提供的志愿服务内容更为丰富。文化馆志愿服务内容的丰富性，体现在文艺门类众多，包括音乐、舞蹈、戏剧、曲艺、美术、书法、摄影、文学等创作、表演的指导与辅导，涵盖了静态和动态的各个文化艺术门类；而且相同的艺术门类中，还可以细分为不同的内容，如舞蹈辅导培训就包括少儿芭蕾舞培训、中老年广场舞辅导，以及古典舞、民族舞的辅导培训等。文化志愿服务组织和志愿者加入到文化馆的公共文化服务中来，使得文化馆志愿服务的内容日益丰富，从一定程度上满足了广大群众多样化的文化需求。

(四)志愿服务区域的广阔性

文化馆志愿服务还具有服务区域广阔的特点。志愿者一方面以文化馆为固定的志愿服务场所，定期到文化馆里来，根据文化志愿服务组织与文化馆的统一安排，为群众提供公益文化服务，在文化馆场馆免费开放的服务中，丰富志愿服务的内容，使文化馆成为志愿者开展文化志愿服务的重要平台，成为志愿者奉献文化才能、体现社会价值的重要场所；另一方面，许多志愿者还走出文化馆，走向基层社区，走向乡镇村落，开展流动文化服务，将志愿服务扩展到更为广阔的空间。场馆文化服务与流动文化服务相结合，使文化馆志愿服务产生更大的社会影响。

第二节　图书馆领域的志愿服务

图书馆服务工作是一项开发利用图书馆资源的工作，包括发展读者、读者研究、文献流通和推广服务、阅读辅导、文献检索、读者教育等。图书馆领域的文化志愿服务在国内文化志愿服务中开展得较为普遍。

一、图书馆志愿服务方式

图书馆志愿服务的内容主要有基础型服务、协助开展文化讲座与展览服务、阅读推广活动、爱心助残服务，以及图书馆读者活动等，部分图书馆的志愿服务内容还有古籍普查整理和修复服务等专业性服务。

（一）开展基础型志愿服务

图书馆基础型志愿服务对志愿者专业性要求不高，只要经过图书馆专业人员的简单培训与指导，就可以上岗开展服务。因此开展这类服务的志愿者是图书馆志愿者招募中最容易招募的一种志愿者类型。基础型志愿服务的主要内容是图书借阅归还、图书加工修补、图书上架、图书编目，以及读者咨询导航服务等。这些志愿服务工作相对比较简单，只要有奉献精神和服务热情，基本上都能胜任。在开展文化志愿服务工作的图书馆中，绝大多数都有基础型志愿服务。

（二）服务残障读者等特殊群体

"一切为了读者，为了一切读者。"为了践行图书馆的服务宗旨，为身有残疾者提供无差别的文化服务，各地图书馆往往会招募具有一定专业技能的志愿者，开展面向残疾人的文化志愿服务。这些服务残疾读者的志愿服务内容，包括为盲人读者录制语音读物、开展朗读服务、电影放映讲解，甚至为盲人读者制作盲人读物等。例如，浙江图书馆的"触摸天堂——阅读文化助盲志愿服务项目"获得第三届中国青年志愿者服务项目大赛金奖，入选 2016 年文化志愿服务项目典型。辽宁图书馆也组织举办了"心手合一，让爱传递"国际聋人日"手语世界"特别活动，呼吁公众关爱听障人士，关心他们的文化生活，深入推进全民阅读。

(三)参与图书阅读推广活动

文化志愿者以图书馆为服务阵地，利用丰富的阅读资源，安静的阅读空间，积极开展阅读推广活动，营造全民阅读的良好氛围，进行阅读指导，传播阅读价值，建设书香社会，取得了显著的成效。各地图书馆文化志愿者的阅读推广活动，既有面向全民的阅读推广活动，又有面向少儿的阅读推广服务，做得有声有色，富有成效。尤其是少儿阅读推广志愿服务活动，这类活动面向低幼儿童开展讲故事服务，让少年儿童在趣味盎然的故事中被潜移默化，喜欢上阅读，其中涌现了辽宁省图书馆"童阅乌托邦"等不少文化志愿服务品牌。

案例：辽宁省图书馆"童阅乌托邦"文化志愿服务项目

2020年4月读书节期间，辽宁省图书馆推出了"童阅乌托邦——少儿公益阅读活动"，以优秀传统文化中的经典小人书赏析、经典古诗词赏析等活动内容，通过线上讲解的形式进行阅读推广，并结合了图书馆红色阅读阵地举办的以红色文化和社会主义先进文化为主要内容的线上爱国主义教育活动。

辽宁省图书馆从2008年起就尝试开展少儿阅读推广活动的文化志愿服务，举办了"我爱涂涂画""经典古诗词赏析""辽图亲子阅读"等少儿公益活动，这些活动构成了"童阅乌托邦"少儿公益活动文化志愿服务项目的前身。根据读者参与活动的反馈及出于优化少儿文化志愿服务的目的，2013年推动了"童阅乌托邦"志愿服务项目逐步完善、不断发展。如今，该项目已经成长为能够整合多种阅读资源开展志愿服务、拥有成熟规范运行机制及相对稳定的志愿者团队与志愿服务机构，主要面向3到8岁读者及其家庭提供文化志愿服务的项目。

该项目主体由创意美工DIY、四维绘本阅读、辽图国学坊、玩具总动员及幼儿戏剧游戏五项定期常规活动组成，同时依据活动主题与读者需求适时配合以少儿读物推荐、少儿主题展览、儿童剧公益演出等其他活动形式。五项主体常规活动均在周末举行，采用每周周内提前发布活动信息，读者预约报名的方式进行。活动均属公益性质，不收取任何费用。

一路走来，辽图"童阅乌托邦"少儿公益活动的志愿者们不曾忘却初心，不断提升志愿服务品质，为少年儿童提供了丰富的阅读体验与文化经历，让他们爱上阅读。

(四)协助开展讲座、展览服务

文化志愿者参与图书馆举办的各类讲座、展览活动的方式有两种：一是作为专家型文化志愿者，根据图书馆的统筹安排，面向公众作各类文化领域或其他方面的专题讲座，分享文化智慧与人生经验；二是作为图书馆工作人员的得力助手，参与图书馆展览的布展，维护讲座、展览的现场秩序，提供展览讲解服务，协助工作人员完成各项服务工作。

二、图书馆志愿服务的特点

与文化馆的志愿服务不同，图书馆的志愿服务具有自身的特点，即志愿服务对象侧重面向特殊群体传递文化关爱，志愿服务内容侧重知识分享与图书阅读推广，志愿服务主体中出现了少儿志愿者群体，志愿服务场地主要以图书馆作为服务的主要阵地。

(一)在志愿服务对象方面，侧重向特殊群体传递文化关爱

图书馆志愿服务工作中，虽然文化志愿者提供的基础型的志愿服务面向所有读者，但对于不能正常阅读的盲人，以及少年儿童读者群体，应当倾注更多的文化关怀。这是图书馆文化志愿者的特点之一。面向盲人读者的志愿服务，主要有邀请有朗读水平的文化志愿者开展面对面的朗读服务，招募志愿者制作盲文书籍，在电影放映过程中由志愿者讲述电影画面，帮助盲人欣赏优秀电影等。面向少儿读者群体的志愿服务形式更为丰富，如为低龄儿童讲绘本故事，帮助开展亲子阅读活动，开展少儿阅读竞赛等。图书馆志愿服务侧重向特殊群体开展文化服务，体现了现代公共文化服务的均等化。

(二)在志愿服务内容方面，侧重知识分享与图书阅读推广

如果说文化馆志愿服务的内容是协助文化馆干部开展全民艺术普及，那么图书馆志愿服务更多侧重于全民阅读推广。知识分享与图书阅读推广，是图书馆服务工作的重点，也是图书馆志愿者服务的着力点。无论是志愿者深度参与的各类文化讲座，还是志愿者协助开展的读者服务活动；无论是面向盲人的朗读服务，还是针对少年儿童的绘本故事讲述，都紧紧围绕图书阅读和读者服务，分享文化智慧，推进全民阅读，努力构建书香社会。

(三)在志愿主体年龄结构方面，志愿者中出现了少儿志愿者群体

图书馆志愿者覆盖了几乎所有年龄段的社会群体。图书馆志愿者中普遍出现少儿志愿者群体，是图书馆领域志愿者的又一个显著特点。孩子的暑假怎么过有意义？去图书馆当志愿者呀！各地图书馆向社会公开招募少儿志愿者。每到周末及寒暑假，少儿志愿者们分批走进图书馆，认真有序地开展志愿服务，包括维持秩序、借还书、图书上架甚至组织读书活动等。组织开展少儿志愿服务，既能让少年儿童在了解图书馆工作的同时提高社会实践能力，更能借此让更多少年儿童认识图书馆，爱上阅读，让阅读成为他们美好生活的一部分。

第三节　博物馆领域的志愿服务

作为公益性的文化服务场馆，各地博物馆招募文化志愿者，参与到公共文化服务中来，传播历史文化，传承人类文明，取得了显著的成效。志愿服务成为各地博物馆

服务工作的重要组成部分。同时，博物馆领域开展志愿服务，也为志愿者展示历史文化知识、体现精神文明素养、实现自我社会价值提供了有效的平台。

一、博物馆志愿服务方式

博物馆是向公众开放的文化场馆，是向社会展示人类文明和发展的平台。文化志愿者作为传播文化和文明的爱心使者，将在这里与博物馆专业人员一起，担负起为社会公众服务的责任。

文化志愿者参与博物馆志愿服务的方式，主要是参与馆内展览的讲解服务、"流动博物馆"的讲解服务、宣传博物馆文化活动，以及博物馆内的参观导览和咨询服务等。

(一)参与博物馆展览的讲解服务

展览讲解是各地博物馆教育社会与服务公众的重要手段。文化志愿者经过博物馆组织的专业培训后，参与博物馆展览的讲解服务。志愿者深入浅出的讲解，平等尊重、彬彬有礼的态度，能够激发普通观众的参观兴趣，帮助观众加深对展品和陈列的了解，使观众感到颇有收获，不虚此行。文化志愿者参与博物馆展览的讲解服务，在丰富自身历史文化知识的同时，还能展示自身才华、向社会奉献爱心，他们往往会以饱满的热情，参与到博物馆展览的讲解服务中，努力体现自身的价值。

参与博物馆展览的讲解服务，是博物馆领域文化志愿服务的主要方式。参与展览讲解服务的志愿者，主要由在校大学生、在职人士和退休干部组成，具有较高的文化水平和专业能力。有的博物馆为了服务国外游客，还拥有可以使用外语进行讲解服务的文化志愿者队伍。

(二)参与"流动博物馆"讲解服务

为了拓展博物馆的服务范围，各地博物馆坚持开展"流动博物馆"的活动。人们常常在"流动博物馆"活动现场看到文化志愿者的身影。博物馆的文化志愿者带着精美的文物展板、文物复仿制品，精心设计互动体验项目，走进高校、中小学校，走进社区，走进农村，让博物馆展览讲解服务覆盖更多的人群。文化志愿者参与的"流动博物馆"活动，所到之处宣传博物馆的服务工作，传播历史文化知识，讲解文物背后的历史故事。文化志愿者参与"流动博物馆"活动，走出博物馆，走向基层，能够在传播文化文明的同时，向全社会传播文化志愿服务的精神。

(三)参与宣传博物馆文化活动

酒香还得勤吆喝。博物馆向公众免费开放，不仅要提供精彩的展览展品、讲解服务，还须普遍重视博物馆服务的宣传推广。文化志愿者在宣传博物馆的文化活动中，起着重要的参与作用。每年"5.18"国际博物馆日是博物馆界向全社会宣传博物馆工作的重要日子。志愿者们积极参与博物馆的服务宣传推广，一起精心策划组织，根据国际博物馆日主题，制作宣传展板，组织开展各类丰富的文化活动，宣传博物馆日的特色活动，介绍博物馆的特色藏品，在活动现场与观众进行互动，让更多的公众了解博物馆，走进博物馆，享受博物馆提供的文化服务。

（四）参与博物馆内的参观导览、咨询服务

博物馆是面向公众开放的公共文化服务场所。博物馆作为公益性文化服务机构，向广大公众免费开放，提供优质的文化服务和优秀的文化产品，是其义不容辞的职责。文化志愿者参与博物馆的服务方式之一，就是为进入博物馆的公众提供参观导览、咨询服务。一方面为前来博物馆参观的公众提供路线引导，介绍博物馆的基本情况，帮助观众了解博物馆的总体情况；另一方面在博物馆的入口处或咨询台接受观众的现场咨询，解答观众参观时遇到的问题，及时提供咨询服务。文化志愿者细心周到的参观导览、咨询服务，能够使观众对博物馆产生亲切、温馨的感受，提升观众的服务体验和博物馆的社会形象。

二、博物馆志愿服务特点

博物馆志愿者根据博物馆的文化资源和公众的文化需求，主动参与博物馆面向公众开展的各类志愿服务，自愿奉献个人的知识和专业技能，让社会文化资源进入博物馆的公共文化服务，解决了博物馆专业人员不足的问题，提升了博物馆的公共文化服务效能。

与其他文化领域的志愿服务比较，博物馆的志愿服务具有自身的特点。

（一）博物馆志愿服务内容侧重于传承历史文化、传递人类文明

无论是中国历史博物馆，还是中国丝绸博物馆，或是其他各级各类博物馆，都以生动形象的实物与图片，展示着我国悠久灿烂的历史，绚丽多姿的文明。博物馆志愿者以亲切、富有感染力的语言，在精心布置的展览前，为人们开启一段辉煌的历史，讲述人类文明进程中的传奇，传播一个又一个时代的文明。

博物馆的功能决定了它是传承我国历史文化与华夏文明的窗口，博物馆内珍贵的文物，就是人类历史无声的代言人。博物馆志愿服务与文化馆、图书馆志愿服务内容有着显著的差异，博物馆志愿服务的使命，就是要动员更多的公众走进博物馆，感受历史文化；通过志愿者的展览讲解，让年轻人耳濡目染，深入了解历史深处的故事，了解隐藏在历史文物背后鲜为人知的往事和历史深处的动人传奇，接受人类文明的熏陶，努力开创更加灿烂的现代文明。

（二）博物馆志愿服务主体具有较高历史文化素养和专业能力

博物馆志愿者群体不仅具有志愿服务精神，同时具有较高的历史文化素养，这与博物馆的性质和博物馆志愿服务的要求紧密关联。博物馆的文化志愿服务的任务是传播人类文化遗产和自然遗产，尤其是博物馆展览讲解志愿服务，需要较高的文化素养，丰富的博物馆学、科学、历史、艺术知识，以及较高的专业能力。而这些文化素养与专业能力，也成为对博物馆志愿者的素质要求。

博物馆服务的专业性，有利于推动志愿者培训的常态化。在每个展览的筹展阶段，博物馆专业人员都会带领展览讲解志愿者熟悉展览主题，熟悉文物，了解文物相关背景材料。为了不断提高志愿者的综合素质和服务能力，博物馆方面往往会积极推进志愿者的常态化培训，安排文物专家、博物馆专业人员为志愿者进行专业讲座和现场指导。而博物馆志愿者在服务社会、服务他人的过程中，增长了知识，开阔了视野，历史文化素养进一步提升，反过来也会更热爱博物馆，热爱志愿服务事业。

案例：老省长吕祖善乐当博物馆志愿者

浙江省博物馆有一名身穿红色志愿者马甲的讲解员，他是全国人大财经委副主任委员、原浙江省省长吕祖善。

老省长吕祖善为社会各界解读"越地长歌"展览，身体力行传诵浙江悠久的历史文化已经多年了。2011年8月，吕祖善卸任浙江省省长一职，开始到浙江省博物馆做一名义务讲解员，为"越地长歌——浙江历史文化陈列"作志愿讲解。讲解工作一般在展厅里进行，但是他发现，排在后面的观众很难听到。为了保证讲解效果，他也会把讲解改为讲座。

在讲座中，他沿着浙江历史文明的发展进程，通过七个篇章阐述了浙江人自古传承的自强不息、务实开放、勇于创新、包容进取，正是这种精神铸就了浙江的璀璨文明。吕祖善还把自己的心得穿插其间，为历史讲解增加了更多的现实意义。

浙江几千年来的发展史，展现了浙江人民务实、开放、勇于创新的精神特质，积淀下来的就是文化。吕祖善说："我希望能有更多的人走进博物馆，有多少人进博物馆体现的是一个城市的品位和市民素质。"

到2019年年底，吕祖善已经参与浙江省博物馆文化志愿活动90次，其中举办讲座71场，他希望在传递优秀传统文化的同时，也能传递志愿服务的正能量。

（三）博物馆志愿者国际化

博物馆志愿者国际化是顺应现代博物馆发展趋势的新理念。改革开放以来，中外文化交流日益频繁，博物馆免费开放的服务对象中，除了城乡广大群众，也出现了外国游客和嘉宾。不少博物馆组建文化志愿团队，招募文化志愿者，根据服务对象的不同，在开展的展览讲解服务中，探索组建能够进行对外交流的志愿团队，以提供针对性的志愿服务，让外国游客和嘉宾感受博大精深的中华文化和辉煌灿烂的中华文明。

在博物馆对外文化交流的志愿团队中，既有高校师生，也有在职场打拼的优秀人士，还出现了越来越多的"洋面孔"。这些外语流利的文化志愿者，活跃在博物馆内，成为传播中华历史文化的友好使者，发挥博物馆在弘扬中国精神、讲述中国故事、传播中华文化、塑造中国形象方面的独特作用。例如，宁波博物馆组建了一支以宁波诺丁汉大学 150 名外籍师生为骨干的国际化志愿者队伍，让他们成为宁波博物馆与各国文化交流的使者。

博物馆志愿服务的国际化也注重扩大与国外博物馆志愿组织的联系与交流。例如，西安的汉阳陵博物馆与英国 I-TO-I 国际志愿者服务机构开展合作，该机构每年都会选派一定数量的志愿者来汉阳陵博物馆工作，一方面协助该馆的外文翻译校对；另一方面担任外语讲解员的辅导员，帮助讲解员提高英文讲解水平。[①]

志愿服务的国际化，已经成为当今博物馆志愿服务的鲜明特点。

第四节　美术馆领域的志愿服务

美术馆是以收藏、研究和展示中国美术作品为重点的视觉艺术博物馆。在美术馆面向公众开展文化服务中，常常可以看到文化志愿者的身影。

美术馆领域的文化志愿者以他们对艺术的热爱、对社会的奉献精神，在美术馆专业人员的指导下，开展多种形式的志愿服务，与社会公众共享艺术，感受艺术之美。

一、美术馆志愿服务方式

我国美术馆志愿者的服务方式主要涉及展厅导赏、艺术教育活动、现场布展、咨询引导、会员服务等诸多方面，部分志愿者也会从事外文翻译、资料整理、新媒体宣传等。志愿者成为美术馆开展公共文化服务不可或缺的力量。

（一）美术馆展厅导赏志愿服务

美术馆是向公众开放的艺术大课堂，展厅导赏是许多美术馆志愿服务的重要内容。美术馆展示的馆藏美术精品，或者临时的艺术作品展览，为社会公众提供直接面对艺术作品的感受与体验的空间。文化志愿者以丰富的艺术知识、专业的讲解，引导观众进行艺术的欣赏。

志愿者以亲切的形象，向观众介绍艺术家，介绍艺术家创作的充满个性的优秀作品，介绍优秀艺术品鲜为人知的创作过程，帮助观众理解艺术家的艺术理念，理解艺术家的创作意图。通过志愿者讲述的作品背后的动人故事，观众能深入地理解艺术作品的个性魅力，欣赏优秀作品的艺术特点，接受艺术作品的感染与熏陶。

美术馆的展厅导赏工作，离不开志愿者的广泛参与。尤其是当代艺术家作品展出，往往需要互动。例如，当代艺术展中的装置作品，艺术家把观众的参与作为作品的一部分，本身就有互动性质，需要众多的志愿者帮助观众参与作品的互动，引导观众感

[①]　楼航燕：《博物馆志愿者队伍建设的探索与实践——以中国丝绸博物馆为例》，载《青年与社会》，2013(1)。

受艺术品的不同寻常，享受艺术之美。

无论是当代艺术家作品的展出，还是传统的书画精品展，志愿者的展厅导赏、互动参与，可以使观众通过对艺术的亲身经验和凝神欣赏，提升艺术欣赏中的感悟能力，激发参与热情和鉴赏愿望。而志愿者在美术馆导赏过程中，既能与观众分享艺术欣赏的快乐，也能体验到奉献的快乐和自我成就感。

（二）美术馆教育活动志愿服务

传统意义上的美术馆更重视藏品的收集、展示与研究。20 世纪后半叶以来，作为公益性文化场馆，公共美术馆的社会价值更多地体现在向公众提供优质的文化艺术服务，传播文化艺术知识，以生动形象的方式对公众进行艺术审美教育等。文化志愿者以传播艺术美学、提升公众艺术素养为目的，积极策划并组织实施美术馆的社会教育活动，使美术馆成为市民文化艺术素质的养成场所。

志愿者策划组织的美术馆教育活动志愿服务，比较典型的有中国美术馆"我在中国美术馆过大年：迎春纳福话年画"少儿教育活动、浙江美术馆的暑期"儿童工坊"等。志愿者当主讲人，也是管理者与服务者，吸引少年儿童走进美术馆，参与美术馆的艺术课程。志愿者还策划组织公共艺术教育活动，如邀请设计师来报告厅作分享，组织动漫放映活动等，服务不同的群体。志愿者策划组织的寓教于乐的社会教育活动，使美术馆成为公众享受艺术教育、接受审美教育的文化阵地。

（三）美术馆现场布展志愿服务

美术馆既有固定的展览，又有数量众多的临时展览。因此美术馆的志愿者常常参与现场布展的志愿服务，尤其是当代艺术展览、装置作品制作与布展，更是离不开志愿者的大力帮助。例如纤维艺术展，要布置大的作品，布展耗时长且工作量极大，制作影像作品也需要不少志愿者的帮助。当代艺术展的大部分作品需要现场制作，每件作品都需要数十、上百的志愿者协助。在当代艺术展示中，无论是前期的制作、布展，还是后期的协助，往往只有艺术家带领着众多的志愿者，一起完成作品的制作，进行展厅布置，才能达到理想的展示效果。

离开文化志愿者的协助，美术馆众多临时展览的布置是不可想象的事情。正是由于志愿者在美术馆现场布展中的奉献与付出，美术馆面向公众的艺术欣赏与艺术知识传播功能以及美术馆的公共性和公益性，才得以有效地体现。

（四）美术馆志愿者的会员服务

美术馆的志愿者也会承担会员服务的工作。他们在美术馆专业人员的指导下，从事帮助会员进行网络注册、积分统计、积分兑换等工作，加强与会员的联系与互动，还包括与社会上的机构或厂商联系，物色、获取会员积分兑换的礼品等。

为拓展美术馆的服务范围，让更多的公众走进美术馆，志愿者们走进校园宣传美术馆的艺术服务，在学生中进行会员推广，吸收更多的学生成为美术馆的会员。

美术馆志愿者面向会员开展的常态化服务活动，进一步增强了美术馆对公众的吸引力和凝聚力，让更多公众成为美术馆美育的受益者。

（五）美术馆咨询引导志愿服务

美术馆的各项公共文化服务，旨在吸引公众参与艺术欣赏、传播美育理念。考虑到公众走进美术馆可能需要展厅的指引、信息的咨询等服务，各地美术馆的志愿者往往建立专门的志愿服务团队，负责美术馆的咨询引导志愿服务，方便公众便捷、迅速地获得相应的艺术资讯，熟悉美术馆展厅的方位，走进预定的艺术展览空间，愉快地分享艺术，感受优秀艺术的魅力，领略艺术家的创造活力与灵感。志愿者热情细致的咨询引导服务，使广大公众一走进美术馆，就产生宾至如归的愉悦感受。

二、美术馆志愿服务特点

美术馆领域的文化志愿服务，在服务内容上承担着艺术知识传播与艺术审美教育的责任，在志愿服务中参与性更强，贯穿于从展览前期的制作到后期的互动等各个环节；志愿者队伍年轻化，熟悉互联网技术与相关的艺术技能；同时具有流动性较大等特点。

（一）美术馆志愿服务内容，承担着艺术知识传播与艺术审美教育的责任

美术馆志愿服务的内容，与美术馆的公共性艺术审美教育紧密相关。美术馆作为公共艺术教育的大课堂，在文化志愿者的大力协助下，通过策划组织艺术展览、举办艺术专题讲座、开展社会教育活动等，向公众传播艺术知识，使公众了解艺术史的基础知识，熟悉著名艺术家及其优秀作品，了解不同艺术流派的艺术特征，激发公众对于艺术的兴趣，不断提高公众的艺术鉴赏水平和艺术审美能力。

（二）美术馆志愿者参与性更强，贯穿于当代艺术作品制作、导赏、互动的各个环节

美术馆志愿者参与性是比较强的，这在当代艺术展览中表现得更为显著。不仅仅是展览之前的布展工作，一些大的装置作品，如纤维艺术作品展，不仅需要大量志愿者前期投入时间与精力，协助艺术家进行作品的创作，还需要他们继续参与作品完成后的布展，展览开放时志愿者与观众的互动等。可见，志愿服务几乎贯穿于艺术作品的制作、导赏、互动等各个环节。

（三）美术馆志愿者更年轻，具有较好的外语水平与运用现代信息技术的能力

美术馆的艺术作品展览不局限于中国书画家的优秀作品，也会邀请国外优秀艺术家来中国展出优秀的作品。当代艺术展上的艺术品，其创作者往往来自全球不同的国家，这就要求志愿者具有熟练使用外语的能力，能与国外艺术家进行良好的沟通交流，领会和理解艺术家创作的意图。在艺术品展览的讲解、国外艺术家的讲座中，较好地发挥志愿者的积极作用。这样，在展览导赏服务中，才能准确地传达艺术家的创作意图与作品深刻的内涵。

志愿者也往往是美术馆网络宣传的得力助手。美术馆的志愿者大多是熟练使用现代信息技术、熟悉自媒体运作的年轻人。而当代艺术展的欣赏人群，几乎也都是年轻人，这就需要用年轻人更能接受的自媒体宣传方式，进行具有针对性的宣传推广。

（四）美术馆志愿者流动性较大，不同的艺术项目需要有不同的志愿者

在其他公共文化服务领域，志愿者大多比较稳定，有些图书馆、博物馆领域的志愿者数年如一日参与志愿服务。但美术馆志愿者的流动性较强，这与美术馆的展览与服务工作有密切的关系。

一方面，由于大型装置类、纤维类的当代艺术，现场的制作、展厅的布置，都需要较强的体力；另一方面，中外艺术交流需要外语水平较高的志愿者，因此美术馆的志愿者大多来自于当地的高校。这些大学生志愿者毕业后，有的留在当地工作，有的回到家乡，不能再到当地的美术馆从事志愿服务工作。

同时，由于美术馆展出的艺术品，细分起来类别众多，一般情况下，书法导赏的志愿者不能胜任油画作品的欣赏讲解服务，油画导赏的志愿者不能胜任装置艺术的鉴赏讲解。有时往往某个临时性的艺术展览结束，相关的志愿者服务就结束了。

上述两个原因导致了美术馆志愿者具有流动性较大的特点，与博物馆、图书馆等领域的志愿者队伍相比，其稳定性存在明显的差异。

第五节　文物保护领域的志愿服务

我国是文明古国，中华文明历史悠久、源远流长，留下了璀璨夺目、煌煌大观的文物宝藏。文物是不可再生的珍贵文化资源，分布在全国各地，成为我国人民宝贵的文化遗产和精神财富。

保护好历史文物，就是保存中国的历史、保存城市的文脉。在文物保护工作中，政府及文物保护部门责无旁贷，必须履职尽职。然而仅靠政府文物保护部门的保护，是远远不够的。面对大量的建设、开发等多种人为和自然破坏的因素，加之文物较为分散，日常监督管理任务十分繁重。

因此，文物保护志愿者应势而生，成为我国各地文物保护的重要力量，发挥着积极的作用。近十年来，在文物保护部门的倡导和大力推动下，各地文物保护志愿组织蓬勃兴起，一大批热爱文化、热心文物保护的社会各界人士，纷纷参与到文物保护志愿组织中来。北京、南京、重庆以及福建泉州、辽宁葫芦岛等地文物保护志愿组织广泛招募志愿者，开展文物保护的宣传活动，巡查保护不可移动文物，取得了可喜的成效。

一、文物保护领域的志愿服务方式

文物保护领域里的志愿服务主要围绕着文物保护工作，以常态化的巡查、社会化的宣传等方式，营造文物保护的良好舆论氛围，为我国的文物保护作出宝贵的贡献。

（一）巡查保护不可移动文物

巡查保护不可移动文物已经成为各地文物保护志愿者主要的志愿服务方式。不可移动文物分布广泛，常态化的巡查保护是各地文物保护部门的重要工作职责。文物保护志愿者在文物保护部门的指导下，参与不可移动文物的保护工作，对不可移动文物、地下文物重点保护区以及文物案件易发高发区进行巡查，发现和报告文物安全隐患，制止并举报涉及文物的违法违规行为。

文物保护志愿服务行动不可移动文物巡查的形式有多种，主要有集体巡查、定点巡查、自主巡查，实现文物保护巡查的常态化。无论是集体巡查、定点巡查还是自主巡查，都有具体的规定。

对不可移动文物的集体巡查，是文物保护志愿者组织，制定文物保护巡查的路线，集体参与的巡查活动，由政府文物保护部门提供交通保障等支持。集体巡查的环节，包括行前考察、计划报批、集体行动、现场拍照、交流讨论、活动总结等。

定点巡查是指政府文物保护部门将分布在各处的不可移动文物，确定为定人定期的巡查对象，承接任务的文物保护志愿者按规定时间进行巡查，并及时反馈巡查信息。定点巡查包括现场拍照、隐患记录、图文提交等环节。

自主巡查是指文物保护志愿者根据就近原则对不可移动文物进行志愿巡查，保护文物不受破坏，遇到损害文物的行为及时阻止、及时报告。

文物保护志愿者为政府文物保护部门的执法人员增添了"腿"和"眼"，通过对文物信息、照片的上报，帮助执法人员第一时间掌握相关信息，从而及时制止和查处文物违法行为。

随着文物保护志愿服务的深入开展，参与文物巡查的志愿者不断增加，许多文物保护志愿者积极认领，积极参与到文物保护的行列。

（二）宣传普及文物保护基本知识

在文物保护志愿服务中，进行文物保护宣传，普及文物保护的基本知识，唤起全社会重视文物保护的意识，是各地文物保护志愿服务的重要组成部分。

进行文物保护宣传，既有借助于传统的纸质媒体进行合作的方式；也有借助于新媒体，通过推出文物保护的微信公众号的方式；同时也有通过发放文物保护宣传资料，举办专题讲座等方式。宣传文物保护知识，可以让更多的人认识到文物保护的重要性，自觉地爱护文物，参与到文物保护中来。

运用网络载体，宣传文物保护。文物保护志愿者可以参加广播电台的"对话文物保护志愿者"等直播节目；也可以运营文物保护志愿者微信公众号，发挥移动互联网时代微信的传播优势，通过增强知识性、可读性，提升文物保护微信公众号的吸引力、影响力，让更多的人关注文物保护，宣传文物保护志愿者的工作，激发公众参与文物保护志愿服务的积极性。

加强与纸媒合作，宣传文物保护。文物保护志愿者应保持与传统纸质媒体记者之间的良好沟通，宣传报道文物保护志愿服务的感人事迹，曝光破坏文物、损害文物的违法违规行为，通过传统纸媒及其数字报，持续提升文物保护志愿服务行动的知晓度和影响力。

要之，文物保护志愿者只有将自媒体与传统媒体相结合，广泛宣传文物保护，普及文物保护知识，才能唤起全社会对文物保护工作的重视并取得积极成效。

案例：南京市文物保护志愿服务行动

南京市文物保护志愿服务行动，倡导"奉献、友爱、互助、进步"的志愿精神，凝聚文物保护的各方力量，开展文物保护志愿服务活动，积极构建"保护文物人人有责、文保成果人人共享"的社会氛围。

南京市文物保护志愿服务组织开展常态化的志愿服务。截至 2016 年 12 月，120 名文物保护志愿者的志愿服务时间总计约 27 000 小时。文物保护志愿者提交文物保护巡查表近 2 500 份，报告文物安全隐患或案件线索 180 余件，有力地推动了文物管理和执法工作。

根据文物保护志愿者报告的案件线索，南京市市、区两级文物行政执法机构已办结 4 起文物违法案件，其中两起案件在全国范围内产生较大影响(全国首例对违法当事人采取行政拘留强制措施的"非法拓印涂污南朝墓碑石刻案"，以及"明故宫机场旧址飞行员俱乐部楼被擅自拆除案")。2016 年 2 月 4 日，"明故宫机场旧址飞行员俱乐部楼被擅自拆除案"被国家文物局评为"2014—2015 文物行政执法十大指导性案例"；2015 年 7 月，该案案卷被文化部办公厅评为全国文化市场综合执法"十佳案卷"。

(三)开展文物保护公益活动

我国各地文物保护志愿者重视组织开展文物保护公益活动，努力营造文物保护的社会氛围，推动文物保护成为广大公众的文化自觉。

文物保护志愿者开展文物保护专题公益活动，主要有几种方式：一是在每年的"文化和自然遗产日"，开展文物保护公益活动；二是走进校园、走进社区，开展经常性的文物保护专题活动。

我国于 2005 年决定将每年 6 月的第二个星期六设立为"文化遗产日"，从 2017 年起，"文化遗产日"更名为"文化和自然遗产日"。各地文物保护志愿者以"文化和自然遗产日"为契机，策划组织丰富多彩的文物保护专题活动。在 2018 年的"文化和自然遗产日"，北京文化遗产保护中心等单位举办"我是小小文保志愿者"亲子活动，宣传"保护文物人人有责，守望家园你我同行"的理念，让小小文保志愿者把所学的文化遗产保护知识，传播给更多的同学和家人。

4月18日是"北京文物安全保护志愿者日"，每年"北京文物安全保护志愿者日"到来之际，北京市的文保志愿者都会在有代表性的文物景点同时举行形式多样的文物安全保护宣传活动，向民众宣传文化遗产保护理念。

各地文物保护志愿者组织也积极开展文物保护公益活动，在文物保护点面向公众进行文物保护宣传。南京市文物保护志愿者自2015年以来，分别组织开展了"我爱紫金山"文保行活动、"衔环结草、以报恩德"主题教育活动、愚园开放日文保义务宣传活动、建设南京保卫战遗址公园参政议政活动等一系列公益活动。文物保护志愿者呼吁大家保护文物，人人都做志愿者。

文物保护志愿者还走进校园，举办文物保护知识普及专题讲座，向高校学生、中小学生开展有针对性的文物保护专题讲座，免费发放文物保护宣传品。活动有利于广大学生树立文物保护意识，自觉保护身边的文物。

(四)走街串巷参与文物普查

在文物保护专业人员的指导下，参与文物普查，也是文物保护志愿者的服务方式之一。

一些城市的文物保护志愿者走街串巷，考察和记录城区上百条老街，查询了大量资料，包括街名、历史、名人资料等，梳理老街中可能被文物保护部门疏漏的老建筑、文物，逐一核实每个地名、街巷的位置、历史以及已经公布的文物和建筑。文物保护志愿者已成为我国各地文物保护工作的重要力量，成为文物保护专业队伍的重要补充。

二、文物保护领域的志愿服务特点

文物保护领域的志愿服务工作具有鲜明的特点。首先是文物保护工作的专业性，其次是文物保护志愿服务的社会化、民间性，最后是文物保护志愿服务的常态化。

(一)文物保护领域志愿服务的专业化特点

文物保护志愿者从事志愿服务，除了对文物充满感情、对文物保护充满热情，还必须具备一定文物保护方面的专业知识。

在文物保护领域的志愿者中，许多人具有一定的专业特长，有的是文史、建筑、规划、考古专业工作者或爱好者，有的是摄影爱好者，可以参与拍摄文物照片，他们都可以利用自己的专业知识为文物保护作贡献。

各地文物保护部门往往重视对志愿者的专业培训，培训的内容主要是古建筑、考古相关专业知识以及文物保护相关法律法规。培训班会邀请古建筑专家、文史专家、文物专家，对文物保护志愿者进行专业培训和文物保护工作的指导，以提升文物保护志愿者的知识水平与能力。

试举一例，即便是记录文物的摄影工作，与摄影创作的要求也有很大的差异。摄影创作强调的是个性化、创造性，而记录文物的摄影有具体的操作规范，除了文物正面照之外，在侧面对文物做记录时，要遵循"35度"角原则；立体文物影像必须影像完整，无明显俯视、仰视变形，每件独立编号的立体文物应拍摄全形图，并酌情拍摄正视、侧视、顶面、底面图像等。

(二)文物保护领域志愿服务的社会化特点

参与文物保护的志愿者来自社会各界，他们对文物保护有着强烈的责任感和使命感，自愿参加各地文物保护志愿服务组织。志愿者当中有专业摄影师、教师、公务员，也有在校学生。他们热爱生活的城市，热爱身边的文物，热心公益事业。

文物保护领域的志愿服务组织，既有政府文物保护专业部门发起招募，组建成立的文物保护志愿服务组织；又有由社会上热心公益、热爱文物的人士发起，到有关部门进行申请登记，接受政府文物保护部门、志愿者组织的工作指导的组织。

在志愿服务过程中，文物保护志愿组织的影响力，通过新闻媒体的宣传，通过微信的传播，为更多的公众所了解，有利于激发人们爱护文物、参与文物保护活动的热情，为文物保护营造了良好的舆论氛围。

(三)文物保护领域志愿服务的常态化特点

文物保护领域志愿服务呈现出常态化的特点。文物保护志愿服务的工作方式，主要是对不可移动的文物进行常规的巡查，包括一月一次的集体巡查，一周一次的定点巡查，以及自主巡查，发现文物保护中的问题，及时反馈联系，协助文物保护部门及时处置涉及文物保护的违法违规行为。文物保护的志愿者巡查工作，构成文物保护志愿者的日常服务内容，构成这个领域志愿服务常态化的特点。

在文物保护志愿服务的常态化运行中，志愿者具有稳定性。只要参与文物保护志愿服务者组织，志愿者们的肩上就多了一份责任感。文物保护部门专业人员的培训，使志愿者熟悉文物保护政策法规、专业知识的同时，增添了一份使命感。通过微信经常交流文物保护志愿服务信息，有利于增进志愿者之间的感情，促进文物保护志愿服务常态化运行、可持续发展。

第六节　乡镇(街道)综合文化站的志愿服务

遍布我国城乡的乡镇(街道)综合文化站，是政府举办的提供公共文化服务、指导基层文化工作、开展文物保护、协助管理农村文化市场的公益性文化事业单位，也是向公众免费开放的公共文化活动场所。

乡镇(街道)综合文化站的主要职能包括：开展图书报刊借阅、时政法制科普教育、文艺演出展览活动、数字文化信息服务、体育健身活动、青少年校外活动等；指导村(社区)文化室和农民自办文化组织建设，辅导和培训群众文艺骨干；开展非物质文化遗产的普查、展示、宣传、传承活动；协助县级文化行政部门开展文物宣传保护工作、文化市场管理监督工作等。

当前人民群众对于美好生活的新期待，使得其精神文化需求更加丰富、更为迫切，然而乡镇(街道)文化站人员编制十分有限。为了破解文化供需之间的矛盾，各地文化站积极开展文化志愿服务，激发群众参与公共文化服务的热情，文化志愿服务组织不断涌现，人民群众的文化获得感也日渐增强。

一、乡镇(街道)综合文化站志愿服务的方式

乡镇(街道)综合文化站的志愿服务，因其服务职能的丰富性，呈现出多样化的方式。

(一)艺术普及志愿服务

文化志愿者参与艺术普及志愿服务，通常有以下方式。

1. 作为文化活动参与主体。这类文化志愿者往往具有较强的文化活动策划能力，熟悉所在乡镇(街道)的文化资源，具有良好的文化艺术素养，是当地的群众文艺骨干。在文艺演出、艺术展览的前期，文化志愿者参与策划、拟订方案。在文化活动实施过程中，不计报酬，乐于奉献，在乡镇(街道)文艺舞台上，展示他们的文艺才能，给当地的群众带来文艺的享受，带来审美的愉悦。

2. 作为基层文艺辅导主体。这类文化志愿者与文化站干部紧密配合，面向乡镇(街道)文艺团队，或者深入社区、村落，利用自己的文艺特长，开展文艺辅导，提升基层群众文艺团队艺术水平，使他们在活跃基层群众文化生活的工作中发挥作用。

(二)文化场馆志愿服务

乡镇(街道)综合文化站通常拥有图书室、文艺培训教室、排练厅等场地，有的还拥有影剧院。乡镇(街道)综合文化站的文化志愿者常常参与文化场馆的管理。

文化志愿者穿上志愿者特有的服装，来到综合文化站开展志愿服务。当影剧院放映电影或者举办文艺演出时，文化志愿者都会精神抖擞地站在影剧院门口，维护影剧院的秩序。当图书室对公众进行免费开放时，文化志愿者会走进图书室，协助图书管理员，做好图书整理、读者服务等工作。

文化场馆服务的志愿者不一定要具有文艺专长，只要身体健康，愿意在闲暇时间奉献自己的精力，就可以从事文化场馆的志愿服务工作。

(三)文物保护志愿服务

乡镇(街道)综合文化站工作具有综合性的特点，文物保护也是文化站干部的工作

职责。活跃在综合文化站的文物保护志愿者，通常是热爱文物、富有责任心的公众。他们经过文化干部的专业培训，熟悉当地遗存的历史文物，熟悉文物保护的法律法规，将对历史文化的热爱倾注在文物保护工作中。

这些文物保护志愿者会开展常态化的巡查活动，巡查保护不可移动文物。若发现文物有安全隐患，或者出现涉及文物的违法行为，文物保护志愿者会立即报告有关部门，按一定程序及时进行处置。

(四)阅读推广志愿服务

乡镇(街道)综合文化站的图书借阅服务，想要提高读者数量，增加图书借阅数量，营造全民阅读的良好氛围，就必须重视做好阅读推广工作。

阅读推广志愿服务，往往招募热爱阅读的热心人士组建阅读推广志愿团队，针对当地不同群体潜在的阅读需求，或开展阅读分享、新书导读活动，或组织举办朗诵活动，或面向少年儿童，组织开展亲子阅读等。

乡镇(街道)综合文化站的阅读推广志愿服务，通常以文化志愿者为主体，以乡镇图书室为阅读推广的场地，开展各类阅读推广活动，为建设书香社会作出自己的贡献。

案例：重庆市渝北区龙塔街道组织开展"e 时代"志愿服务活动

2020 年 1 月 23 日，重庆市渝北区龙塔街道龙塔社区在养老助残服务站为辖区老人开展"常青 e 路，智能方便生活"的培训活动。

智能手机慢慢地成了人们的"掌上电脑"，人们走到哪里，就使用到哪里。为了让老年人也能跟上"e 时代"的脚步，龙塔街道文化志愿者为辖区老人们深入浅出地讲解如何使用各类手机 APP，帮助老人体验智能手机带来的便捷。培训内容主要聚焦日常生活、旅游攻略、休闲娱乐三个方面，帮助老年朋友熟悉线上打车、手机话费充值、生活缴费、扫码乘坐公交等。社区李阿姨开心地说："家里孩子都直接用手机打车出门了，我也不懂。后来社区组织学习手机使用，就讲到了怎么用手机打车，还讲了怎么点外卖。现在我也会了。"

二、乡镇(街道)综合文化站志愿服务特点

乡镇(街道)综合文化站组织开展的志愿服务，具有志愿服务方式多样、文化志愿者多为"草根"等特点。

(一)志愿服务方式的多样性

乡镇(街道)文化站工作职能的综合性，决定了文化站志愿服务方式的多样性。文化站志愿服务涉及开展文艺活动、辅导文艺团队、图书阅读推广、乡镇文物保护、文化场馆管理等众多方面，呈现出多样性的特点。

文化站志愿服务方式的多样性，要求在招募文化志愿者的时候，充分考虑到志愿

服务工作的内容，分别进行招募。在文化志愿者培训过程中，既要进行文化志愿服务的通识培训，又要重视对不同类型文化志愿服务的专题培训。

(二)文化志愿者的草根性

在我国广大的城市里，聚集着众多的文化资源，包括文化人才资源。文化志愿者的学历水平、文化素养、艺术水平，远远高于农村地区，组织招募文化志愿者，报名的人数也往往更多。但在农村地区，有文化情怀、文化素养和艺术专长的人员十分有限。乡镇文化站志愿者的文化素养、艺术水平虽然不算高，但其扎根于乡村，参与乡镇文化站公共文化服务，具有稳定性、可持续性，有利于广大基层群众就近、便捷地享受文化志愿服务。

第七节 非物质文化遗产保护领域的志愿服务

非物质文化遗产是人类的无形文化遗产，是最古老也是最鲜活的文化历史传统，是具有重要价值的文化资源。各级文化馆、非物质文化遗产保护中心积极组织招募文化志愿者，开展非物质文化遗产的搜集、整理、保护与传承工作，推进非物质文化遗产保护与传承。

一、非物质文化遗产保护领域志愿服务方式

我国非物质文化遗产保护领域的志愿服务，主要有非物质文化遗产的普查、传承与讲解等方式。

(一)非物质文化遗产的普查志愿服务

非物质文化遗产分布在我国广袤的大地上，要摸清家底，开展普查工作，需要大量的人手，光靠有限的文化人员是远远不够的。因此，一些文化志愿服务组织与志愿者也会积极参与非物质文化遗产的普查工作，在文化馆和非物质文化遗产保护中心业务人员的带领指导下，走进古老的村落，走进千家万户，搜集非物质文化遗产资源，进行文字、声音、图像等记录，及时进行整理、归类、存档，为非物质文化遗产的保护与传承，做好基础性的工作。

(二)非物质文化遗产的传承志愿服务

非物质文化遗产是不脱离民族的日常生活生产方式，是民族个性、民族审美习惯的文化呈现。许多非物质文化遗产依托于传承人，以技艺、声音、形象为表现手段，以身口相传作为文化链而得以延续。在非物质文化遗产传承过程中，人的传承就显得尤为重要。在一些地方，非物质文化遗产传承人作为文化志愿者，配合文化馆和非物质文化遗产保护中心，走进文化场馆，走进校园，开展非物质文化遗产展示与传承活

动，展示非物质文化遗产的独特魅力，传承和保护非物质文化遗产。

(三)非物质文化遗产展示馆的讲解志愿服务

非物质文化遗产展示馆的讲解志愿服务是文化志愿服务组织和文化志愿者，在文化馆、非物质文化遗产中心建立的非物质文化遗产展示馆等场所开展的非物质文化遗产方面的普及性讲解，旨在向公众生动地讲解当地富有特色的非物质文化遗产，宣传非物质文化遗产保护与传承的意义。

非物质文化遗产展示馆的讲解志愿服务，要求文化志愿者热爱优秀传统文化，对当地非物质文化遗产满怀热情，熟悉展馆内的非物质文化遗产。

案例：温州市非物质文化遗产保护志愿团

2014年6月成立的温州非物质文化遗产保护志愿团的志愿者中，既有中小学教师、记者，也有专家学者、文化工作者，年龄在30岁至40岁之间。

每个周末，志愿者们轮流到非物质文化遗产馆值班，甚至节假日也不例外。

有一次，温州市非物质文化遗产中心得知将有60多名德国学生参观非物质文化遗产馆，依靠非物质文化遗产馆仅有的一位英语讲解员是远远不够的。仅仅一天时间，非物质文化遗产志愿团国际部就招募了20多位外语人才。志愿者们策划制作德语显示屏，翻译讲解文字，做好德语导览，让德国学生感受到温州非物质文化遗产的独特魅力。

加强宣传是志愿团的工作重心。温州市非物质文化遗产馆文化志愿者运作推广"温州非物质文化遗产"微信公众号，开展非物质文化遗产朗诵会、非物质文化遗产摄影展，做好《东瓯遗韵——温州市非物质文化遗产大观(三)》文字编辑及校对工作，编印《非物质文化遗产讲解培训读本》《非物质文化遗产宣传手册》。温州市非物质文化遗产中心负责人说："志愿者们不仅积极热情，乐于奉献，还能想我们之所未想，我为这支团队感到深深的自豪。"

志愿团还通过举办非物质文化遗产沙龙、非物质文化遗产论坛、"我为温州非物质文化遗产代言"讲解PK赛、为志愿者每两个月安排一次主题讲座、组织志愿团赴杭州等地考察等形式，不断加强队伍建设。

志愿者们对于非物质文化遗产的热爱发自内心，对于非物质文化遗产知识的渴望也溢于言表。非物质文化遗产志愿者微信群每天都很热闹，大家在群里讨论传统文化知识，分享非物质文化遗产学习资料，形成了积极向上的学习氛围。

志愿团组织多项省内考察活动，赴苍南非物质文化遗产馆、博物馆考察；组建非物质文化遗产讲师团队伍，精心制作非物质文化遗产课程课件，全年完成15次左右的非物质文化遗产进校园讲座。

二、非物质文化遗产保护领域志愿服务特点

非物质文化遗产保护领域的志愿服务，其内容聚焦非物质文化遗产的宣传、保护与传承，具有以下几个方面的特点。

(一)文化志愿服务内容聚焦非物质文化遗产宣传

非物质文化遗产保护志愿者立足于非物质文化遗产展示场馆开展志愿服务，普及非物质文化遗产知识，志愿服务聚焦于列入各级非物质文化遗产的民族民间艺术、传统技艺、医药、传统礼仪、节庆等，以及传统口头文学以及作为其载体的语言，让广大公众了解当地的非物质文化遗产，进而热爱优秀的传统文化。非物质文化遗产志愿者通过组织开展多种形式的志愿服务，提高非物质文化遗产的认知度，让非物质文化遗产走进百姓，走进现代生活，促使人们关注非物质文化遗产，推动非物质文化遗产的保护与传承。

(二)文化志愿服务人员具备非物质文化遗产知识

这些文化志愿者往往经过文化馆、非物质文化遗产中心组织的专业培训，具有比较丰富的非物质文化遗产知识，对当地非物质文化遗产如数家珍。在非物质文化遗产展示场馆的讲解服务中，他们胸有成竹，得心应手，让走进非物质文化遗产展示场馆的公众有不虚此行的感受，增进了对非物质文化遗产的了解，同时为我国优秀传统文化、传统技艺深感自豪。

(三)非物质文化遗产传承人加入文化志愿者队伍

非物质文化遗产的传承和发扬离不开传承人的作用。在文化馆、非物质文化遗产保护中心的组织发动下，一些非物质文化遗产传承人也作为文化志愿者，参与到志愿服务中来。这些身怀绝技的传承人，怀着对非物质文化遗产的热爱，走进非物质文化遗产场馆，走进校园，走进文化活动现场，进行非物质文化遗产项目的动态展示与讲解，并手把手现场指导。非物质文化遗产传承人的言传身教，以及他们对于优秀传统文化、传统技艺的热爱，感染着更多的人关注非物质文化遗产，参与非物质文化遗产传承活动。

第八节　旅游领域的志愿服务

旅游志愿服务以旅游景区为主要服务区域，以满足旅游者的旅游活动需求，提升旅游服务体验为目的，在文明引导、旅游咨询、游览讲解、质量监督、应急救援等方面，提供公益性服务。

中国旅游志愿者秉承奉献真诚、帮助他人、服务社会的原则，践行志愿精神，传

播优秀旅游文化，弘扬社会主义精神文明，对于进一步提升我国公民旅游文明素质，营造优良的旅游文化环境，打造社会文明新风尚，培养和践行社会主义核心价值观，有着重要的意义。

一、旅游领域的志愿服务方式

旅游领域的志愿服务，与当地的旅游事业发展有着密切的联系。越是旅游推广卓有成效、旅游业蓬勃发展的地方，旅游志愿服务越是呈现出积极发展的趋势。旅游领域的志愿服务方式，主要有旅游推介、旅游咨询、文明引导、游览讲解、应急救援、旅游质量监督等。

(一)旅游推介志愿服务

旅游推介志愿服务，主要是在旅游景区、旅游地的车站、广场、机场等人员密集场所，有组织地开展旅游宣传推广的公益服务。例如，以发放当地旅游宣传品等方式，让更多的公众了解和熟悉当地旅游资源，提升当地旅游的知名度和美誉度，吸引更多的游客走进景区，感受自然风景和人文风情，享受当地的旅游服务。

旅游推介志愿服务除了开展旅游宣传推广公益服务，还包括为当地举办的旅游展会、旅游赛事、旅游节庆等各类重大旅游活动，从事的会务保障、礼仪接待、宾客引导、秩序维护等方面的相关工作。

(二)旅游咨询志愿服务

从事旅游咨询志愿服务的志愿者，主要在景区设立的志愿服务咨询点提供微笑服务，热情地为游客解答疑惑，回应游客有关景区景点、旅游线路、乘车引导、饮食以及卫生设施等方面的咨询。

在一些旅游目的地，旅游咨询志愿服务还面向国外的游客朋友，把旅游景点及相关信息，用外语清楚准确地传达给外国游客，使游客产生宾至如归的旅游体验。

(三)文明引导志愿服务

旅游志愿者开展的文明引导志愿服务，包括向游客宣传文明旅游，发放文明旅游手册，讲解文明旅游知识，以及对游客进行宣传引导、劝导、提醒，对不文明行为进行劝阻等。以期引导广大游客文明出游，以旅游志愿服务带动文明旅游。为提升当地的旅游品牌形象，建设文明美好的旅游环境作出积极贡献。

(四)游览讲解志愿服务

游览讲解志愿服务，是旅游志愿者在景区、博物馆等开展的公益服务。旅游志愿者用通俗易懂的语言，向游客介绍景区概况和人文典故，加强游客对旅游景区的了解和对景区历史文化的认识。

游览讲解志愿服务，不仅仅局限于景区的讲解服务，还包括纪念馆、博物馆等场馆的游览义务讲解服务。

(五)景区应急救援志愿服务

景区应急救援志愿服务，指的是在旅游景区组织专业志愿人员，开展的扶老携幼、安全提示、医疗救助、紧急救援等志愿服务活动。除了特殊群体帮扶志愿服务，应急志愿服务人员大多具有一定的专业能力，如专业的医务人员利用业余时间参加应急志愿服务，协助应对景区里突发的安全事件。

(六)旅游质量监督志愿服务

旅游质量监督志愿者在接受专业培训后，会开展各类调查和暗访活动，协助旅游主管部门全面、客观、及时地评价，监督旅游经营者、旅游从业人员的行为，以及各级旅游部门的工作。从而营造规范有序的旅游市场环境，提升旅游服务质量，促进旅游业持续健康发展。

案例：济南"旅游啄木鸟"志愿服务

2016年4月，《济南日报》面向社会公开招募旅游服务质量社会监督员，百余名市民踊跃加入，成为首批原济南市旅游发展委员会聘请的旅游服务质量社会监督员。这支由爱好旅游、富有爱心和奉献精神的社会人士组成的志愿服务团队，后来有了一个好听的名字——济南"旅游啄木鸟"。截至2019年12月，这支以营造更好的旅游环境为职责和使命的专业化志愿服务团队累计注册志愿者1 011人，旅游志愿服务遍及机场、火车站及景区、旅行社、星级酒店。

济南"旅游啄木鸟"志愿者每年组织开展"百日巡访"主题行动，从查旅行社到巡访景区，再到济南"一湖一环"大巡访，尤其是在2017年济南创建全国文明城市的大巡访中，"旅游啄木鸟"们冒着酷暑遍查了全市600多家旅行社、网点及近百家星级酒店。对于寻访监督过程中发现的问题，及时与旅行社、星级酒店负责人沟通，要求整改。志愿者们还利用《济南日报》、微信公众号、QQ群等渠道，及时将巡访结果反馈给相关单位。

2019年农历大年初一到初六，济南"旅游啄木鸟"近300人分成几个小组，深入大明湖、千佛山、趵突泉、芙蓉街、五龙潭等主要景区，他们接受游客求助、捡拾沿途垃圾，并向景区反馈游客意见建议和安全隐患。

济南"旅游啄木鸟"志愿服务活动已经成为当地旅游志愿服务品牌，多次在央视和省市电视台的新闻报道中亮相，先后获得"中国旅游志愿服务先锋组织""山东省最佳志愿服务组织""济南市最佳志愿服务组织"等称号，团队中的50余名志愿者获得国家级和省市级表彰。

二、旅游领域的志愿服务特点

(一)旅游领域的志愿服务由政府主导

旅游领域的志愿服务，主要由各级旅游部门组织推动，开展旅游志愿者宣传发动和招募工作。通过新闻媒体、宣传进社区等形式，广泛宣传旅游志愿者服务活动的目的意义，积极动员城市志愿者、团体志愿者、旅游行业从业人员注册成为旅游志愿者。旅游志愿者招募，重点在旅游行业主管部门、旅游企业以及旅游院校中组织开展，所有志愿者在中国旅游志愿者管理信息服务平台完成注册工作，并按照志愿者制度进行专业化、规范化管理。

(二)旅游领域志愿服务时间集中在节假日

旅游领域的志愿服务在服务时间上有鲜明的特点，即集中在"十一"旅游黄金周、节假日等旅游旺季。在重点旅游景区、旅游集散场所，组织开展一定规模的旅游志愿服务活动，提供旅游宣传、旅游咨询、景点导游、应急救助、质量监督等服务，展示旅游志愿服务组织在倡导文明旅游方面的积极作用。

(三)旅游志愿服务内容较为宽泛

每当"十一"旅游黄金周和其他节假日等旅游旺季，在旅游志愿服务组织的积极组织下，许多志愿者踊跃参与旅游志愿活动。旅游志愿服务内容多样，开展以热情服务、义务咨询、医疗救助、文明引导、秩序维护、应急救助、质量监督为重点的志愿服务活动。旅游志愿者服务工作内容较为宽泛，覆盖咨询、接待、交通、安全等旅游服务的各个方面。

【思考题】

1. 试从文化馆、图书馆、博物馆、美术馆等文化志愿服务领域中，选择一个领域，谈谈文化志愿服务的方式与特点。

2. 文物保护领域的文化志愿服务有一定的特殊性，请回答文物保护领域文化志愿服务的方式及特点。

3. 结合你所在领域文化志愿服务的方式与特点，谈谈如何依托公共文化设施或旅游景区开展学雷锋志愿服务活动。

第六章　文化和旅游志愿服务项目的策划实施

【目标与任务】

通过本章学习，了解文化和旅游志愿服务项目策划、实施与评估的工作流程，掌握文化和旅游志愿服务项目需求调研的方法与步骤，熟悉文化和旅游志愿服务项目策划流程，熟练掌握文化和旅游志愿服务项目实施过程的管理，掌握文化和旅游志愿服务项目评价的内容与评估方法，能根据文化和旅游志愿服务对象的需求和志愿服务组织的定位，策划实施文化和旅游志愿服务项目。

在全国文化和旅游志愿服务实践中，涌现出许多有影响的文化和旅游志愿服务项目。文化和旅游志愿服务的项目化，已成为各地推进文化和旅游志愿服务的有效方式。

本章主要从文化和旅游志愿服务项目的调研策划、组织实施、效果评估等几个视角，阐述文化和旅游志愿服务项目的策划实施与管理要点，提供具有操作性的指导建议。

第一节　文化和旅游志愿服务项目的策划

文化和旅游志愿服务项目化运行，是文化和旅游志愿服务实践中采用的常见方式，也是志愿服务运作的发展趋势。

凡事预则立，文化和旅游志愿服务项目能否实施成功，与志愿服务项目实施前的策划紧密相关。"运筹帷幄之中，决胜千里之外"，好的文化和旅游志愿服务项目的策划，往往能起到事半功倍的效果。因此，必须高度重视文化和旅游志愿服务项目的策划工作。

在策划文化和旅游志愿服务项目之前，我们必须了解文化和旅游志愿服务项目的概念与基本特征，志愿服务需求如何调研，志愿服务项目的目标如何确定，志愿服务项目的具体策划流程与方法等，这样才能循序渐进，做到心中有数。

一、文化和旅游志愿服务项目的概念与特征

(一)文化和旅游志愿服务项目的概念

文化和旅游志愿服务组织在志愿服务实践中，应借鉴项目管理方法，对文化和旅游志愿服务进行项目化管理，提高志愿服务效率。

所谓项目，是指一系列独特、复杂且相互关联的活动，这些活动有着一个明确的目标或目的，必须在特定的时间、预算、资源限定内，依据规范完成。

文化和旅游志愿服务项目是指志愿服务组织招募文化和旅游志愿者，通过一系列分工明确、有序推进的文化和旅游志愿服务活动，在特定的时间、经费预算、有限资源内，按照确定的文化和旅游志愿服务规范与要求，完成明确的文化和旅游志愿服务目标。

在文化和旅游领域的志愿服务中，借鉴采用管理科学中的项目管理方法，对文化和旅游志愿服务进行科学管理，加强文化和旅游志愿服务的计划管理、进度控制、绩效评估，已经逐渐成为文化和旅游志愿服务领域普遍使用的方法。

(二)文化和旅游志愿服务项目的特征

文化和旅游志愿服务项目是志愿服务组织策划、实施，为实现预定的文化和旅游志愿服务目标，动员组织文化和旅游志愿者进行的阶段性努力。文化和旅游志愿服务项目具有以下基本特征。

1. 明确的志愿服务目标

无论策划、实施的是哪一类的文化和旅游志愿服务项目，必须有清晰的服务目标。即通过实施这项文化和旅游志愿服务项目，使广大公众或是特殊群体获得什么样的文化艺术享受，获得哪些文化艺术表演或创作的能力，普及了哪些公众希望获得的文化艺术知识，提供了哪些旅游服务。有了明确的志愿服务目标，文化和旅游志愿服务组织以及每个志愿者就会自觉朝着这个目标去努力，以求达到这个目标。

2. 明确的实施时间长度

每个文化和旅游志愿服务项目从策划时就制定了明确的实施时间长度，即必须在某个起止日期里，达到文化和旅游志愿服务项目所预定的各项目标。文化和旅游志愿服务组织必须根据经费预算等现有的资源，组建志愿服务项目团队，分阶段持续推进志愿服务项目，全力以赴，克服困难，在规定的时间里，达到既定的文化和旅游志愿服务目标。

3. 以服务对象为中心

文化和旅游志愿服务项目从策划开始，就必须关注服务对象的文化需求，深入调研需求，明确志愿服务项目的定位，确定文化和旅游志愿服务的目标。项目实施过程中，应关注服务对象的文化感受和旅游体验，改进志愿服务项目的实施方法。项目结

束评估时，必须调研服务对象的满意度，将其作为评估文化和旅游志愿服务项目成功与否的重要标准之一。

4. 服务项目的独特性

文化和旅游志愿服务项目具有独特性，即使是同一类型的文化和旅游志愿服务项目，每个项目在共性中又具有一定的个性特点。文化和旅游志愿服务项目的独特性，或体现在项目服务方式、项目服务对象方面，或体现在文化和旅游志愿服务项目成果方面。文化和旅游志愿服务项目的独特性越强，在成功实施之后，就越具有示范性和引领意义。

案例：浙江美术馆乡村公益项目——"艺游乡里"

"艺游乡里"是"艺术共同体——浙江美术馆公共教育项目合作计划"发起的公共教育项目之一，于2014年正式发起，是一个由志愿者为策划主体，围绕"乡村"主题进行的特别教育项目，数十名志愿者参与了具体项目的策划和实施工作。项目开展以来，通过有效发动艺术专业大学生，整合社会资源的力量，"艺游乡里"项目已经衍生出"艺术教室""乡村艺术公开课""流动美术馆""流动影像站"等多个子项目，分别以乡村中小学、文化礼堂、文化馆为阵地，持续不断地为乡村青少年群体提供高质量的艺术教育服务，累计受益儿童已近62 000人。

从一间教室、一堂公开课、一场展览、一次放映会出发，"艺游乡里"为每一位乡村青少年提供不同的艺术教育产品，并不断在位于城市中心的美术馆内向城市居民分享项目进程和调查报告，发动更多的社会力量加入进来。

"艺游乡里"特别计划的"重返乡村的视野：乡村艺术公开课"还走进了浙江的50多个村落，行程25 000千米，为50名非物质文化传承人完成口述史访谈及建立影像档案；在20个文化礼堂举办乡村艺术公开课，邀请当地835名青少年免费参与，并完成391份乡村青少年艺术教育调查问卷，深入当地青少年乡村艺术及教育机构开设艺术课的基本情况，形成《利用乡村文化礼堂推广特色美术教育活动的可行性报告》。

2017年起，浙江美术馆与嘉善县文广局合作启动"小角见大师"乡村美育志愿者服务项目，充分发挥馆藏资源优势、专业人员优势及美育活动经验优势，通过在乡村文化礼堂建设美育角，流动展出一幅幅优秀的馆藏作品，开展丰富多彩的艺术教育活动。

至2020年年初，"小角见大师"乡村美育志愿者服务项目共培训志愿者150余人，累计开展活动100多场，吸引参加活动村民及儿童1 500余人。此项目充分改变以往招收志愿者的地域局限，从源头改善文化志愿服务的品质，并通过党员志愿者的艺术帮扶、组织培训等方式，让基层文化宣传员全面了解美术馆展陈策划和活动组织的各项流程。志愿者还在当地组织展览进文化礼堂，开展丰富多样的美育体验活动。

(三)优秀文化和旅游志愿服务项目的标准

文化和旅游志愿服务项目策划的成功与否，直接关系到后续的实施效果、服务绩效。如何策划出具有独特性、创新性、可操作性的文化和旅游志愿服务项目？作为文化和旅游志愿服务项目的策划者，必须清楚地了解一个好的志愿服务项目必须具备的几个标准。

一般来说，好的文化和旅游志愿服务项目，必须符合文化和旅游志愿服务对象的文化需求，与文化和旅游志愿服务组织宗旨相吻合，与文化和旅游志愿服务组织的服务能力相适应，并且在文化和旅游志愿服务领域具有一定的创新性。

1. 符合文化和旅游志愿服务对象的需求

我国的文化和旅游公共服务体系建设，目的是保障公众基本的文化权益，提高游客的旅游体验。在文化和旅游志愿服务中，坚持以人民为中心，就是要换位思考，把公众的精神文化需求作为策划文化和旅游志愿服务项目的出发点。文化和旅游志愿服务项目策划是否成功，是否能取得预期的绩效，要由服务对象说了算，看志愿服务项目的服务对象是否受益，把服务对象的满意度作为检验和评价文化和旅游志愿服务项目的重要标准。服务对象的满意度高，则说明文化和旅游志愿服务项目的策划有价值，实施有成效。

2. 与文化和旅游志愿组织的宗旨相吻合

文化和旅游志愿服务项目策划时，一方面要立足公众的文化需求，另一方面须与文化和旅游志愿服务组织的宗旨与使命紧密结合，即面向志愿服务对象提供的服务内容必须与文化和旅游服务有关联，同时是属于该志愿组织所在领域的文化和旅游志愿服务内容。例如，文物保护志愿服务组织策划实施的文化和旅游志愿服务项目必须涉及文物保护的宣传，协助文物保护部门处置损坏文物的各种违法行为等；博物馆志愿服务组织的服务项目往往与弘扬传承历史文化有关。只有根据志愿服务组织的宗旨和使命，量身定做策划实施文化和旅游志愿服务项目，才能保证专业的志愿者做专业的事情。

3. 与文化和旅游志愿组织的服务能力相适应

在策划文化和旅游志愿服务项目时，必须充分考虑文化和旅游志愿服务组织的服务能力，充分考虑项目的可行性和可操作性，根据量力而行的原则，策划、实施文化和旅游志愿服务项目。好的文化和旅游志愿服务项目，不会超出志愿服务组织的服务能力，哪怕志愿服务项目再有创意、目标再激动人心，但如果志愿服务组织本身不具备完成项目的能力，不能从经费、人员以及其他资源方面进行有效的保障，就必须忍痛割爱。脱离志愿服务组织能力水平的文化和旅游志愿服务项目，无论志愿者怎么努力都无法完成，将极大地挫伤志愿者的积极性，影响文化和旅游志愿服务组织的自身形象与社会声誉。

4. 在文化和旅游志愿服务领域有一定的创新性

好的文化和旅游志愿服务项目，既与志愿服务组织的宗旨与使命紧密相关，又在文化和旅游志愿服务领域里有鲜明、独特的个性特点，即具有显著的创新性。文化和旅游志愿服务项目的创新性，可能与服务对象选择有关，但更多的是在选择的文化和旅游志愿服务方式、载体方面的创新。无论是图书馆领域的志愿服务项目，还是文化馆领域的志愿服务项目，更多的是从志愿服务方式、服务载体方面寻找新的创意，提高志愿服务效率。具有创意，同时又有可行性，这样的文化和旅游志愿服务项目才能脱颖而出，成为该领域里具有示范意义的创新项目。

案例：青岛市文化馆"微演艺"文化志愿演出活动

2019年1月17日，山东省青岛市文化馆"微演艺"文化志愿服务小分队走进莱西市院上镇吴格村进行慰问演出活动。当地村民纷纷赶到村头广场观看。文化志愿者们还在现场书写了"福"字、春联送给村民们。

为弘扬文化志愿服务精神，传播先进文化。自2013年起，青岛市文化馆组建了由社会各界文化志愿者组成的志愿团队，开展了文化志愿服务"微演艺"公益演出活动。

该活动主要在人流密集、受众较多的商场、机场、火车站、汽车站、书店、市场等公共场所，以"不期而遇"的形式，让市民在日常生活中与经典文化艺术"美丽邂逅"。该活动的亮点是小创新大惊喜，演出活动演员少，投入少，演出时间短，甚至没有舞台，却能让观众近距离地感受到优秀艺术作品的魅力，社会反响很好。

青岛市文化馆"微演艺"文化志愿服务活动因地制宜，为基层群众提供雅俗共赏、健康向上、喜闻乐见的文艺演出活动。

为让更多群众享受到优质文化资源，青岛市文化馆按照服务内容高端化、服务方式多样化、活动安排常态化的要求，以"微演艺"为主要载体，深入社区、农村、商场等公共场所，全年演出1 100余场。

"微演艺"活动以全新的文化志愿服务形式，助推文化惠民活动的深入开展。

二、文化和旅游志愿服务需求调研

文化和旅游志愿服务项目的成功策划，离不开前期的需求调研。必须运用科学的方法，面向志愿服务领域的公众或特定群体进行调查研究，真切地了解他们的文化需求，为文化和旅游志愿服务项目的策划打下坚实的基础。只有深入调研公众的文化需求，才能确定文化和旅游志愿服务项目的服务对象、服务内容，以及采取的服务方式。

(一)文化和旅游志愿服务需求调研方法

文化和旅游志愿服务需求调研的方法，常见的有文献分析法、问卷调查法、访谈法、观察法等。

1. 文献分析法

文献分析法是调查研究方法之一。与问卷调查法、访谈法、观察法等近距离的调查不同，它实际上是一种间接调查，通过对现有的各种文献、资料进行认真细致的梳理与分析，了解公众普遍的文化需求，了解不同地域、不同群体之间文化需求的差异，根据定性分析、定量分析等手段，力求得出志愿服务对象的文化需求信息。文献分析法的优势在于可以在有限的时间里得到大量的资料与信息，但因为不是第一手的信息，相对来说缺少针对性。

2. 问卷调查法

问卷调查法是调查研究中最为常用的方法。根据预先确定的调查范围与调查群体，精心设计并发放问卷。问题设计要求具有针对性，能够清晰地反映受访对象目前的精神文化生活现状，反映他们内在的文化需求。发放问卷时要充分考虑到调查对象的随机性，但也要适当控制调查对象群体分布的特点，以期通过问卷调查，尽可能得出比较客观的、准确的需求信息。问卷调查的优势在于调查覆盖的范围可以比较广，所获得的信息便于计算机数据处理。

3. 访谈法

访谈法即调研人员与服务对象进行面对面的交流，具体了解受访者文化生活的现状，了解他们对文化生活的需求，希望文化和旅游志愿服务组织提供哪些方面的文化和旅游志愿服务。运用访谈法进行调研时，可以采用标准化访谈和开放式访谈。标准化访谈是按照一个统一标准设计的，访谈对象的选择、访谈的话题以及提问的方式和顺序，都是预先设计的。开放式访谈只是按照调研的目的，以及大致的访谈框架进行，具有一定的开放性，有利于发挥访谈者的主动性，随机应变灵活进行访谈。

无论是采用哪一种访谈法，设计的访谈内容都应能够有效覆盖文化和旅游志愿服务的一些有效信息，访谈的方式与地点也应该在事先的访谈设计中考虑。采用访谈法进行调研，虽然受访对象的数量受到一定限制，然而却可以获得比较丰富的信息，甚至是访谈前根本没有想到的信息。

4. 观察法

调研中采用的观察法，指调研者带着一定的调研任务，深入到公众或者特定的群体中，进行近距离、细心观察，了解受访群体日常的文化生活状况，观察公共文化设施、群众文化活动中不同群体的参与情况。以旁观者的视角进行观察，透过观察到的现象，分析深层次的原因，对广大公众或者特定群体的文化需求做出理性的判断，为策划和实施文化和旅游志愿服务做好准备。

在文化和旅游志愿服务项目策划的前期调研中，上述调查研究方法往往不是单独实施，而是会将几种调查方法有机地组合在一起，发挥几种调查方法各自的优势，力求全面、准确地掌握社会公众或者特定群体的文化需求。

（二）文化和旅游志愿服务需求调研的阶段

文化和旅游志愿服务需求的调研，一般来说可分为准备阶段、调查阶段、研究阶段、总结阶段。

1. 准备阶段

在文化和旅游志愿服务需求调研的准备阶段，首先要确定调研的方向，即选择合适的调研课题。根据调研课题，运用文献查阅法，获取与课题有关的各种文化和旅游志愿服务信息，为调研做好资料上的积累工作。其次要确定调研方案，包括调研的群体、调研方法、参与调研的人员构成等。最后要明确调研的时间进度安排，以及必要的保障条件。

2. 调查阶段

调查阶段最重要的是收集有效的信息。首先，要求调查人员了解本次调查的目的与要求，这样，调查起来就有的放矢，有针对性。其次，要尽可能协调各方面的力量，支持和协助完成调查工作。最后，选取的样本要具有典型性，对调研工作提出质量方面的高要求，确保调查搜集来的信息的有效性。

3. 研究阶段

对于调查收集来的公众或者特定群体的信息资料，首先应进行判断鉴别，剔除无效的信息资料。接下来对信息资料进行统计、分析，运用数据分析方法进行分析研究，判断文化和旅游志愿服务需求的较为准确的信息，为形成总结报告奠定基础。

4. 总结阶段

这个阶段主要是撰写总结报告。根据调查收集的信息资料，通过梳理和研究分析，对调研对象的文化和旅游生活现状有清晰的了解，进而分析他们内在的文化需求，对开展针对性的文化和旅游志愿服务提出具体的建议。

三、文化和旅游志愿服务项目策划

优秀的文化和旅游志愿服务项目要基于公众或特定群体的文化需求，符合文化和旅游志愿服务组织的定位与能力，同时满足文化和旅游志愿者的期待。因此，文化和旅游志愿服务项目的策划必须从调研入手，准确地把握志愿服务对象的文化需求，根据自身的志愿服务定位，确定文化和旅游志愿服务项目的目标和实现途径。

(一)文化和旅游志愿服务需求评估

通常来说，对文化和旅游志愿服务需求的评估，可基于以下四个方面做出具体判断。

1. 对文化和旅游志愿服务领域的总体把握

文化和旅游志愿服务组织在策划设计文化和旅游志愿服务项目时，必须全面分析文化和旅游志愿服务领域的总体情况，即在全国和省内外是否有相关的文化和旅游志愿服务项目，正在策划的文化和旅游志愿服务的项目有什么特点和亮点。如果已经有类似的文化和旅游志愿服务项目，那么即将实施的志愿服务项目有哪些地方可以创新与改进，做得更出色、更有成效？只有站在全国文化和旅游志愿服务视角，掌握比较充分的文化和旅游志愿服务信息，对整个文化领域的志愿服务有总体的把握，知己知彼，才能胜人一筹，走在前列。

2. 文化和旅游志愿组织所拥有的志愿服务力量和资源

无论多么精彩的策划，重要的是最终能够付诸实施，否则就是镜花水月，没有实际意义。因此，文化服务需求评估和志愿服务项目策划都必须充分考虑到文化和旅游志愿服务组织自身的资源，根据自身的服务力量与资源，策划开展文化和旅游志愿服务活动。绝对不能脱离文化和旅游志愿服务组织的能力实际，去从事力不从心的志愿服务工作。有心无力，半途而废，将给文化和旅游志愿服务事业带来消极的影响。只有一切从服务对象的需求出发，从文化和旅游志愿服务组织的实际出发，量力而行，文化和旅游志愿服务才能可持续、健康发展。

3. 公众对文化和旅游志愿服务组织与志愿服务项目的认同感和感知度

在对文化需求进行评估、策划文化和旅游志愿服务项目时，要关注社会公众对即将推出的文化和旅游志愿服务项目是否有较高的认同感，充分考虑新闻媒体对文化和旅游志愿服务项目是否有较高的关注度。社会公众和新闻媒体对文化和旅游志愿服务组织与文化和旅游志愿服务项目有较高的认知度，将会给文化和旅游志愿组织和志愿服务项目带来积极的影响，为招募这个服务项目的文化和旅游志愿者创造有利的条件，进一步扩大文化和旅游志愿服务项目的影响力，在全社会倡导志愿精神和志愿服务意识。

4. 文化和旅游志愿者与服务对象的需求

在策划文化和旅游志愿服务项目的时候，还必须考虑到两个重要的因素，那就是文化和旅游志愿者的心声与服务对象内在的文化需求。志愿服务对象的文化诉求，是文化和旅游志愿服务项目策划的出发点，也是以人民为中心的理念在文化和旅游志愿服务中的充分体现。只有根据服务对象的文化需求，策划开展有针对性的文化和旅游志愿服务项目，志愿服务项目才会取得预期的成功，才会受到人们的欢迎。关注文化和旅游志愿者的需求，是文化和旅游志愿服务项目得以有效推进的前提。文化和旅游志愿者需要一个平台，为社会服务，为他人提供帮助，在文化和旅游志愿服务过程中得到成长，获得成就感和荣誉感。不同的文化和旅游志愿者的专业技能、服务水平各不相同，在志愿服务团队中的作用发挥也不尽相同。在策划文化和旅游志愿服务项目、组建文化和旅游志愿服务团队时，必须充分了解文化和旅游志愿者之间的个性差异，将志愿服务项目的要求与文化和旅游志愿者的需求匹配，才能更好地发挥志愿者文化服务的潜能。

（二）文化和旅游志愿服务项目的开发

文化和旅游志愿服务项目的策划与实施，目的是促进全民共享文化发展成果，推进公共文化服务的均等化。在文化和旅游志愿服务项目的开发过程中，通常会根据公众的文化需求、文化和旅游志愿服务组织的定位，以及文化和旅游志愿者的发展需求，结合文化和旅游志愿服务组织的资源与能力，开发文化和旅游志愿服务项目。

1. 根据文化需求开发志愿服务项目

策划文化和旅游志愿服务项目时，公众的文化需求是策划者首先要充分考虑的。文化和旅游志愿服务既有面向普通公众的服务，又有面向特定群体的有针对性的志愿服务，因此无论开发哪一类的文化和旅游志愿服务项目，都必须根据服务对象的文化需求，开发具有可行性的志愿服务项目。文化和旅游志愿服务项目的开发有三个重点类型，即面向特殊困难群体、面向老年人和少年儿童群体以及面向普通公众策划开发的志愿服务项目。

（1）面向特殊困难群体的项目

当前我国文化和旅游志愿服务中，各地文化和旅游志愿服务组织对特殊困难群体的文化需求给予了充分的关注。这是实践以人民为中心的服务理念，促进公共文化服务的均等化的必然要求。

由于残疾人在听力、视力等方面存在缺陷，不能像身体健康的人那样参与群众文化活动，享受政府文化部门的文化和旅游公共服务。但是他们渴望享受各种文化生活，参与文化艺术创造，体验旅游景区自然和人文风景。因此，针对视障人群，在图书馆服务中可以推出有声朗读志愿服务，招募志愿者制作盲文读物；针对听障人群，可以策划开发绘画、书法、摄影等视觉艺术的培训，推出优秀的书画摄影作品，或组织舞蹈艺术爱好者创作排练舞蹈作品等。

外来务工人员为城市建设作出贡献，然而他们的文化生活相对比较贫乏，因而成为文化和旅游志愿服务的主要对象之一。各地文化和旅游服务志愿组织立足公共文化设施，开发面向外来务工人员的志愿服务项目，如招募外来务工人员群体中的文艺爱好者组建艺术团，面向外来务工人员进行文艺慰问演出，在外来务工人员群体中开展推广活动等，努力丰富他们的业余文化生活。

（2）面向少年儿童、老年人群体的项目

少年儿童是国家的未来，是充满希望的群体，也是公共文化服务的重要群体。文化和旅游志愿服务组织应面向少年儿童，策划开展适合少年儿童年龄特点的志愿服务项目，用优秀的文化艺术滋养少年儿童的心灵。例如，组织导赏美术馆、博物馆的优秀展览，开展"故事妈妈"少儿绘本故事活动，组织文化艺术培训、少儿阅读推广，开展少年儿童文艺大赛发现少儿艺术人才等志愿服务方式。

案例：广东省"志愿童行"亲子文化艺术公益夏令营活动

为了让从其他地方来广州的少年儿童度过一个积极健康而有意义的假期，广东省文化志愿者总队联合广东省文化馆、广东省立中山图书馆、广东省博物馆、广东美术馆共同举办"志愿童行"亲子文化艺术公益夏令营活动。自2016年起在暑假期间定期举办，到2019年已成功举办了四届。

历届夏令营活动学员包括来穗探亲的留守儿童、异地务工人员子女、特困家庭子女等。在文化志愿者们的协助下，学员和家长亲历了体验广东四大文化场馆亲子文化艺术公益之旅。

广东省文化馆的艺术体验 广东省文化馆开展"广东非遗知多少"学习体验活动，组织学员们参观"多彩南粤　魅力非遗"——广东省非物质文化遗产展览，让学员们了解、学习非物质文化遗产的知识，弘扬和传承优秀岭南传统文化；岭南文化主题体验学习——粤剧，让学员们了解粤剧文化，包括发展历程、妆容、服饰、头饰等，家长和孩子可以现场观看粤剧表演，共同绘制脸谱，享受难得的亲子时光，感受粤剧非物质文化遗产的艺术魅力。为隆重庆祝中华人民共和国成立70周年，广东省文化馆还播放红色电影，组织学员们开展红色故事会，讲述发生在南粤大地上的红色故事，大力弘扬革命精神。

广东省立中山图书馆的精彩"粤"读 广东省立中山图书馆开展"走进中图"专场活动，通过"阅读＋自然"的趣味定向主题活动，以新颖的形式、活泼的内容，让孩子与家长感受图书馆、了解图书馆，同时愉悦身心，享受阳光与大自然，体验阅读和运动的乐趣；"书香古韵——中华古籍之魅力"体验活动让孩子和家长一同观赏古籍修复演示，并尝试雕版印刷、线装书装订、碑石传拓等技艺，通过活动普及古籍修复知识，激发古籍保护意识。

广东美术馆的趣味创意 广东美术馆邀请展览策展助理和公共教育专员带领学员观看展览，让学员通过艺术欣赏活动，感受到真善美的熏陶和感染，引导学员发现并提出问题，鼓励学员进行发散思维，增加对美术馆的亲切感。其中的拼图识画游戏，利用拼图游戏的特点引导学员对作品细节进行观察，让学员细看馆藏艺术珍品，在宣传馆藏的同时增进亲子互动。

广东省博物馆的探秘岭南 广东省博物馆举办了多场主题展览。"大海道——'南宋Ⅰ号'沉船与南宋海贸"展览，让学员了解这艘中国水下考古界第一艘，也是世界上第一艘"整体打捞出水"的沉船，并手工体验"水手结——解不开的结"。"群龙出没——恐龙时代大穿越"展览以"穿越"为主线，带领学员换个角度走进奇妙的恐龙世界。运用高科技手段，在提升展览的观赏性、趣味性的同时，传播与恐龙有关的科学知识。"有得一拼，拆装恐龙"现场活动，利用双脊龙骨架，让学员观察事先拆下的骨头，引导学员找出骨架所在位置，在志愿者和家长的协助下，共同完成恐龙骨架拼接。

"志愿童行"亲子文化艺术公益夏令营活动针对留守儿童这个特殊群体，开展丰富多彩的夏令营活动，着重亲子互动，通过手工制作和游戏的方式，让家长有更多的机会与孩子对话、聆听孩子的心声，加强父母与孩子之间的沟通，增进了相互间的感情。

广东省文化志愿者总队开展的"志愿童行"亲子文化艺术公益夏令营活动起到了很好的示范引导作用，深圳、东莞等地也开展了类似活动，如深圳市宝安区福永街道的关爱留守儿童"爱心驿站"活动、东莞市的"小手牵大手，大手牵小手"系列文化志愿服务活动等。

中国已经进入老龄化社会，老年群体有较强烈的文化需求，然而一些城市的老年大学文化艺术类的培训班经常出现报不上名的情况。基于此，各地文化和旅游志愿组织针对老年群体，策划开发文化和旅游志愿服务项目，并取得了一定的成效。这些文化志愿服务项目涵盖了文化馆、图书馆、博物馆、美术馆、旅游景区等文化和旅游服务领域，形成了不少文化和旅游志愿服务示范项目。

（3）面向大多数公众的项目

各地文化和旅游志愿组织策划开发的文化和旅游志愿服务项目，既有面向特定群体的有针对性的文化和旅游志愿服务，又有面向大多数公众的普惠性志愿服务。这些志愿服务包括公共文化场馆的咨询引导，公共文化服务单位的文化艺术讲座，博物馆、美术馆的展览导赏，文化馆组织的文化志愿服务演出，还有大型活动的文化志愿服务、文明引导志愿服务等。

2. 根据志愿服务组织的定位开发志愿服务项目

文化和旅游志愿服务组织的定位，与志愿服务项目的开发有着直接的关联。一般来说，文化和旅游志愿服务组织会根据自身的定位与组织的使命，结合调研得到的文化需求信息，分析、评估并最终确定文化和旅游志愿服务项目。

就文化领域的志愿服务组织而言，由于定位的不同，各志愿服务组织的使命和服务类型也就不同。例如，文化馆领域的志愿服务组织的使命是推动全民艺术普及，图书馆领域志愿服务组织的使命是倡导全民阅读，文物保护领域志愿服务组织的任务主要是宣传文物知识、保护好文物等。正是因为志愿服务组织的定位各不相同，志愿服务项目开发的方向与服务对象也会有显著差异。

志愿服务组织定位的差异，也决定了这些文化和旅游志愿服务组织所拥有的文化人才、文化资源存在着显著的区别。志愿服务组织都是根据自身的定位来招募文化和旅游志愿者的，特别是有一定知识与技能的文化和旅游志愿者，因此不同服务领域的志愿组织拥有各自的文化人才与资源优势。在开发文化和旅游志愿服务项目时，只有根据志愿者组织的定位来开发志愿服务项目，才能扬长避短，充分发挥优势。

3. 根据志愿者发展需求开发志愿服务项目

文化和旅游志愿者是具有志愿服务精神，愿意以自己的时间和精力、自身的文化艺术专长服务公众、服务他人，促进文化和旅游公共服务发展的人。在文化和旅游志愿服务中，志愿者奉献爱心，收获快乐。他们用积极阳光的生活态度，乐于助人的奉献精神，以及文化艺术专业技能和旅游服务能力，给文化和旅游志愿服务和志愿服务组织带来良好的社会声誉。

在文化和旅游志愿服务项目开发中，必须关注志愿者的发展需求，根据文化和旅游志愿者个体的特点，合理安排志愿者在志愿服务项目中的角色，满足他们在文化和旅游志愿服务项目中的心理需求。

(1)合理安排志愿者在志愿服务项目中的角色

在文化和旅游志愿服务组织内部，所有的志愿者都具有志愿精神和奉献精神，但是个体之间在文化艺术素养、艺术水平、服务能力和管理能力等方面，往往存在着一定的差异。有些志愿者拥有较强的文化艺术技能，但可能在组织管理方面能力稍弱；有些志愿者擅长志愿活动的策划组织，具有号召力和影响力。在开发文化和旅游志愿服务项目时，要充分考虑文化和旅游志愿者的能力与个性特点，科学地安排他们在文化和旅游志愿服务项目中的角色，让擅长组织管理的做项目管理者，具有较强文化艺术技能的从事专业方面的志愿服务，努力把每个志愿者安排到最适合的位置，发挥他们更大的作用。

(2)充分关注志愿者在志愿服务项目中的需求

文化和旅游志愿者参与志愿服务项目，享受服务他人、服务社会所获得的精神上的满足与快乐，能够增强他们的社会责任感和自豪感，促进他们的个人发展。因此，在志愿服务项目开发时，要关注文化和旅游志愿者的精神需求，建立有效的激励机制，及时肯定、表彰优秀的文化和旅游志愿者，为他们个人发展，包括社会交往、自我成长、积累社会经验、获得真挚情谊等，创造有利条件。

(三)文化和旅游志愿服务项目策划流程

文化和旅游志愿服务项目策划，其流程主要有以下几个环节。

1. 建立策划团队

文化和旅游志愿服务项目在策划之初，通常成立策划团队，共同策划商讨文化和旅游志愿服务项目。建立策划团队的优点在于能够集思广益，"三个臭皮匠，顶个诸葛亮"，团队成员心往一处想，劲往一处使，运用"头脑风暴法"，往往能够激发大家的策划灵感，不断完善志愿服务项目的策划方案。

2. 进行科学评估

进入策划环节后，首先必须对服务对象的文化需求进行评估，还要评估文化和旅游志愿服务组织所拥有的文化资源及实际能力，是否足以承担起志愿服务项目。评估文化需求，一般要与文化和旅游志愿服务组织的定位与使命相结合，同时应对文化和旅游志愿服务组织进行客观评估，评估的主要内容有：志愿服务组织的文化和旅游资源、专业优势是什么？是否在某个文化和旅游志愿服务领域具有一定的竞争力？志愿服务组织的劣势是什么？志愿者在服务项目中应如何发挥作用，才能达成志愿服务项目预定的目标？

3. 设立清晰目标

在文化和旅游志愿服务项目策划中，最为重要的是确定清晰的志愿服务目标，即文化和旅游志愿者需要在哪个时段内，完成什么样的预定目标。设立的志愿服务项目的目标必须清晰，明白无误，具有可行性，便于实际操作。

4. 确定活动主体

策划团队根据清晰的志愿服务目标，确定文化和旅游志愿服务活动的形式、内容，是面向听障人群中摄影爱好者的摄影艺术培训，还是针对盲人的有声朗读服务？是为老年人量身打造的文艺演出服务，还是面向少年儿童的绘本故事会？确定活动的形式和内容时，必须将之与志愿服务组织的定位、志愿服务项目的目标紧密关联。文化和旅游志愿服务活动要力求创新，务求实效。

5. 确定项目方案

根据文化和旅游志愿服务活动的规模、所要达成的服务目标，明确文化和旅游志愿服务项目是常态化的志愿服务活动，还是阶段性的文化和旅游志愿服务。必须充分考虑到文化和旅游志愿组织现有的文化资源、人员力量，确定整个文化和旅游志愿服务活动的时间长度与工作进度，设计项目运行的机构，明确组织开展文化和旅游志愿服务项目所必需的经费保障、安全保障、组织保障、后勤保障等。要根据文化和旅游志愿服务项目的特点，制订志愿服务活动的预案。

6. 撰写项目策划书

撰写项目策划书，就是把策划形成的文化和旅游志愿服务项目形成书面文字，记录下来。文化和旅游志愿服务项目策划书一般包括以下内容：项目方案名称、项目背景、目的与目标、服务对象、服务方式与内容、志愿者数量、组织管理架构、经费预算、项目风险与对策、项目评估、其他。文化和旅游志愿服务项目策划书要简洁明快、表述准确、逻辑清晰、实用性强。

7. 评估反馈与完善

项目策划书撰写完成后，志愿服务组织应该对文化和旅游志愿服务项目进行认真讨论与评估。评估的内容主要是文化和旅游志愿服务项目是否与志愿服务组织的定位相吻合，是否与志愿服务组织的文化和旅游志愿力量、文化资源相匹配，志愿服务项目是否能在经费、安全等方面得到切实的保障，文化和旅游志愿服务项目的目标最终是否能达成，人员投入、经费投入的效率是否能达到最大化，文化和旅游志愿服务项目是否能取得预期的社会反响等。对文化和旅游志愿服务项目策划书的评估，其目的是评估项目本身的价值，同时对策划方案中不尽完善之处，通过反馈进行修改、完善。

第二节　文化和旅游志愿服务项目的实施

文化和旅游志愿服务项目的具体实施是关键环节，它决定了文化和旅游志愿服务项目是否能达到预期的目标，给社会、给他人带来文化和精神方面的关怀，推进文化和旅游公共服务。

一、制订文化和旅游志愿服务项目实施计划

(一)项目实施计划的概念与内容

1. 项目实施计划的概念

文化和旅游志愿服务项目实施包括了从确定该项目开始，到项目最终达到预定目的和目标，以及完成评估总结的全过程。项目实施计划是根据实施的要求，将文化和旅游志愿服务项目策划进行具体的细化，科学安排和确定合理的工作进度，形成具有可操作性、可执行的方案。项目实施计划要求合理、周密、可行。

2. 项目实施计划的具体内容

文化和旅游志愿服务项目实施计划，包括项目章程、项目实施管理计划、财务管理计划、人力资源管理计划、沟通协调计划、风险管理计划等。

项目章程的主要内容是即将实施的文化和旅游志愿服务项目的背景、意义、目的，预期达到的目标，文化和旅游志愿服务项目团队的组织架构、任务分工，项目的实施进度，以及相关的管理制度等。特别重要的是，要让每一位志愿者都明白这个文化和旅游志愿服务项目的意义，充分激发志愿者参与文化和旅游志愿服务项目的积极性，让他们以满腔的热情投身于志愿服务项目的实施过程中。

实施管理计划包括围绕文化和旅游志愿服务项目所要达到的目标，详细描述文化和旅游志愿服务的方式与内容，推出文化和旅游志愿服务的推进时间，招募文化和旅游志愿者，组建文化和旅游志愿服务项目团队，确定具体的项目责任人，确立志愿服务项目团队运作的制度，对志愿者的培训安排，落实相应的经费、安全、后勤等方面的保障措施。

财务管理计划是针对文化和旅游志愿服务项目设置的目标、投入的志愿者力量、时间的长度，以及后勤、安全等方面的要素，进行经费方面的预算并制定财务管理制度。如果文化和旅游志愿服务项目的经费来自公共文化服务机构，往往要列入年度财务预算，由财务专业人员进行管理，事后进行专业的审计。如果是社会化的文化和旅游志愿服务组织，有独立的账号与财务人员，就更需要有规范的财务管理计划。

文化和旅游志愿服务项目在实施过程中，也可能会出现风险，因此在项目实施计划中，必须高度重视风险管理，制订风险管理预案，充分考虑志愿者参加文化和旅游志愿服务的健康安全方面的风险，为志愿者买好保险，防止意外的发生。

由于文化和旅游志愿服务项目的规模大小不一、志愿者人数多少有别，因此在志愿服务项目的实施计划中，须根据实际情况制订实施计划，因地制宜，务求实用，不必摆花架子。

(二)项目实施计划的制订

1. 项目计划的类型

文化和旅游志愿服务项目计划是进行项目管理的重要内容。文化和旅游志愿服务

项目计划可以分为里程碑计划、项目实施计划、项目进展计划等多种类型。

（1）里程碑计划。里程碑计划往往把文化和旅游志愿服务项目根据设定的目标、完成的时间，制定具体的分阶段实施的时间进度表，在每个时间节点，确定文化和旅游志愿服务项目预定完成的任务。在志愿服务项目实施过程中，对照里程碑计划，可以检查服务进度是否按预期推进。里程碑计划往往以图表方式表示出来，使志愿服务项目的管理者与志愿团队成员能够一目了然。

（2）项目实施计划。关于项目实施计划，前面已经作了比较具体的介绍。主要包括志愿服务项目的目标与任务、时间进度、经费预算以及风险管理等，涉及整个志愿服务项目实施的每个步骤。对照项目实施计划实施有效的管理，能够确保志愿服务项目达到预期的目标。

（3）项目进度计划。就是根据文化和旅游志愿服务项目策划方案中的实施时间跨度，制定项目的具体进度。如果是规模比较大的文化和旅游志愿服务项目，就要既有整体进度计划，又有若干子项目进度计划。

2. 项目实施计划的制订

项目实施计划一般由项目目标、项目内容、任务分解、时间进度等几个方面的内容构成。文化和旅游志愿服务项目实施计划是围绕着预定的项目目标而具体展开的。

（1）项目目标。文化和旅游志愿服务项目实施往往以目标为导向。在制订项目实施计划时，必须对志愿服务项目预期的目标有清楚的表述。如文化和旅游志愿者走进山区，为山区老年人拍照的服务项目，预先设定为 500 位老人拍摄人像照。确定了志愿服务的目标，就有了努力的方向。

（2）项目内容。文化和旅游志愿服务项目的内容，包括志愿服务的对象、志愿服务的地域范围、志愿服务具体任务等要素。例如，文化和旅游志愿服务的对象是外来务工人员、残疾人，或者是少年儿童？服务的方式是面对面朗读，还是开展少儿阅读推广？志愿服务的地点在哪里？同时提出文化和旅游志愿服务的具体要求。

（3）任务分解。为了在设定的时间里有效地完成文化和旅游志愿服务目标，有效的方法就是将志愿服务任务进行分解，将志愿服务项目分解为若干个支项目，将志愿服务项目的目标分解为若干个分任务，分别安排项目团队成员承担相应的任务，明确各自的任务。最常见的就是在文化和旅游志愿服务项目推进过程中，将宣传招募、志愿者培训、志愿服务活动开展等任务，分别落实到相应的职能组中，确保责任到人，分头推进。

（4）时间进度。文化和旅游志愿服务项目的推进，必须有明确的时间表。根据整个项目的时间跨度，制定各项任务的具体完成时间。分解后的各项任务，必须按要求循序渐进。前面的任务若没有按时间进度完成，将会影响后续任务的如期完成。因此，必须遵循设定的时间进度表，严格按计划实施。

二、文化和旅游志愿服务项目实施过程管理

(一)文化和旅游志愿服务项目实施过程管理的概念

从项目付诸实施,到最后完成目标任务,整个执行并完成目标的过程,就是文化和旅游志愿服务项目实施过程。对整个文化和旅游志愿服务项目实施的流程进行科学有效的管理,最终完成预定的项目目标,即项目实施过程管理。

文化和旅游志愿服务项目实施过程管理的重点,首先是志愿服务质量管理,努力提高志愿服务的品质;其次是加强对执行进度的管理,确保在预定的时间里完成项目的任务;最后还应加强服务绩效管理,通过一定的人员、经费投入,产生较高的服务绩效。

(二)文化和旅游志愿服务项目时间进度管理

前文提到,项目实施过程管理中,应把时间进度放在重要的管理位置。通过提高文化和旅游志愿服务绩效,确保在一定的时间内,完成志愿服务项目的目标。

首先,对文化和旅游志愿服务项目的目标与完成的时间认真进行测算。即按照文化和旅游志愿服务团队的服务能力,测算出需要多少数量的文化和旅游志愿者,每天或者每周、每月需要完成多少服务量,才能实现志愿服务项目的总体目标。

其次,编制进度计划。将文化和旅游志愿服务项目的任务分解到项目团队的各个职能组,明确完成的时间进度。在实施过程中,应进行常态化反馈,提醒、督促项目组全体成员强化时间意识,克服困难,按计划积极推进项目的实施。

最后,执行进度计划。设定志愿服务目标,运用里程碑式的进度表,定期对文化和旅游志愿服务项目的进度进行检查。对没有完成计划进度的情况进行反思,分析其中的原因,克服存在的困难,尽力按预定的时间进度,推进文化和旅游志愿服务项目。

此外,在志愿服务项目推进中,如果出现未按预定时间推进的情况,一方面要分析原因,解决存在的问题,消除影响服务进度的各种因素,顺利推进文化和旅游志愿服务项目;另一方面要挖掘潜力,提高效率,力争如期完成文化和旅游志愿服务项目规定的各种目标。

(三)文化和旅游志愿服务项目沟通管理

1. 沟通管理的概念

沟通是人与人之间的信息交流过程,即通过言语或非语言形式交流信息、沟通思想,增进感情。在文化和旅游志愿服务项目管理中,沟通管理是志愿组织提高项目执行力、增强团队凝聚力的重要手段。没有沟通,就没有管理;管理的过程,也就是沟通的过程。通过有效的沟通管理,可以把项目的目标与推进进度准确清晰地传达到团队的每个人,明确各自的职责与任务;通过沟通管理,有利于加强项目团队成员的信息交流,进行项目评估反馈,推进项目目标的顺利完成。

从沟通的形式看，主要有单向沟通、双向沟通，正式沟通、非正式沟通等。

2. 文化和旅游志愿服务项目沟通管理的步骤

(1)项目实施前沟通实施计划。文化和旅游志愿服务项目团队必须建立有效的沟通渠道，将志愿服务项目的目标、进度计划、服务要求等信息，准确无误地传达给项目团队的每一位成员，让志愿服务项目的目标成为每一位团队成员的努力目标，并使其明确自己在这个服务项目中所起的作用。在志愿服务项目实施前，有关项目计划的有效沟通，是确保志愿服务项目成功的关键。

(2)项目实施中有效沟通。在文化和旅游志愿服务项目实施过程中，一方面要在项目团队内部，进行有效的沟通，通过组织架构上的纵向传达和成员之间横向的交流，将项目实施的要求、推进的速度、志愿服务中的专业技巧、服务经验分享等传达给每一位成员。通过团队内部的有效沟通达成共识、形成合力。沟通的方式既有召开会议、发送电子邮件，也有包括以微信群、QQ群等方式及时的探讨反馈等。团队内部良好的沟通，是项目管理走向成功的关键。

另一方面要做好外部沟通，为文化和旅游志愿服务项目的开展营造良好的外部环境。与志愿服务对象进行沟通，可以有效对接他们的文化需求，以精准化的志愿服务，丰富服务对象的文化生活。与相关单位和部门之间进行有效的沟通，能够取得各方面对文化和旅游志愿服务项目的大力支持，为志愿服务项目达到预期的目标创造良好的外部环境。

(3)项目实施时沟通反馈与评估。文化和旅游志愿服务项目的实施进程，必须及时、完整、准确地报告项目管理者，要如实、及时沟通，发现项目实施中存在的问题，查找原因，寻求解决问题的途径。作为文化和旅游志愿服务项目的管理者，必须加强与团队内部、外部的有效沟通，倾听各方面的意见和建议，发现项目推进的问题，及时进行调整、改善。

(四)文化和旅游志愿服务项目风险管理

1. 风险管理的概念

风险管理指的是在有风险的环境中，通过管理手段将风险可能造成的影响降至最低的过程。文化和旅游志愿服务项目中的风险管理，包括对可能产生的风险进行评估、制定应变策略等，以避免或者减少风险的发生。

2. 志愿服务项目可能存在的风险

在文化和旅游志愿服务项目实施过程中，要重视风险管理，避免各类风险的发生，保障文化和旅游志愿服务良性运行。这些风险主要包括人身风险、法律风险、财务风险、公共关系风险、不可抗力风险等。

人身风险主要指志愿者在参加文化和旅游志愿服务项目过程中，可能遇到的意外伤害，如送文化下乡演出的交通安全风险、餐饮方面的食品安全风险等。其中需要注意的是，大型展览的布展也可能存在不同程度的风险。

不可抗力风险主要指文化和旅游志愿服务项目实施过程中，遭遇的因自然灾害、紧急突发事件等引起的风险。

财务风险指的是财产损失、资金不到位、财务管理问题等。

3. 风险应对策略

文化和旅游志愿服务项目在实施之前，项目团队必须高度重视可能产生的风险，通过风险管理，避免各类风险的发生。那么，应如何进行风险管理呢？

(1)风险识别。整个志愿服务项目团队应对即将实施的文化和旅游志愿服务项目进行讨论，分析可能遇到的各种风险，发挥大家的智慧，群策群力，为预防风险的发生打下良好的基础。通过讨论，志愿服务项目团队的成员能够意识到风险管理的重要性，自觉参与到风险管理中来。

(2)风险评估。对文化和旅游志愿服务项目实施中可能遇到的风险，即通过风险识别环节梳理出来的风险，须进行认真的评估。包括评估风险出现的潜在可能性，评估风险的程度，以及这些风险对于文化和旅游志愿服务项目实施可能带来的影响。

(3)风险预防。在对文化和旅游志愿服务项目进行风险识别、风险评估之后，最重要的事情是预防风险，防止风险的发生，即针对项目实施过程中可能出现的风险，制订具有可行性的预防方案。例如，志愿服务项目实施过程中可能会给文化和旅游志愿者带来人身伤害，那么志愿组织就要及时为志愿者购买保险，并预先排除可能导致人身伤害的风险隐患。

(五)文化和旅游志愿服务项目财务管理

所谓兵马未动，粮草先行，文化和旅游志愿服务项目的实施离不开经费方面的保障。因此，必须切实加强志愿服务项目的财务管理，确保项目经费管理的规范，提高经费使用效率。

1. 项目预算管理

文化和旅游志愿服务项目预算管理，包括预算编制、预算反馈、预算执行、预算调控。

对文化和旅游志愿服务项目进行预算管理的过程中，须安排有经验的财务人员基于经验对服务项目建立详细的预算，包括文化和旅游志愿服务所必需的餐饮、交通、通信、设备、志愿者服装等费用的预算，力求准确，提高经费使用效率。

2. 项目财务制度

必须严格执行财务制度、费用报销制度，进行项目独立核算，专款专用；以文化和旅游志愿服务项目预算为标准，根据志愿服务项目进度，报销相应的项目开支。财务管理要符合相应法律法规，做到规范、透明，并自觉接受有关部门的审计。

3. 项目成本控制

文化和旅游志愿服务项目的管理者必须清晰地了解整个项目的经费预算，实时了解志愿服务项目的进度及相应的经费开支情况，将经费预算与实际开支进行比较，控制项目成本，确保经费使用安全，提高经费使用效率。志愿服务项目需要采购的，须严格规范采购流程，按照相关规定选择供应商及其产品。

（六）文化和旅游志愿服务项目团队管理

文化和旅游志愿服务项目团队是指为了完成既定的志愿服务目标，而组建的文化和旅游志愿服务团队，团队内部有明确的管理架构，团队成员有明确的职责与任务。

1. 文化和旅游志愿服务项目团队特征

文化和旅游志愿服务项目团队具有明确的目的性。项目团队的使命是完成预定的文化和旅游志愿服务目标。为了完成项目设定的目标，项目团队必须分工协作，各司其职，各尽所能，按照时间进度努力完成任务。

文化和旅游志愿服务项目团队具有一定的时间性。除了长期性、常态化的文化和旅游志愿服务项目，项目团队一般有明确的周期，当完成了文化和旅游志愿服务项目，达到了预期的志愿服务目标时，文化和旅游志愿服务项目团队的使命就宣告结束。

文化和旅游志愿服务项目团队强调合作精神。志愿服务组织根据项目的要求招募具有文化艺术知识、技能的志愿者，组建项目团队。在志愿服务项目团队中，每位成员只有互相合作，优势互补，才能充分发挥项目团队的整体力量，推动文化和旅游志愿服务项目顺利实施。

文化和旅游志愿服务项目团队建设是项目成功实施的组织保障。虽然项目团队的志愿者是通过公开或者定向的招募而来的，能力会有一定的差异，但当项目团队组建后，往往按照一定的组织架构，设计能够发挥团队成员作用的平台，从而发挥项目团队整体的优势，顺利完成文化和旅游志愿服务项目。

2. 文化和旅游志愿服务项目团队建设

在文化和旅游志愿服务项目的实施过程中，项目团队的有效管理显得尤为重要。团队管理得好，就有凝聚力和执行力，团队中的每个志愿者就会心往一处想，劲往一处使，按照预定的时间进度圆满完成志愿服务项目的目标。

那么，应如何进行文化和旅游志愿服务项目团队管理呢？

（1）选择优秀的团队领导者

在项目团队建设中，团队的负责人是非常关键的因素。俗话说，火车跑得快，全靠车头带。作为项目团队的领导者，应该对文化和旅游志愿服务事业拥有满腔热情，在团队中具有较强的感召力和影响力；应该对完成文化和旅游志愿服务项目的目标抱有坚定的信心；应该具有较强的管理能力与执行能力，善于处理项目实施过程中出现的各种问题；应该具有较强的沟通能力，能够妥善处理团队内部可能出现的矛盾；应该具有较强的责任心和使命感。如果团队的管理者具有这些优秀的素质与能力，就能成为项目团队的核心，这个志愿服务项目团队的有效管理就是水到渠成的事情，志愿服务项目的圆满完成也是意料之中的事情。

（2）合理搭配项目团队成员

合理搭配项目团队成员，一方面应根据文化和旅游志愿服务项目的要求，确定项目团队志愿者的数量以及专业能力方面的要求，并进行针对性的志愿者招募、培训。另一方面，在组建项目职能组、安排志愿服务任务时，必须充分考虑到项目团队中的每位文化和旅游志愿者的专业能力、个性特点、兴趣爱好，取长补短，优势互补，使每位志愿者都能在文化和旅游志愿服务项目实施中发挥出积极的作用。

（3）科学管理团队成员

与文化和旅游志愿者的日常管理不同，在志愿服务项目实施过程中，应根据文化和旅游志愿服务项目的质量要求、进度要求，对文化和旅游志愿者实行绩效管理。对团队成员中认真完成志愿任务的志愿者，应及时给予认可与奖励，形成良好的服务氛围。项目实施中的绩效管理与成果导向，有利于动员和激励志愿者投入更多的时间和精力，不断强化文化和旅游志愿服务项目的服务质量意识、时间进度意识，保证文化和旅游志愿服务项目按计划推进。

第三节　文化和旅游志愿服务项目绩效评估

一、文化和旅游志愿服务项目绩效评估的概念与目的

（一）文化和旅游志愿服务项目绩效评估的概念

文化和旅游志愿服务项目绩效评估，是指运用科学方法，对文化和旅游志愿服务项目的决策、实施过程的某一阶段，或者项目最终完成情况进行评价的活动，是考察文化和旅游志愿服务的质量与成效是否达到了预期目标的一种方式。

文化和旅游志愿服务项目绩效评估必须坚持独立、客观、科学、公正的原则，及时进行评估反馈。项目绩效评估的主要内容，包括回顾项目实施全过程，分析志愿服务项目的绩效与影响，评估志愿服务项目的目标实现程度，总结经验教训并提出对策建议等。

（二）文化和旅游志愿服务项目绩效评估的目的

与其他项目绩效评估一样，文化和旅游志愿服务项目绩效评估的目的主要有三点：首先，绩效评估是为了考察文化和旅游志愿服务项目实施的成效，检查志愿服务项目预期的目标是否已经圆满完成。文化和旅游志愿服务项目虽然是公益性、奉献性的服务项目，但志愿者的付出、经费的开支，在多大程度上实现了计划的目标，也是必须重视的，对其进行评估是检验文化和旅游志愿服务团队执行力的重要手段。其次，绩效评估是为了检验策划的文化和旅游志愿服务方式、方法是否有效，是否具有示范意

义和推广价值。最后，项目绩效评估有助于及时总结文化和旅游志愿服务经验，发现问题和汲取教训，改进文化和旅游志愿服务方法，提高文化和旅游志愿服务的效率。

(三)文化和旅游志愿服务项目绩效评估的功能

开展项目绩效评估，一方面，可以对文化和旅游志愿服务项目的推进速度进行监督。这主要体现在对项目实施过程中分阶段的绩效评估中，通过绩效评估提醒、督促志愿服务项目团队的志愿者，分析出现问题的原因，改进志愿服务方法，按照项目进度实施文化和旅游志愿服务。另一方面，也可以对文化和旅游志愿服务项目实施进行问责。作为文化和旅游志愿服务项目，志愿服务组织以及文化和旅游志愿者都必须承担起相应的责任，即对服务对象负责，对社会负责。对服务对象负责，体现在通过实施文化和旅游志愿服务项目，在多大程度上丰富了他们的精神文化生活，提升了他们的文化幸福指数；对社会负责，体现在文化和旅游志愿服务项目在多大程度上起到了文化惠民、促进服务均等化的作用。公开、透明的绩效评估，是文化和旅游志愿服务项目接受社会监督的最佳途径。

二、文化和旅游志愿服务项目绩效评估的分类

项目绩效评估有多种分类方式。按照评估的时间顺序，可分为前期评估、中期评估、后期评估；按照评估者来源的不同，可分为自我评估与专家评估；按照评估目的不同，可分为过程评估、总结评估。

(一)从评估目的来看，分为过程评估和总结评估

文化和旅游志愿服务项目的过程评估与总结评估的目的有显著的区别。

过程评估是对文化和旅游志愿服务项目实施的全过程进行监测与评估，包括前期评估、中期评估和后期评估。过程评估是对文化和旅游志愿服务项目实施的每个阶段进行评估，目的是检验与评估文化和旅游志愿服务项目的每个环节设计是否合理，采取的志愿服务方式是否有效，文化和旅游志愿服务是否高质量、有效率。其中前期评估主要侧重于对文化和旅游志愿服务项目的策划实施方案进行论证，从可行性、创新性，以及文化和旅游志愿服务组织的定位等视角进行分析、评估，及时反馈、完善实施方案。中期评估侧重于对文化和旅游志愿服务项目实施情况及其服务绩效进行系统梳理与科学分析，评估项目进度是否按计划进行，文化和旅游志愿服务的质量是否受到服务对象的肯定性评价，如果志愿服务富有成效，有什么经验可以提炼；如果项目实施遇到问题，就要反思存在这些问题的原因，及时提出修改意见进行完善，提升文化和旅游志愿服务效能。后期评估主要是在文化和旅游志愿服务项目结束阶段所进行的评估，侧重于评估文化和旅游志愿服务项目的效果及其与项目实施的关联。

总结评估是在文化和旅游志愿服务项目结束之后进行的评估。总结评估侧重于志愿服务项目是否按照预期进度顺利完成，文化和旅游志愿服务项目的目标是否达到，

给志愿服务对象是否带来预想中的可喜变化，有什么经验做法可以总结提炼，还有哪些地方存在不足，其原因是什么，文化和旅游志愿者在服务过程中在哪些方面得到了成长与收获等。

(二)按评估者来源的不同，分为自我评估与专家评估

自我评估是文化和旅游志愿服务项目实施全过程，或者项目结束后，由文化和旅游志愿服务项目管理者和参与该项目的志愿者，对文化和旅游志愿服务项目的评估分析。自我评估的目的是通过评估监督和推进志愿服务项目的进度，提高文化和旅游志愿服务的质量，针对发现的问题及时寻求解决的方案。由于评估者是来自志愿服务项目的内部人员，对于整个服务项目比较熟悉，评估成本低，评估对项目实施具有促进作用；但自我评估难免带着感情因素，因此存在不够客观的情形。

专家评估是文化和旅游志愿服务项目实施过程中，或者项目结束后，由志愿服务项目外部的专家来评估论证，其优点是在评估方面具有较强的专业性，能够比较客观地对志愿服务项目作出评估，具有一定的权威性。

三、文化和旅游志愿服务项目绩效评估的内容

文化和旅游志愿服务项目绩效评估的内容，由项目绩效评估背景、综合绩效评估结果两大部分构成。

(一)文化和旅游志愿服务项目绩效评估背景

项目绩效评估报告的第一部分，应介绍文化和旅游志愿服务项目评估的背景。主要内容是介绍开展该项文化和旅游志愿服务项目的概况，即志愿服务项目的社会背景、策划发起并承担项目的文化和旅游服务志愿组织、志愿服务项目的起始时间，志愿服务项目设定的预期目标等。如果这个项目前些年已经开展探索实践，也须作为项目背景简单介绍。

这部分内容的介绍，能够使人们清晰地了解该文化和旅游志愿服务项目的来龙去脉。

(二)文化和旅游志愿服务项目综合绩效评估结果

文化和旅游志愿服务项目综合绩效评估结果的内容，主要有项目适当性评估、项目效率评估、项目效果评估、项目受益群体满意度评估、项目社会影响评估、项目可持续性评估等。

1. 文化和旅游志愿服务项目适当性评估

文化和旅游志愿服务项目的适当性评估，主要评估这项志愿服务项目是否具有合理性、必要性。合理性、必要性一般需考虑以下几个方面：是否与承担该项文化和旅游志愿服务项目的文化和旅游志愿服务组织的宗旨与定位相吻合，是否与服务对象的文化需求包括潜在文化需求相吻合，是否与文化和旅游志愿服务组织的服务能力及拥

有的资源相匹配，还要充分考虑文化和旅游公共服务机构、文化和旅游志愿者对该文化和旅游志愿服务项目的认可程度等。

如果文化和旅游志愿服务项目符合以上几个方面的要求，该志愿服务项目就具有充分的合理性和必要性，值得文化和旅游志愿者满怀热情地去完成。

2. 文化和旅游志愿服务项目效率评估

公益性的文化和旅游志愿服务项目必须"人尽其才，物尽其用"，提高服务效率，而文化和旅游志愿服务项目效率评估的目的就是提高志愿服务效率，主要评估志愿服务项目投入与产出的比例。一是文化和旅游志愿服务项目经费支出与取得的志愿服务项目成果之间的比例，评估经费使用的效率是否实现了最大化。二是科学评估文化和旅游志愿者数量与服务时间与取得的志愿服务成果之间的比例。文化和旅游志愿服务项目效率评估，要求文化和旅游志愿服务项目在实施过程中厉行节约，要求志愿服务组织加强对文化和旅游志愿者的培训，提高文化和旅游志愿者的志愿服务意识和专业技能，以科学的管理提升项目团队的服务水平与执行力。

3. 文化和旅游志愿服务项目效果评估

文化和旅游志愿服务项目效果评估是为了考察项目目标实现的程度。项目效果评估主要有几个方面：从总体上评估是否完成志愿服务项目预定的各个目标；服务对象的文化体验、文化生活满意度是否有显著提高，在景区旅游是否有美好的体验；参与项目的文化和旅游志愿者通过志愿服务，在文艺专业技能、旅游服务能力方面是否有显著的提升，在社会经验、思想素养等综合素质方面是否有可喜的收获等。

4. 文化和旅游志愿服务项目受益群体满意度评估

受益群体的满意度是指文化和旅游志愿服务项目在多大程度上满足了服务对象的文化需求。满意度评估一般可以从两个方面进行，一方面是文化和旅游志愿服务项目的直接受益者，主要考察他们内心对文化和旅游志愿者的服务给他们带来的文化关怀、旅游体验的感受与评价。另一方面是与志愿服务项目直接关联的文化和旅游公共服务机构的满意度评估。当前绝大多数文化和旅游志愿组织与文化和旅游公共服务机构有密切的关系，在文化和旅游公共服务机构指导下，依托公共文化设施和旅游景区，策划组织实施文化和旅游志愿服务项目。因此对这些文化和旅游公共服务机构的满意度也是衡量、评价文化和旅游志愿服务项目是否成功的一个重要因素。

5. 文化和旅游志愿服务项目社会影响评估

社会影响评估，主要考察评价文化和旅游志愿服务项目实施过程及其成效在社会上的反响，包括社会公众对文化和旅游志愿服务项目的认可程度、新闻媒体对文化和旅游志愿服务项目宣传推广的广度与深度。进而科学分析通过该文化和旅游志愿服务项目的实施，是否推动了志愿服务精神的传播，为志愿服务事业可持续发展营造了良好的社会氛围。

6. 文化和旅游志愿服务项目可持续性评估

文化和旅游志愿服务项目可持续性评估，主要考察志愿服务项目的可复制性和可持续性。一方面，考察文化和旅游志愿服务项目的实施，是否形成了值得总结推广的项目管理制度和志愿服务工作的经验；另一方面，考察评估文化和旅游志愿服务项目在未来的发展前景，包括是否可以持续开展该项文化和旅游志愿服务项目，将志愿服务项目打造成文化和旅游志愿服务品牌的可能性等。

四、文化和旅游志愿服务项目绩效评估方法

文化和旅游志愿服务项目绩效评估方法，主要有基线测量方法、任务完成情况的测量方法、目标实现程度的测量方法和介入影响的测量方法等。

（一）基线测量方法

基线测量方法是指在文化和旅游志愿服务项目开始时，对服务对象的状况进行测量，即建立一个基线作为对文化和旅游志愿服务效果进行衡量的标准，用来评估文化和旅游志愿服务工作开始前后的变化，以此判断文化和旅游志愿服务目标实现的程度，评估文化和旅游志愿服务工作的有效性程度。

运用基线测量方法对文化和旅游志愿服务项目进行评估的主要步骤是：首先建立基线。确定最好能够量化的服务目标及选择测量方式，如直接观察、间接观察、问卷法、访谈法等，测量并记录文化和旅游志愿服务开始前的情况。其次，对文化和旅游志愿服务过程及其效果进行测量。伴随文化和旅游志愿服务项目的推进，要分阶段对志愿服务过程及其效果进行多次测量，测量得来的数据用于比较分析。最后，按测量时间和顺序将文化和旅游志愿服务开始前测量的数据与后来得到的数据制成图表，进行对比分析，就可以明显地得出文化和旅游志愿服务评估结果了。

（二）任务完成情况的测量方法

在文化和旅游志愿服务项目绩效评估中，任务完成情况的测量方法是将志愿服务项目的预期目标分解为具体的服务行动与任务，对志愿服务项目各职能组、志愿者的任务完成情况进行评估。评估的结果一般分为几个等级：一是没有进展，二是极少完成，三是部分完成，四是大体上完成，五是全部完成。

（三）目标实现程度的测量方法

在文化和旅游志愿服务项目评估中，目标实现程度是指文化和旅游志愿服务项目预定的各项目标是否已经完成，以及完成的质量如何。测量方法具体是建立项目目标表，把文化和旅游志愿服务项目的目标分解为若干具体的子目标记录在目标表上，将项目实施过程中和项目结束时是否达到预定目标的情况记录下来，比较分析是否实现了预定的目标。

(四)介入影响的测量方法

介入影响的测量方法，包括文化和旅游志愿服务对象的满意度测量和差别影响评分。服务对象的满意度测量是指由志愿服务对象用口头的或者书面的形式来表达自己对文化和旅游志愿服务的看法。这种测量评价的方法，优点是简便易行，缺点是测量评估较为主观，评价的准确性不高。差别影响评分是指服务对象陈述文化和旅游志愿服务项目开展后自己有哪些变化，具体分析哪些变化是由文化和旅游志愿服务工作的介入造成的，哪些可能是由其他因素带来的变化。

在文化和旅游志愿服务项目的绩效评估中，既要从服务对象的受益情况进行评估，又要充分重视参与志愿服务项目的文化和旅游志愿者的自我评价。

【思考题】

1. 在策划文化和旅游志愿服务项目前，如何做好文化和旅游志愿服务需求的调研工作？

2. 文化和旅游志愿服务项目的策划流程有哪些？

3. 文化和旅游志愿服务项目的实施过程管理主要有哪些环节？

4. 文化和旅游志愿服务项目绩效评估主要包括哪些内容？

5. 优秀文化和旅游志愿服务项目的标准是什么？试结合志愿工作实际，谈谈如何策划实施优秀文化和旅游志愿服务项目。

第七章　文化和旅游志愿服务品牌建设

【目标与任务】

通过本章的学习，了解文化和旅游志愿服务品牌的类型与构成要素，充分认识打造文化和旅游志愿服务品牌的意义，熟练掌握文化和旅游志愿服务品牌建设的方法，根据文化和旅游志愿服务品牌建设路径，建设富有知名度、美誉度和影响力的文化和旅游志愿服务品牌。

文化和旅游志愿服务品牌建设，是提升文化和旅游志愿服务品质的必然要求。本章简明阐述了文化和旅游志愿服务品牌的概念、类型、构成要素，重点介绍了文化和旅游志愿服务品牌的打造方法与建设路径，以期在文化和旅游志愿服务品牌建设实践中发挥一定的指导作用。

第一节　文化和旅游志愿服务品牌的概念与构成要素

一、文化和旅游志愿服务品牌的概念与类型

(一)文化和旅游志愿服务品牌的概念

在了解文化和旅游志愿服务品牌之前，先要清楚文化品牌的概念。

狭义的文化品牌，指的是人们对公共文化事业机构向社会公众提供的优质文化服务项目、培育的优秀文化团队、组织开展的优秀文化活动，及其所体现的人文关怀所形成的一种积极的评价和认知。

文化和旅游志愿服务品牌，是文化品牌的组成部分。文化和旅游志愿服务品牌，就是在文化和旅游志愿服务实践中形成的、具有一定社会影响和积极评价的文化和旅游志愿服务项目、文化和旅游志愿服务活动、文化和旅游志愿服务团队等，是人们对

文化和旅游志愿服务积极的评估与认知的结果，代表着优良的服务品质。

文化和旅游志愿服务品牌，有着志愿服务的鲜明特点，体现了文化和旅游志愿者的文化智慧、专业能力与奉献精神。

(二)文化和旅游志愿服务品牌的类型

文化和旅游志愿服务品牌，就其类型来说，主要有三种，即文化和旅游志愿服务项目品牌、文化和旅游志愿服务团队品牌、文化和旅游志愿服务活动品牌。

文化和旅游志愿服务项目品牌，指的是文化和旅游志愿者在面向社会开展的文化和旅游志愿服务品牌，具有鲜明的文化和旅游志愿服务特色，产生了良好的社会影响，在社会各界有着良好的口碑。如浙江图书馆"触摸天堂——阅读文化助盲志愿服务项目"，针对视障群体文化阅读需求，引导他们爱读书、读好书。包括盲文点字书制作，征询盲人阅读需求，运用软件辅助明盲文转换校对，打印装订成册；录制有声读物，招募志愿者朗读童话、散文、游记以及长篇作品，用声音代替文字；举办"心阅"读书会，阅读推广人组织视障人员开展主题读书交流活动等。该项目的志愿服务团队重视宣传推广，发挥名人效应，倡导社会公众加入服务项目，引导获益视障人士帮助和带动新伙伴。"触摸天堂——阅读文化助盲志愿服务项目"入选文化部2016年文化志愿服务项目典型案例，成为在省内外有影响的文化志愿服务项目品牌。

文化和旅游志愿服务团队品牌，指的是文化和旅游志愿服务中有影响、有特色的文化和旅游志愿服务团队，他们是文化和旅游志愿服务团队中的佼佼者。文化和旅游志愿服务团队的成员来自社会各行各业，共同的文化艺术爱好和专业特长，以及对社会、对他人的关爱奉献之心，让他们走到一起，成为文化和旅游志愿服务团队的一员，发挥文化艺术和旅游服务方面的特长，参与文化和旅游志愿服务，推动文化和旅游志愿服务团队的发展，成为文化和旅游志愿事业的有生力量。这些活跃在文化和旅游志愿服务实践中的志愿团队，在文化和旅游志愿服务中不断成长，一些文化和旅游志愿服务团队已成长为受到社会各界赞誉、富有个性特点的文化和旅游志愿服务团队品牌。

文化和旅游志愿服务活动品牌，指的是文化和旅游志愿服务组织面向广大公众或特定群体，策划开展的富有广泛社会影响、当地群众喜闻乐见、富有地域特色的文化和旅游志愿服务活动。这些文化和旅游志愿服务活动，关注服务对象的精神文化需求，依托公共文化设施和旅游景区，根据志愿服务组织内部的资源优势，为服务对象带来文化和旅游的享受。文化和旅游志愿服务活动品牌，丰富了服务对象的精神文化生活。

二、文化和旅游志愿服务品牌的构成要素

文化和旅游志愿服务品牌必须具备知名度、美誉度和参与度。试想，如果没有一定的知名度，没有社会公众的积极评价，没有广大文化和旅游志愿者的热情参与，就根本不能成为真正意义上的文化和旅游志愿服务品牌。

（一）知名度

文化和旅游志愿服务品牌的知名度，是指该文化和旅游志愿服务品牌被社会公众知晓、了解的程度，即在多大的范围内为公众所熟知和了解。知名度代表着文化和旅游志愿服务品牌在社会公众中的影响力，公众知名度越高，这个文化和旅游志愿服务品牌的影响力就越大。

文化和旅游志愿服务品牌的知名度，与文化和旅游志愿服务水平密切相关，也与文化传播紧密相连。知名度是通过有效的传播实现的，文化和旅游志愿服务品牌的传播，既要重视品牌的口口相传，又要重视通过新闻媒体、特别是互联网媒体，进行有的放矢的宣传，扩大文化和旅游志愿服务的社会影响，提升文化和旅游志愿服务的知名度。

（二）美誉度

仅有知名度，不等于成为品牌。文化和旅游志愿服务项目、文化和旅游志愿服务团队或文化和旅游志愿服务活动，如果要成为文化品牌，就离不开社会公众的美誉度。

文化和旅游志愿服务品牌的美誉度，是指面向社会公众或者特定对象提供的文化和旅游志愿服务，获得社会公众的信任、支持、肯定或赞扬的程度。美誉度是社会公众对文化和旅游志愿服务品质的认可、肯定等积极评价的指标。

文化和旅游志愿服务旨在帮助包括各类特定群体在内的广大公众近距离享受文化服务，增进旅游体验，丰富精神文化生活。衡量文化和旅游志愿服务质量的关键是公众是否认可、给予好评。努力满足公众不断增长的精神文化需求，是文化和旅游志愿服务建设的出发点和落脚点。"金杯银杯不如老百姓的口碑""金奖银奖不如老百姓的夸奖"，只有深受广大群众喜爱、获得群众广泛好评的文化和旅游志愿服务品牌，才是名副其实的文化品牌。

（三）参与度

文化和旅游志愿服务品牌，不仅要具备知名度、美誉度，还要有参与度。

所谓文化和旅游志愿服务品牌的参与度，指的是文化和旅游志愿服务品牌活动、品牌团队、品牌服务要覆盖一定数量的人群，包括特定的服务群体。文化和旅游志愿服务组织既要面向广大公众开展文化和旅游志愿服务，也要面向特定群体提供公益性文化关怀；无论是普通的社会公众，还是残疾人、老年人、少年儿童，都是文化和旅游志愿服务的对象。

在文化和旅游志愿服务品牌建设中，要敞开大门，服务社会公众，让广大公众共享文化和旅游发展成果。

文化和旅游志愿服务只有具备知名度、美誉度和参与度，才具备了文化和旅游志愿服务品牌的三个要素，成为真正意义上的文化和旅游志愿服务品牌。

案例：浙江省文化馆"以文化人——文化志愿服务走进浙江省女子监狱"项目

"以文化人——文化志愿服务走进浙江女子监狱项目"是浙江省文化馆通过文化志愿服务配合监狱司法改造，为弘扬社会主义价值观、面对特殊群体传播民间艺术，拓宽公共文化服务群体、服务途径的新举措。通过8年的实践，该项目已成为监狱文化品牌建设的标杆，并于2016年入选文化部全国基层文化志愿服务活动典型案例。

与其他教育活动相比，服刑人员的艺术教育有特殊性：教育是手段，改造为目的。艺术教育面对的群体是服刑人员，除了陶冶情操、培养技能外，更重要的是要按照设定的改造目标实现服刑人员在思想和行为上的转变。服刑人员的身份是有时间范围限制的，他们在刑罚执行完毕回归社会后，往往因为身份和环境的不同带来心理的种种变化，这种特殊情况对艺术教育的新模式提出了更高的要求。

浙江省文化馆文化志愿者团队针对女子监狱犯人群体的特殊性，本着"文以载道，润物无声"的帮教原则，先后派出由20余位系统专家、业务干部、民间艺人组成的帮教队伍，作为文化志愿者团队长期进驻女监进行辅导。培训设置了刺绣、剪纸、风筝、布袋木偶表演、旗袍制作、茶艺、曲艺、古筝、二胡、钢琴、合唱等项目，开展了"一区一品"特色监区文化建设，各监区相继成立了主题文化社团；同时，浙江省文化馆专家常年跟踪，为历届女监艺术节的策划、辅导、排演做了大量工作，特别是对丝绸本土文化符号进行提炼创新，协助开创了丝绸文化建设品牌。

浙江省文化馆文化志愿服务的开展，让众多重刑犯在漫长的改造生活中看到了希望，找到了精神依托。在潜移默化中改变了服刑人员的心态，调节了她们敏感、焦虑、敌对、偏执等心理障碍，最终达到健全人格的目的。参与学习的服刑人员也从对传统司法改造的消极抵触到对富有特色的教育改造工作的配合、对艺术技能知识的渴求。文化志愿服务让那些多次因自杀自闭、挑衅滋事而被列入重点管理的服刑人员逐渐经历了吐丝成茧，又破茧成蝶的蜕变过程，理解了重获新生的意义。

第二节　文化和旅游志愿服务品牌的内涵与特点

一、文化和旅游志愿服务品牌的内涵

(一)体现人文价值

文化和旅游志愿服务品牌建设，体现着志愿服务组织对社会公众，特别是残疾人、老年人、少年儿童、外来务工者等特定群体文化生活的重视与关切，体现出文化和旅游志愿者帮助他人、服务社会的文化情怀，实践着"奉献、友爱、互助、进步"的志愿精神。文化和旅游志愿服务组织中藏龙卧虎，蕴藏着数量众多的具有文化智慧、艺术技能、旅游专长的人才，对精神文化的追求，对文化和旅游事业的热爱，让他们在闲暇时间里，运用自己的文化、艺术特长和专业知识，服务社会，服务大众。正是他们的文化智慧，他们的积极参与，展示了文化和旅游志愿者的精神风貌，体现了他们对自我价值的追求，对精神世界的呵护。

(二)体现文化传承

无论是文化馆、图书馆志愿服务领域，还是旅游志愿服务领域，文化和旅游志愿服务品牌都以强大的感召力和凝聚力，吸引着更多的公众成为文化和旅游志愿者，参与到公益文化服务中来，自愿用自己的时间和精力，以自己的文化智慧与艺术技能，服务社会公众，服务特定群体。例如，在美术馆进行展览导赏，引导人们欣赏古今中外优秀书画作品，提升其艺术审美能力；在博物馆进行展厅讲解，帮助人们生动形象地了解历史，从而让他们更加热爱人类文明；在文化馆进行文艺辅导，传授艺术知识、文艺技能；在图书馆参与阅读推广，在少年儿童心里播下知识的种子；等等。文化和旅游志愿者在志愿服务实践中，传播文化，传承文明。

(三)体现个性品质

文化和旅游志愿服务品牌有着极为鲜明的个性特点。正是鲜明的个性特点，使它们与众不同，在众多的文化和旅游志愿服务项目中脱颖而出，为人们所熟知，具有了广泛的知名度，成为文化和旅游志愿服务品牌。文化和旅游志愿服务品牌的个性品质，源于各地文化和旅游志愿服务组织的个性化探索，即因地制宜，满足不同群体的文化和旅游需求，在文化和旅游志愿服务项目中呈现出特色与个性。无论是云南图书馆少数民族古籍抢救修复志愿服务行动，还是广西博物馆面向外来务工人员子女开展的历史文化和旅游志愿服务项目，以及全国各地文化和旅游志愿服务示范项目，无一不具有鲜明的个性特点、地域特色。

鲜明的个性特点，成为文化和旅游志愿服务项目不可或缺的要素，构成了文化和旅游志愿服务品牌的多姿多彩。

二、打造文化和旅游志愿服务品牌的意义

(一)扩大文化和旅游志愿服务的社会影响

文化品牌的构成要素之一，就是要求具有较高的知名度，拥有广泛的社会影响。因此，建设文化和旅游志愿服务品牌，就要求在提升文化和旅游志愿服务质量，满足社会公众以及特定群体文化和旅游需求的同时，加强新闻媒体的宣传推广力度，通过传统媒体、网络媒体的新闻宣传，通过口口相传，有效地扩大文化和旅游志愿服务的社会影响，营造文化和旅游志愿服务的良好舆论氛围。

(二)提升文化和旅游志愿服务质量水平

文化和旅游志愿服务品牌，必须具备较高的美誉度。美誉度源于文化和旅游志愿

服务组织、文化和旅游志愿者优良的文化和旅游服务，以及服务对象对文化和旅游志愿服务的真切感受。为了打造文化和旅游志愿服务品牌，各地文化和旅游志愿服务组织及志愿者必须群策群力，根据志愿服务组织的服务能力与文化旅游资源，精心策划、开展贴心的文化和旅游志愿服务。只有激发文化和旅游志愿服务团队的活力，努力提升文化和旅游志愿服务的质量，文化和旅游服务品牌才会水到渠成。

(三)激发广大公众参与志愿服务的热情

文化和旅游志愿服务品牌，因为具有美誉度和知名度，自然会在广大公众中产生强大的影响力和号召力。文化和旅游志愿服务品牌的影响力和号召力，反过来激发广大公众参与文化和旅游志愿服务、奉献爱心、帮助他人改善文化生活的强烈愿望。文化和旅游志愿服务品牌所产生的标杆作用与榜样示范，有利于激励更多的人报名参与文化和旅游志愿者招募，根据自身的特长与兴趣，选择相应的文化和旅游志愿服务团队，从而享受奉献的快乐，丰富自己的精神生活。

案例："春雨工程"——全国文化志愿者边疆行活动

2010年开始，文化部每年精心组织实施"春雨工程"——全国文化志愿者边疆行活动，搭建内地与边疆地区、民族地区、革命老区和贫困地区横向交流的平台，以"大舞台""大讲堂""大展台"为载体组织实施一批针对性强、效果好的文化志愿服务项目，丰富老少边穷地区基层群众的精神文化生活，促进老少边穷地区公共文化服务体系建设。

"大讲堂"活动针对边疆民族地区迫切需要文化智力支持和培训服务的实际情况，组织文化专家学者、艺术人才和技术人才等高水平文化志愿者，赴边疆民族地区开展专题讲座、文化策划、文艺辅导和技能培训等服务，以发达或者有条件的内地省份为培训基地，为边疆民族地区培养基层文化骨干。

"大舞台"根据边疆民族地区风俗习惯和基层群众文化生活特点，组织文化志愿者深入边疆民族地区基层一线，为群众提供生动活泼、形式多样的文艺演出；或利用内地文化设施资源，为边疆民族地区优秀文艺团队到内地演出提供便利；或通过巡演、汇演等方式，发现和培育边疆民族地区文艺精品，推动边疆民族地区文艺繁荣发展。

"大展台"则着眼于让各族群众更好地了解我国文化发展成就和民族特色文化，采用实体与网络、固定与流动相结合的方式，组织文化志愿者在边疆民族地区开展文化展览和艺术采风活动。如运用信息网络等现代科学技术和传播手段，为边疆民族地区提供数字文化服务，支持优秀少数民族文化传承，促进各民族文化的交流、交往、交融。

连续实施多年的"春雨工程"——全国文化志愿者边疆行活动，建立起了一支热心公益、素质优良、结构合理、积极奉献的文化志愿者队伍，推出了一批惠及边疆民族地区人民群众的文化志愿服务品牌活动，形成了一套设计科学、行之有效的文化志愿服务机制，不断深化内地与边疆文化交流，着力拓宽文化帮扶和文化援助渠道，积极促进边疆民族地区公共文化服务体系建设，成为我国文化志愿服务响当当的品牌。

从 2019 年起，文化和旅游部将"春雨工程"——全国文化志愿者边疆行活动调整为"春雨工程"——全国文化和旅游志愿服务行动计划，以项目运行的方式实施。

第三节　打造文化和旅游志愿服务品牌的方法

当前，文化和旅游志愿服务风生水起，开展得有声有色。在文化和旅游志愿服务蓬勃发展的形势下，文化和旅游志愿服务品牌建设应该提上重要的工作日程。

文化和旅游志愿服务品牌如何建设？有哪些具有可行性的方法？根据文化和旅游志愿服务品牌的构成要素，结合文化和旅游志愿服务品牌建设实践，品牌建设方法主要由品牌个性定位、文化品牌命名、品牌质量提升、讲好品牌故事等环节构成。

一、明确文化和旅游志愿服务品牌的个性定位

文化和旅游志愿服务品牌建设，首要的任务便是文化和旅游志愿服务品牌的定位，这是文化品牌建设成功的前提。有了准确的定位，文化和旅游志愿服务品牌建设就成功了一半。

(一)立足志愿服务组织定位

文化和旅游志愿服务品牌建设，必须立足文化和旅游志愿服务组织的定位与使命，充分考虑志愿服务组织的服务能力与人才优势，进行科学、准确的定位。

文化和旅游志愿服务品牌的定位，之所以必须与志愿服务组织的定位紧密相连，一方面是因为志愿服务组织的定位决定了该组织及其志愿者的使命。志愿服务组织策划、实施的文化和旅游志愿服务，都是围绕着志愿服务组织的定位和使命进行的。脱离了志愿服务组织的定位与使命，来谈文化和旅游志愿服务品牌的打造，无疑是缘木求鱼。另一方面是因为志愿服务组织的定位直接与志愿者招募相关联。如果是面向公众进行以艺术普及为使命的志愿服务组织，往往集结了一批热爱志愿事业、又有文艺专长的文化志愿者；如果是面向少年儿童进行阅读推广的志愿服务组织，其志愿者往往是喜欢孩子、乐于奉献，善于绘声绘色讲故事的年轻妈妈，甚至是电台的播音员。

因此，文化和旅游志愿服务品牌的个性化定位必须紧密围绕志愿服务组织的定位与使命，根据志愿服务组织所拥有的人才优势，扬长避短，进行科学的品牌定位。

(二)提炼志愿服务特色

由于各地文化和旅游志愿服务的形式与内容大同小异，文化和旅游志愿服务品牌

建设，就必须对全国各地蓬勃发展的文化和旅游志愿服务进行研究、分析，寻找志愿服务组织在文化和旅游志愿服务方面的特点，发现志愿服务组织在文化和旅游志愿服务中的优势领域，努力强化自身特点与优势，打造富有特色的文化和旅游志愿服务项目、文化和旅游志愿服务活动或者文化和旅游志愿服务团队，让服务对象满意、令社会各界瞩目。要之，文化和旅游志愿服务品牌定位必须立足当地文化和旅游志愿服务组织的优势，精心策划，做大做强，使之成为文化和旅游志愿服务品牌。

(三)同中求异发现亮点

文化品牌的灵魂是个性，它体现了一个文化品牌与其他文化和旅游志愿服务品牌的差异性。故而文化和旅游志愿服务品牌定位要善于同中求异，发现个性化的特点。文化品牌的个性化特点，要求策划者既要立足自身文化和旅游志愿服务的优势，又要具有广阔的文化和旅游志愿服务视野，关注各地文化和旅游志愿服务品牌建设的最新动态，通过信息检索和比较、分析，准确地判断自身文化和旅游志愿服务优势，策划差异化的路径，形成个性化的文化品牌定位。

综上，文化和旅游志愿服务品牌建设如果有效地结合文化和旅游志愿服务个性化的特色、服务上的品质和资源上的优势，一般来说，就基本把握了文化品牌的定位要点了。

案例：广东省立中山图书馆"书香暖山区"爱心阅览室援建文化志愿服务项目

2011年7月，广东省立中山图书馆发挥作为广东省捐赠换书中心的引领示范作用，联合广东广播电视台新闻频道共同开展"书香暖山区"援建爱心阅览室文化志愿服务项目，以募集图书、捐赠图书、援建爱心阅览室、阅读推广活动进乡村的方式，为广东省欠发达地区的农村中小学、村镇文化站输送文化资源。到2019年下半年，共募集图书30余万册，行程25000千米，在全省欠发达地区市县的中小学校援建了103间爱心阅览室，惠及约10万人。

"书香暖山区"志愿服务项目旨在解决广东省欠发达地区留守儿童、空巢老人、低收入人群、外来务工人员及其子弟等特殊群体阅读资源不足的问题。志愿者深入大型社区、医院、广场、学校等，共举办了200多场图书募集活动，还与广州邮政有限公司合作，开展"你捐书·我包邮"捐书快递服务，免费上门接收市民捐赠的图书。并以分级阅读的理念为指导，将受赠的图书进行筛选、分类打包，将募集到的30余万册图书捐赠给粤东西北贫困地区的学校和乡村文化站，在20市(区)38县(镇)中小学援建了103间爱心阅览室。

在捐赠图书的同时，志愿者策划开展阅读推广活动，以传播中华优秀传统文化为主题，融入体验浸润的阅读理念，在校园举办经典诵读、成语竞猜、诗词接龙、漫画共赏、心灵故事会等阅读活动。定期举办全省"书香暖山区"阅读创作大赛，分别在

2015 年、2017 年和 2019 年面向爱心阅览室援建学校的学生，举办了以"我与爱心阅览室的故事""我最喜欢的一本书""妙笔礼赞祖国"等为主题的阅读创作大赛，共有上千名山区学生参与活动，300 名中小学生获奖。通过定期举办各类形式的阅读推广活动，盘活了爱心阅览室图书资源，补齐了基层短板，深入推动了全民阅读，使阅读更为便利化和常态化，让更多山区学生好读书、读好书和善读书。

随着项目品牌的影响力不断扩大，越来越多的爱心人士与机构加入了志愿队伍。广州军区政治部战士文工团的话剧演员为孩子们朗诵经典、讲励志故事；华南师范大学附属中学的高级教师给孩子们上地理课、生物课；广东省动漫协会的老师教孩子们画漫画、赏漫画，手把手辅导学生们玩益智游戏；广州市荔湾区芦荻西小学与肇庆市封开县金装镇大府小学成为姐妹学校，共同举办"手拉手，共读乐"读书活动。

项目开展以来，获得了社会各界的广泛好评，先后荣获 2015 年广东省文化厅"文化志愿服务优秀项目"、2018 年中国图书馆学会全国图书馆文化扶贫乡村振兴案例征集活动二等奖、2018 年广东省学雷锋志愿服务先进典型宣传推选活动"最佳志愿服务项目"、2019 年第二届公共图书馆创新创意征集推广活动三等奖。

二、确定文化和旅游志愿服务品牌的名称

在确定文化品牌的定位后，接下来的事情就是为它取个好的名字。文化和旅游志愿服务品牌的命名，是文化品牌建设中必须引起重视的环节。准确而具有个性特点的文化品牌名称，能使文化和旅游志愿服务品牌叫得响、走得远，让人过目难忘。

(一)名正才能言顺

孔子云："名不正则言不顺，言不顺则事不成。"文化和旅游志愿服务品牌的名称，是文化和旅游志愿服务品牌的重要组成部分。准确生动、朗朗上口的文化品牌名称，往往让人"一见倾心"，能够唤起人们心中对于文化和旅游志愿服务品牌的美好记忆。

一个好的文化品牌名称，要朗朗上口、简洁醒目，以看似平常、实则颇有意义的文字组合或词语为佳，不宜将生僻字作为品牌名称。朗朗上口的品牌名称，既便于记忆，又容易传播。

一个好的文化品牌名称，要给人正面的联想，让人们在听到、看到这个文化和旅游志愿服务品牌的名称时，内心就会涌现出有关文化和旅游志愿服务的美好联想。

(二)体现品牌内涵

文化和旅游志愿服务品牌名称必须真切地反映该文化品牌的内涵，让人一看，就明白品牌的类型是文化和旅游志愿服务团队品牌、文化和旅游志愿服务品牌，还是文化和旅游志愿服务活动品牌；并且明白与这个文化品牌相关联的文化和旅游志愿服务形式与内容。好的文化品牌，应该通过品牌的名称，让人们建立起对这个文化和旅游志愿服务品牌具体可感的印象。

网络搜索引擎"百度"就是一个经典的品牌名称，它脱胎于南宋词人辛弃疾的名句"众里寻他千百度"。金陵图书馆的文化助盲志愿活动的名称"朗读者"也不错。"朗读者"是由金陵图书馆联合南京新闻广播推出的一项面向视障人士的公益性志愿活动，通过招募朗读志愿者，将图书作品录制成有声读物，供视障群体及其他有收听需求的人群收听。从 2012 年至 2019 年，"朗读者"活动立足南京，面向全省，辐射全国，志愿者人数总计近万人，服务江苏省范围全龄段盲人读者 3 万余人。录制现当代文学书籍 100 种，总时长超过 300 小时，举办活动 170 余场，正式出版《我们都一样，我们不一样》《阅读金陵》《诗意金陵》等有声光盘 14 套，赠送给盲企、盲校、社区等盲人团体。还兴办读书会、盲人剧场等现场交流活动，开通"朗读者"微电台，同步上线金图微信、喜马拉雅 FM、荔枝 FM 三个分享平台，提供全网共享服务，为视障人群全方位打造了一座用耳朵听的图书馆。金陵图书馆的"朗读者"文化助盲志愿活动，一听就知道其志愿服务对象与服务方式，而它所具有的志愿服务成效，也使这个品牌名称深入人心。

(三)名称新颖别致

文化和旅游志愿服务品牌名称必须具备个性化特征。当前文化品牌数量众多，要使文化和旅游志愿服务品牌便于人们认知与记忆，就必须在策划、打造文化品牌的过程中，从文化和旅游志愿服务的品牌命名开始，努力让文化和旅游志愿服务品牌名称极具特色、个性鲜明。

一个极具特色、个性鲜明的文化和旅游志愿服务品牌名称，既是策划者文化智慧的结晶，又蕴含着策划者对于文化和旅游志愿服务品牌建设的良苦用心。正因为文化品牌建设从命名开始，故而在着力于文化服务品质提升的同时，应强化文化品牌的个性特点，以其新颖别致的名称在人们心里唤起美好的文化记忆，让人经久难忘。从传播的角度来说，新颖别致、富有个性的文化品牌名称也有助于文化品牌走得更远。

三、提升文化和旅游志愿服务品牌的内在品质

要打造文化和旅游志愿服务品牌，品牌定位与品牌命名固然是成功的基础，但更重要的是提升文化和旅游志愿服务的质量。

(一)以满足服务对象的文化需求为落脚点

如果只有好的品牌定位、策划创意和品牌名称，文化和旅游志愿服务品牌建设就还仅仅停留在美丽的蓝图上。文化和旅游志愿服务品牌建设，需要文化和旅游志愿服务组织的管理者把努力满足人民群众的文化需求，作为文化和旅游志愿服务的落脚点，并使之成为文化和旅游志愿服务品牌质量提升的自觉追求。

文化品牌往往意味着优良的文化服务品质。建设文化和旅游志愿服务品牌，必须把服务质量放在十分重要的地位，自觉以人民群众为中心，把人民群众的文化需求作为文化和旅游志愿服务的路标。在文化和旅游志愿服务活动的策划组织中，努力做到

有创意、有亮点、有影响，为广大公众和特定群体带来实实在在的文化享受和旅游体验；要通过卓有成效的志愿者培训，提升文化和旅游志愿者的艺术水平、文化素养、服务能力和志愿精神，积极创造条件，寻找更合适的展示平台，展示文化和旅游志愿服务团队的文艺才华、文化智慧和旅游服务能力，扩大文化和旅游志愿服务团队的品牌影响。

在文化和旅游志愿服务实践中，个性化的品牌定位、朗朗上口的品牌名称，以及优良的文化服务质量，是文化和旅游志愿服务品牌建设的有效途径，只要假以时日，文化品牌自然水到渠成、呼之欲出。

(二)以激发志愿者的服务热情为核心

文化和旅游志愿服务品牌建设离不开志愿者的倾情奉献。志愿者既是文化和旅游志愿服务品牌的建设者，又是文化品牌的拥有者。在文化和旅游志愿服务品牌建设中，要提升文化品牌的内在品质，就必须充分发挥志愿者的文化智慧，激发他们的参与热情，发挥他们在文化和旅游志愿服务品牌建设中的主体作用。

文化和旅游志愿者都有强烈的使命感和责任感，他们助人自助，乐于奉献，对于志愿服务的热情，一方面能够感染服务对象，使服务对象感受到人间的温暖，文化的温馨；另一方面能够激发出自己更大的服务潜能，运用自己的文化智慧、艺术技能，努力将文化和旅游志愿服务做得更出色、更有品质。

文化和旅游志愿服务品牌建设，必须充分发挥志愿者在文化品牌建设中的主体作用，探索建设文化和旅游志愿服务品牌的新路径。

(三)以提升文化和旅游志愿服务品质为目标

文化和旅游志愿服务品牌必须具有一定的社会美誉度。文化品牌的美誉度要求文化和旅游志愿服务品牌必须具有优良的品质。

如何打造文化和旅游志愿服务品牌？必须从充实文化品牌的内涵，提升文化品牌的质量做起。这就要求文化和旅游志愿组织和志愿者千万百计地改进文化和旅游志愿服务，提升文化和旅游志愿服务的品质。无论是面向广大公众的文化和旅游志愿服务，还是面向特殊群体的文化关怀，都必须强调服务的品质，使之符合文化品牌应有的品质要求。

无论是文化和旅游志愿服务活动品牌，还是文化和旅游志愿服务团队品牌，同样需要从文化和旅游志愿服务活动的创新亮点、文化和旅游志愿服务团队的文化艺术水平、旅游服务能力提升等方面着手，充分体现文化品牌内在的文化品位、服务品质。文化和旅游志愿服务活动品牌建设中，在突出文化和旅游志愿活动服务性的同时，还应强化文化和旅游志愿服务活动品牌的创新性，提高文化和旅游志愿服务活动品牌的艺术魅力与思想感染力，增进服务对象的文化获得感。而在文化和旅游志愿服务团队品牌建设中，要充分展现当代志愿者的文化素养、艺术水平、服务能力，以及蕴含在其中的文化创造力。

提升文化和旅游志愿服务品牌的内在品质，增加文化和旅游志愿服务品牌的美誉度，提高服务对象的文化满意度，是各地文化和旅游志愿服务品牌建设中不可忽视的重要工作。如果缺少了应有的文化品质、艺术品位和服务体验，文化和旅游志愿服务品牌就无从谈起。

四、讲好文化和旅游志愿服务的品牌故事

文化品牌有故事。在文化和旅游志愿服务品牌建设中，要学会讲品牌故事。

(一)志愿服务品牌故事的独特魅力

人们印象深刻、铭记于心的文化品牌，一般都有经典的品牌故事，就像有魅力的人大多拥有传奇的经历一样。

文化和旅游志愿服务品牌的传播离不开动听的故事。文化和旅游志愿服务中生动的故事，在提高文化和旅游志愿服务品牌美誉度的同时，也能加深人们对文化和旅游志愿服务品牌的认知，加深人们对文化和旅游志愿服务品牌的美好印象。

经典的故事，往往令人难以忘怀。这就要求志愿组织和志愿者用心去发现文化和旅游志愿服务品牌的故事，传播文化和旅游志愿服务品牌的故事，用动人的故事，向人们形象地诠释文化和旅游志愿服务造福于民的理念，宣传文化和旅游志愿服务品牌。

文化和旅游志愿服务品牌会说话。文化和旅游志愿服务品牌正是通过感性的动人故事，诉说着文化和旅游志愿服务文化品牌的内在品质。

案例：福建艺术扶贫工程

"福建艺术扶贫工程"铺设星光大道，让农村孩子走向五彩斑斓的舞台，一些孩子的命运因艺术而改变。

2004年春天，福建省艺术馆考察组一行到农村调研，途经3个县26个行政村。调研组发现，孩子们的其他课本都已翻旧，唯独美术和音乐课本无翻阅痕迹。经了解得知，由于师资匮乏，这里的学校根本没有开设艺术课程。

同年9月，福建省艺术馆在福州市闽侯县白沙马坑小学等3所小学试点，在四至六年级开设美术、音乐、舞蹈、写作课程。次年4月，福建省艺术馆倡议全省文化馆共同参与，并将活动定名为"福建艺术扶贫工程"。工程依托各级文化馆，动员组织广大文化工作者和文化志愿者，在每周固定时间，定点、定员深入偏远的贫困山区，免费为山区儿童开展艺术教育。

霞浦县有一个偏远的西洋岛，每天只有早上一次班船进出，交通困难，师资极缺。宁德市艺术馆为集中安排课程、提高教学效果，扶贫老师常在岛上连住一个多星期。

16年来，扶贫基地已遍布全省各地，在福建省艺术馆大厅的"全省艺术扶贫基地分

布图"上，基地图标已密密麻麻遍布福建省的各个角落。"福建艺术扶贫工程"不仅改变了一个个农村孩子的人生，也改变了一个个基地的面貌。

"福建艺术扶贫工程"2004 年实施以来，硕果累累，成为公共文化服务领域广受好评的文化品牌。截至 2020 年 3 月，福建省艺术馆累计协调全省 94 个文化馆，招募13 000 余名文化志愿者，组建 3 630 支志愿服务团队，共设 526 个艺术扶贫基地，577个校外辅导点，举办各类艺术兴趣班近 15 000 个，开展各类文艺演出活动近 10 万场，受益人次超过 1 800 万，23 410 名乡村学童先后登上艺术舞台，在各类艺术比赛中，20 000 多人次获奖。

(二)善于挖掘动人的志愿服务细节

故事离不开细节。要讲好文化和旅游志愿服务品牌故事，就必须关注文化和旅游志愿服务的细节。

在文化和旅游志愿服务品牌的打造中，必须有意识地发现文化和旅游志愿服务品牌的动人细节，搜集整理文化和旅游志愿服务品牌的故事，通过新闻和网络等各种信息渠道进行传播，丰富文化和旅游志愿服务品牌的内涵，扩大文化和旅游志愿服务品牌的社会影响。

文化和旅游志愿服务品牌不仅仅是外在的形象，更是有血有肉、有文化的内在温度。这就要求志愿服务组织和志愿者善于挖掘动人的服务细节，以之丰富文化和旅游志愿服务品牌的内涵，使其打动人心，真切感人。

值得注意的是，并不是所有的文化和旅游志愿服务品牌故事都有意义，品牌故事必须与文化和旅游志愿服务品牌的美誉度相关。品牌故事必须突出文化和旅游志愿服务品牌本身的特点，反映文化和旅游志愿服务品牌的内在优良品质，以生动感人的故事，演绎文化品牌的内涵。

发掘文化和旅游志愿服务品牌打造中的精彩细节，讲好这些品牌故事，能够充分展现文化和旅游志愿者的思想境界与精神追求，有助于丰富文化和旅游志愿服务品牌内涵，扩大文化和旅游志愿服务品牌的影响力。

好的文化和旅游志愿服务的品牌故事，往往因其生动、感性、闪耀着人性光辉的细节，被人们口口传诵，增添了文化和旅游志愿服务品牌的魅力。

(三)多种媒体宣传好志愿服务品牌故事

酒香还得靠吆喝。文化和旅游志愿服务品牌，如果离开了宣传，离开了文化品牌推广，其社会影响还是有限的。因此，在文化和旅游志愿服务品牌建设中，宣传推广是十分重要的环节。

做好文化和旅游志愿服务品牌的宣传推广，就要精心选择新闻媒体。必须根据文化和旅游志愿服务品牌建设规划，结合创新亮点与服务特色，科学地选择全国或者省、市级新闻媒体。如果要在省内有一定的知名度，就选择省内有影响的媒体。如果要在全国有影响，就选择《中国文化报》《光明日报》，乃至《人民日报》等有影响的纸质媒体，或邀请新华社等知名新闻机构进行宣传报道。

讲好品牌故事，还应善于策划立体宣传。除了纸质媒体，也要充分考虑到当前网络平台的影响力，可通过当地省、市级文化网站，以及文化和旅游部、中国文化传媒网等文化网站进行有效的宣传，同时选择电视媒体进行文化和旅游志愿服务的新闻宣传。虽然纸质媒体、电视媒体、网络媒体等宣传推广的效果会有一定的区别，但只要精心把握文化和旅游志愿服务品牌的新闻亮点，有计划地通过各种新闻平台进行立体宣传，就能有效地将文化和旅游志愿服务的品牌故事传播开来，从而提升文化和旅游志愿服务品牌的知名度、美誉度。

必须注意的是，好的文化品牌故事必须有新闻价值。只有具有新闻价值的文化品牌故事，才是新闻媒体所欢迎的，才是广大读者所喜闻乐见的。

案例：北京市密云区"暖心工程"

北京市密云区 2010 年来开展的"暖心工程"文化志愿服务，把处境不利群体作为志愿服务的对象，为全区孤寡、孤残老人及贫困家庭拍摄、冲洗照片，为聋人学校开设了书法、美术、舞蹈、合唱等兴趣班。

作为密云区首批文化志愿者，70 多岁的于桂芬已做了十几年的志愿服务。自从在聋人学校看到那些身有残疾的孩子，她的目光就再也没有离开过他们。她授课的舞蹈班由聋哑学生、智力落后学生、唐氏综合征学生等组成，学生舞蹈基础参差不齐，沟通起来也很困难，几个简单的动作往往要练习上百遍，一节课下来，于桂芬常常是大汗淋漓。2010 年，在"国际志愿者日北京市文化志愿者服务主题活动"上，她教授孩子们表演的情景剧《爱的感动》打动了在场的每一位观众，很多学生家长流下幸福的眼泪，对志愿者的付出表示由衷的感激。

北京市密云区"暖心工程"文化志愿服务也通过《中国文化报》等全国以及北京新闻媒体的宣传广为人知，作为文化品牌获得了广泛的社会知名度。

第四节　文化和旅游志愿服务品牌建设路径

一、用心发现文化资源

文化和旅游志愿服务品牌的策划，必须紧密结合各地文化资源。这里说的文化资源，既包括有地域特色的文化艺术资源，也包括文化和名人资源。

(一)地域文化资源

在文化和旅游志愿服务品牌建设中，重视地域特色文化和旅游资源的利用与开发，既是文化和旅游志愿服务的需要，也是文化和旅游志愿服务品牌建设中特色性、个性化的要求。

我国幅员辽阔，文化具有多样性。源远流长、多姿多彩的民族文化、艺术，是各族人民的智慧结晶，也是文化和旅游志愿服务品牌建设中弥足珍贵的文化和旅游资源。

在打造文化和旅游志愿服务品牌的过程中，要善于从传统民间文化艺术中、从多姿多彩的民族文化中，策划具有创新性、富有地域特色的文化和旅游志愿服务项目，推进文化和旅游志愿服务品牌建设。

(二)文化名人资源

在文化和旅游志愿服务品牌建设中，要充分利用文化名人资源，策划组织开展文化和旅游志愿服务活动，打造文化和旅游志愿服务特色品牌。这是当前文化和旅游志愿服务品牌建设中应该引起重视的课题。

文化名人具有较高的知名度，借助文化名人的社会影响，可以起到事半功倍的效果，扩大文化和旅游志愿服务品牌的社会影响。

在文化和旅游志愿服务项目策划和实施过程中，既要面向全社会招募文化和旅游志愿者，又要面向文化名人、艺术名家进行定向招募，使其成为文化和旅游志愿者，参与到文化和旅游志愿服务品牌建设中。德艺双馨的文化名家、艺术名人满腔热情参与文化和旅游志愿服务，把艺术奉献给人民，把文化奉献给社会，往往能够在提升文化和旅游志愿服务品质的同时，以他们的影响力和号召力，引导和激发更多的公众参与文化和旅游志愿服务。

由北京市朝阳区文化馆、北京工友之家文化发展中心联合为外来务工人员举办的春节联欢晚会，正是因为文化志愿者和文化名人的参与，在全国产生了较大的社会影响。一年一度的"春晚"往往请来文化名人做志愿者，与外来务工人员一起主持，呼吁更多的人关注外来务工人员这一群体。一位著名主持人在2015年已是第三次主持这样的"春晚"了，他对"春晚"的支持和关注让外来务工人员非常感动。"春晚"展示了外来务工人员的文化创造力，因为文化名人的主持参与，其受到越来越多人的关注，也入选了全国文化志愿服务示范项目。

二、因势利导提升品牌

在文化和旅游志愿服务中，要把常态化的志愿服务团队打造成品牌，文化和旅游志愿服务活动要出色、出彩，对志愿者的专业技能培训是不可或缺的。

(一)及时引导兴趣爱好

在文化和旅游志愿服务品牌建设中，文化和旅游志愿者是开展志愿服务的主体，也是文化和旅游志愿服务品牌建设的主要力量。但是要使文化和旅游志愿服务团队、文化和旅游志愿服务活动成为家喻户晓的文化品牌，就需要文化和旅游部门、文化和旅游志愿服务组织根据公众的兴趣爱好，及时加以引导，充实文化和旅游志愿服务队伍。

许多文化和旅游志愿服务组织与各级文化主管部门和文化事业机构有着密切的联系。各级文化部门是文化和旅游志愿服务品牌建设的引导者，应及时引导具有爱心、甘于奉献、热爱文化事业、愿意参与公共文化服务的社会各界人士，组建文化和旅游志愿服务团队，引导他们策划组织多种形式的文化和旅游志愿服务项目，为推进公共文化服务、繁荣发展文化事业，作出积极的贡献。

资料介绍，某地的文史学者策划开展一次文史沙龙活动，组织10多名文史爱好者对这个城市的历史文化遗产进行考察。文史爱好者们充分认识到保护好文物，就是保存历史、保存城市的文脉。于是通过组织引导，十几个人建立了文物保护志愿者团队微信群，线上学习文物保护知识，线下进行宣传与保护，为城市当地的文物保护默默奉献着力量。

在全国各地，有许多既有志愿服务意识、又有文化和旅游专长的各界人士，只要文化和旅游部门积极引导，做好宣传，动员更多的社会力量参与文化和旅游志愿服务，那么，文化和旅游志愿服务品牌建设就有了深厚的基础。

(二)加强培训提升质量

在文化和旅游志愿服务品牌建设中，一方面要激发文化和旅游志愿者的志愿热情，增强文化和旅游志愿服务组织的凝聚力，另一方面要组织举办具有针对性的文化和旅游专业培训，提升文化和旅游志愿者的服务能力。文化和旅游志愿服务品牌必须具有内在的优良品质，因此加强志愿者的常态化培训尤为紧迫和重要。

面向文化和旅游志愿者开展培训工作，培植文化和旅游志愿服务品牌，可以从组织文化和旅游志愿者培训班入手，邀请专家举办文化和旅游志愿服务品牌建设的专题讲座，分享文化和旅游志愿服务品牌建设的经验，提升文化和旅游志愿者文化品牌建设的自觉意识，努力将其转化为文化和旅游志愿服务品牌建设的实践探索。

加强文化和旅游志愿精神的培育，进行文化和旅游志愿服务品牌指导，提升文化艺术技能水平，是提升文化和旅游志愿服务品牌质量的必由之路。当文化和旅游志愿服务品牌具备了优良的服务品质，美誉度和知名度就会随之而来。

三、策划亮点吸引眼球

文化和旅游志愿服务品牌的知名度从何而来？策划创意是关键的环节。要通过品牌策划，以品牌亮点吸引眼球，通过新闻媒体宣传，提高文化和旅游志愿服务品牌的知名度。

文化和旅游志愿服务品牌的亮点，指的是文化和旅游志愿服务品牌所特有的、能够令人瞩目的优良品质、让人感怀的精彩故事、富有个性的文化特色等。文化和旅游志愿服务中涌现出来的文化品牌，以其不同的地域文化特色、精彩动人的故事、优良的文化品质、与众不同的文化特点，构成了文化和旅游志愿服务品牌的亮点。

文化和旅游志愿服务品牌的亮点，往往有着地域文化、民族文化的特色，这是文化和旅游志愿服务品牌建设中可遇而不可求的文化资源；更多的时候，文化和旅游志愿服务品牌的亮点，是需要人们根据现有的文化资源精心策划的。

策划文化和旅游志愿服务品牌亮点，需要掌握一定的技巧。掌握了这些策划技巧，就如同掌握了打开品牌之门的钥匙。

文化和旅游志愿服务品牌亮点的策划技巧主要有以下几种。

(一)求异思维

作为文化和旅游志愿服务品牌的策划者，必须掌握文化和旅游志愿服务品牌建设的整体情况，结合当地文化和旅游志愿服务的实际，应用差异化的方法，发现文化和旅游志愿服务的个性特点，并把个性特点进行有效强化。与众不同才能脱颖而出，受到新闻媒体的青睐，吸引众人的眼球，才有可能在人们心目中留下深刻的品牌印象。

当前，文化和旅游志愿服务在全国各地蓬勃发展，涌现出许多具有创新亮点、取得广泛社会影响的文化和旅游志愿服务品牌。在文化和旅游志愿服务品牌策划过程中，必须深入掌握全国各地文化和旅游志愿服务品牌建设的现状，系统梳理文化和旅游志愿服务品牌，运用求异思维，结合当地的文化和旅游志愿组织的定位与优势，同中求异，策划实施具有个性特点的文化和旅游志愿服务活动。

(二)精彩细节

在文化和旅游志愿服务品牌策划过程中，要善于捕捉策划的契机，把握住一闪而逝的灵感。须知一个成功的文化和旅游志愿服务品牌策划，在于有令人眼前一亮的惊喜，这些惊喜的亮点，大多是从一些看似细微的环节中显现出来的。因此，在组织策划文化和旅游志愿服务活动品牌时，作为文化和旅游志愿服务活动具体的策划者，要善于从细节上制造惊喜。在文化和旅游志愿服务品牌建设过程中，同样需要寻找和发现文化志愿服务中一些令人怦然心动、透露出浓浓的文化情怀的温暖细节。这些文化和旅游志愿服务中看似微不足道的细节，往往会成为文化和旅游志愿服务文化品牌的亮点。

(三)贴近热点

社会热点是人们日常关注的话题，也是新闻媒体乐于报道的内容。在文化和旅游志愿服务品牌建设过程中，必须善于借助社会热点，借台登高，使文化和旅游志愿服务品牌建设与社会热点有机结合，使之具有文化亮点。贴近热点，文化和旅游志愿服务品牌建设仿佛插上了隐形的翅膀，更容易引起新闻媒体的重视和公众的关注。

(四)强化优势

人无我有，人有我优，这样才具有竞争优势。文化和旅游志愿服务品牌建设同样要强化优势，突出文化和旅游志愿服务品牌的亮点。所谓优势，就是指能够压倒对方、独占鳌头的有利形势和条件。各地在进行文化和旅游志愿服务品牌建设时，必须因地制宜，从历史文化积淀与文化和旅游志愿者构成中发现自身文化优势，扬长避短，把文化优势变成文化和旅游志愿服务品牌亮点。

四、多种平台宣传推广

有了品牌亮点、品牌质量，文化和旅游志愿服务品牌也不一定具有影响力和知名度。影响力和知名度离不开有的放矢的宣传推广。酒香还得勤吆喝，有亮点、有品质的文化和旅游志愿服务品牌就是芳香的美酒，要成功地营销推广，就需要借助于各种有效的媒介与平台。

一般来说，当前文化和旅游志愿服务品牌推广途径，主要有通过新闻媒体的宣传报道扩大影响、通过网络平台提高人气、通过政务信息报送渠道宣传文化和旅游志愿服务品牌建设的典型经验等。

(一)新闻媒体平台

文化和旅游志愿服务品牌需要新闻媒体和网络媒体积极进行营销与推广，否则其影响力还是有限的。

在文化和旅游志愿服务品牌建设中，利用新闻媒体进行宣传，打造品牌的影响力和知名度，是目前文化和旅游志愿服务品牌宣传推广所采用的常规方法。

文化和旅游志愿服务作为现代公共服务体系的重要组成部分，这些年来受到各级政府的高度重视。2017年3月1日起施行的《中华人民共和国公共文化服务保障法》将文化和旅游志愿服务写入公共文化服务基础性法律；2016年中宣部、中央文明办、文化部等7部门联合发布《关于公共文化设施开展学雷锋志愿服务活动的实施意见》；2019年3月，文化和旅游部、中央文明办印发《2019年文化和旅游志愿服务工作方案》。开展文化和旅游志愿服务是文化和旅游公共服务的重要举措，是新闻媒体文化宣传的重点选题之一。尤其在每年12月5日国际志愿者日、3月5日学雷锋纪念日来临之际，一般都会推出一系列志愿服务工作的新闻报道。

在文化和旅游志愿服务品牌宣传推广过程中，要主动积极联系新闻媒体，及时提供具有新闻价值的文化和旅游志愿服务品牌建设的做法、成效与成功经验，通过新闻记者的生花妙笔进行宣传报道，使文化和旅游志愿服务具备一定的知名度与美誉度。

在文化和旅游志愿服务品牌建设过程中，抢占了新闻宣传的制高点，就抢得了先机。因此，如果具备文化和旅游志愿服务品牌的优良品质，又有精彩动人的品牌故事，就要通过新华社、《人民日报》《光明日报》《中国文化报》等新闻媒体报道，充分发挥宣传优势，大力推进文化品牌建设。

(二)互联网络平台

互联网具有数字资源的共享性不受时间、空间的限制，不管在哪里，只要可以上网，就可以享受互联网上的数字文化资源。不仅如此，互联网还具有信息交换的即时性、互动性。互联网的共享性、即时性和互动性，为文化和旅游志愿服务品牌的宣传提供了极为有利的平台。

随着移动互联网的普及，手机网民数量不断增长，据 2020 年 4 月中国互联网络信息中心（CNNIC）发布的第 45 次《中国互联网络发展状况统计报告》，截至 2020 年 3 月，我国网民规模达 9.04 亿，较 2018 年年底增长 7 508 万，互联网普及率达 64.5%。我国手机网民规模达 8.97 亿，较 2018 年新增手机网民 7 992 万，网民通过手机接入互联网的比例高达 99.3%。2020 年，互联网覆盖范围进一步扩大，贫困地区网络基础设施"最后一公里"逐步打通，"数字鸿沟"加快弥合。我国互联网络令人欣喜的发展势头，为文化和旅游志愿服务品牌的互联网宣传提供了便捷的途径。

文化和旅游志愿服务组织与文化和旅游志愿者必须树立互联网意识，借助电脑和手机，将文化和旅游志愿服务活动以文字、图片和视频的形式上传到网络，让更多的网民分享；将文化和旅游志愿服务品牌在互联网上进行展示，与广大网民即时互动；将文化和旅游志愿服务品牌建设成果在网上进行宣传推广。借助互联网平台，能够让文化和旅游志愿服务品牌突破时间、空间上的局限，进行有效传播。

互联网让地球变"小"了，让信息传播变得通畅。在当前文化和旅游志愿服务品牌建设过程中，传统传播手段的局限性问题在互联网时代迎刃而解。因此，必须积极借助互联网平台加强宣传推广，提升文化和旅游志愿服务品牌的知名度、美誉度，使文化和旅游志愿服务品牌实至名归。

（三）政务信息平台

文化和旅游志愿服务品牌宣传推广的另一条捷径，就是各级政府的政务信息渠道。

许多文化和旅游志愿服务组织及文化和旅游志愿者对政务信息渠道可能有些陌生，它是基层政府向上级政府部门乃至国务院反映情况的信息通道，便于上级政府和领导及时掌握政治、经济、文化和社会发展等方面的情况。政务信息对以下几方面的内容颇为关注：一是突发事件，二是新情况和趋势，三是存在问题与对策，四是值得推广的典型经验。

从文化和旅游志愿服务品牌的宣传推广来说，一般可以通过各地文化部门等政务信息渠道，及时上报文化和旅游志愿服务品牌建设的经验、做法及成效。如果上报的文化和旅游志愿服务品牌建设经验和做法有普遍意义和推广价值，就有可能作为文化和旅游志愿服务品牌建设的典型案例，在一定的范围内进行宣传推广。这是目前基层文化和旅游志愿服务品牌推广中应该引起重视的宣传途径。

五、持之以恒，品牌常新

文化和旅游志愿服务品牌建设不是一朝一夕的事情，既需要认真的探索和精心的建设，也需要时间的积淀，只有持之以恒，才能打造成功的文化品牌。

(一)文化和旅游志愿服务品牌建设的长远规划

既然文化和旅游志愿服务品牌不是短时间里能够打造出来的,那么制订文化和旅游志愿服务品牌建设的长远规划就是必不可少的。

文化和旅游志愿服务品牌建设的长远规划,是指立足于当前文化和旅游志愿服务建设的实践,对具有一定文化品牌基础的文化资源,精心进行长远的建设规划,确定文化和旅游志愿服务品牌建设的未来路线图,描绘文化和旅游志愿服务品牌建设的美好愿景。

在制订文化和旅游志愿服务品牌建设的长远规划时,要求文化和旅游志愿服务品牌建设的目标具有针对性,要接地气,是具有个性特点、地域特色的文化和旅游志愿服务项目,与其他文化和旅游志愿服务项目相比具有显著的优势。

文化和旅游志愿服务品牌建设的规划具有一定的时间性。文化和旅游志愿服务品牌建设的长远规划一般为三五年,分成几个实施阶段,每个阶段必须具有清晰的行动目标,整个建设规划方案必须具有可行性。

文化和旅游志愿服务品牌建设的长远规划是实际行动的指导,有了清晰的品牌建设路线图,才会心中有数,脚下有路,脚踏实地推进文化和旅游志愿服务的品牌建设。

(二)文化和旅游志愿服务品牌建设的有序推进

文化和旅游志愿服务品牌建设的长远规划要付诸实践,还必须有具体的文化品牌行动计划。文化和旅游志愿服务品牌建设的长远规划往往着眼于未来几年,是具有方向性的;而文化和旅游志愿服务品牌计划一般是每个年度的文化品牌建设具体的内容、步骤与方法,是具有可操作性的。文化和旅游志愿服务品牌建设的计划是品牌建设长远规划的具体化,通过对文化和旅游志愿服务品牌建设长远规划的细化,使之便于从实践的层面付诸行动。

文化和旅游志愿服务品牌建设必须强化执行力。有了文化和旅游志愿服务品牌建设的计划,更重要的是将之落实在品牌建设的具体行动中。文化和旅游志愿服务品牌建设过程中经常会遇到各种困难,这就需要文化和旅游志愿服务组织与文化和旅游志愿者攻坚克难,按照既定的计划推进文化和旅游志愿服务品牌建设。只要计划本身没有问题,就该坚持不懈,循序渐进,最终才能水滴石穿,做成品牌。

文化和旅游志愿服务品牌建设必须不断策划品牌亮点,进一步提升志愿服务质量,吸引新闻媒体的充分关注。这既是扩大文化和旅游志愿服务品牌影响力的需要,也是文化和旅游志愿服务品牌持续发展的需要。在文化和旅游志愿服务品牌建设过程中,必须强调文化和旅游志愿服务品牌建设的目标导向,每个阶段都要有重点目标,"咬定青山不放松",充分发挥文化和旅游志愿者在品牌建设中的主体作用,只有主动而为,持之以恒,文化和旅游志愿服务品牌的建设才能水到渠成。

【思考题】

1. 什么叫文化和旅游志愿服务品牌？文化和旅游志愿服务品牌有哪些构成要素？

2. 建设文化和旅游志愿服务品牌的意义是什么？

3. 文化和旅游志愿服务品牌建设有哪些路径？

4. 结合文化和旅游志愿服务工作实际，谈谈在文化和旅游志愿服务品牌建设过程中如何进行个性定位。

第八章 文化和旅游志愿服务数字平台建设

【目标与任务】

通过本章的学习，了解文化和旅游志愿服务网站、微博、微信公众号运营管理的基本常识，熟悉文化和旅游志愿服务网站、微博、微信公众号的功能与特点，掌握文化和旅游志愿服务数字平台的日常管理工作，充分发挥文化和旅游志愿服务数字平台的作用，推动文化和旅游志愿服务的数字化。

互联网给人类社会发展带来了极为深远的影响。在互联网普及和网络技术广泛应用的今天，互联网已经成为获取信息的首选渠道与平台。

我国蓬勃发展的文化和旅游志愿服务，必须重视利用互联网和移动互联网的信息传播优势，着力进行网络平台建设，利用网站、微博、微信公众号等载体，传播文化和旅游志愿服务信息，招募文化和旅游志愿者，宣传志愿服务精神，动员更多的人参与文化和旅游志愿服务。

第一节 文化和旅游志愿服务网站的运营管理

在互联网时代，文化和旅游志愿服务网站所具有的信息传播数字化、互动交流即时化、服务资源共享化、志愿服务精准化等特点，使众多的文化和旅游志愿服务组织普遍重视文化和旅游志愿服务网站建设，构建文化和旅游志愿服务信息平台，宣传文化和旅游志愿服务活动，宣传优秀文化和旅游志愿者，招募文化和旅游志愿者，弘扬志愿服务精神，取得了良好的成效。

一、文化和旅游志愿服务网站的功能

文化和旅游志愿服务网站既是信息发布的平台，也是人们互动交流的平台。文化和旅游志愿服务网站建设，加速了文化和旅游志愿服务信息的传播，展示了文化和旅

游志愿者的良好形象，提升了文化和旅游志愿服务的社会影响。各地文化和旅游志愿服务组织应当重视文化和旅游志愿服务网站在开展文化和旅游志愿服务活动中的作用，大力推进文化和旅游志愿服务网站建设，实现文化和旅游志愿服务的信息化、网络化。

综观文化和旅游志愿服务网站，其功能主要是志愿服务信息发布、文化和旅游志愿服务项目动态公示、志愿者网络招募、文化和旅游志愿服务知识培训、文化和旅游志愿者风采展示等，一定程度上为提高文化和旅游志愿服务的管理水平和服务效能提供了有效信息平台。

(一)招募注册平台

在文化和旅游志愿服务网站建立网上文化和旅游志愿者注册系统，是颇为常见的做法。文化和旅游志愿服务组织通过网站的招募注册系统，实现文化和旅游志愿者的网上招募。一方面节约了文化和旅游志愿服务组织的大量精力和财力，提高了招募的效率，另一方面也给报名参与的文化和旅游志愿者的注册提供了便利。

人们可以通过登录文化和旅游志愿服务网站，在报名注册系统中按预先设计的注册程序，填写姓名、性别、年龄等个人身份信息，并填报自己的特长、志愿服务类别、志愿服务项目、志愿服务时间、志愿服务要求等资料。不用现场报名，就可以在网站上完成报名注册，按规定经过规范的审核、认证、登记、造册后，成为文化和旅游志愿者。

文化和旅游志愿服务网站建立文化和旅游志愿者招募注册平台，有利于实现文化和旅游志愿服务资源的数字化管理，提升文化和旅游志愿者服务信息管理的数字化水平。

(二)服务供需平台

文化和旅游志愿服务供需对接也是文化和旅游志愿服务网站的重要功能之一。在文化和旅游志愿服务网站运营管理中，应常态化地发布文化和旅游志愿服务项目、文化和旅游志愿服务活动的动态，包括志愿服务活动的公告、动态性的宣传报道，以及文化和旅游志愿服务项目需要在网上招募的文化和旅游志愿者信息。

在文化和旅游志愿服务网站上，文化和旅游志愿者可以根据自己的文化艺术特长、服务意愿，选择相应的文化和旅游志愿服务项目，参与文化和旅游志愿服务活动，奉献自己的爱心与艺术专长，体现自身的价值追求。

此外，文化和旅游志愿服务对象也可以从网站上获悉文化和旅游志愿服务组织发布的文化和旅游志愿服务项目，以及即将开展的文化和旅游志愿服务。他们可以就自身的精神文化需求，通过网站平台联系文化和旅游志愿服务组织，请求安排有针对性的文化和旅游志愿服务，实现文化和旅游志愿服务资源与文化和旅游志愿服务对象的文化需求的精准对接，提高文化和旅游志愿服务的精准性，提升文化和旅游志愿服务水平。

(三)志愿者培训平台

文化和旅游志愿者培训是一项长期的工作。各级文化和旅游志愿服务组织在重视开展线下志愿者培训的同时，必须重视文化和旅游志愿培训平台的建设。可以在文化和旅游志愿服务网站开设志愿者培训的专题，建立网上文化和旅游志愿者培训考核系统等，通过文化和旅游志愿服务网站进行文化和旅游志愿服务知识、文化艺术和旅游服务技能的培训。目前，这些志愿服务知识、服务技能的培训主要以文字方式呈现，适当地发布志愿服务培训的视频也许效果会更好。

比较完善的文化和旅游志愿服务网站的培训考核系统，一般要求包括培训动态、培训教学的课程资源、网络答疑、在线考核等内容。文化和旅游志愿者只要登录网站，就能够获取文化和旅游志愿者培训的课程信息，下载网上培训课程，参与网上学习，并在网上参加考核等。

文化和旅游志愿服务网站建设，为文化和旅游志愿者培训提供了便利。文化和旅游志愿者根据自身的工作特点、闲暇时间，通过访问文化和旅游志愿服务网站，随时、便捷地获取培训信息，系统化地学习文化和旅游志愿服务知识、服务技能，不断强化志愿服务精神，提高文化和旅游志愿服务能力。

在文化和旅游志愿服务网站建立培训考核系统，将培训与考核结合起来，为考试合格者颁发文化和旅游志愿者服务上岗证书。这对于文化和旅游志愿者的学习培训更是一种积极的促进，有利于检验、评估文化和旅游志愿者网上培训学习的成效，促进文化和旅游志愿者以更认真、严谨的态度投入网络培训学习中，从而有效提升自身的思想素质与文化和旅游志愿服务能力。

(四)新闻宣传平台

文化和旅游志愿服务网站是文化和旅游志愿服务组织进行宣传的网络平台，应该发挥其信息容量大、传播速度快等特点，开展文化和旅游志愿服务宣传工作。要合理设置文化和旅游志愿服务网站的栏目，以人物专访等方式，宣传文化和旅游志愿者的服务事迹；以短新闻、图片新闻、通讯等形式动态性地报道文化和旅游志愿服务活动；以专题形式宣传优秀文化和旅游志愿服务团队、文化和旅游志愿服务示范项目，整体地展示文化和旅游志愿服务组织的良好形象等。

在文化和旅游志愿服务网站的新闻宣传中，可以大量使用图片、文字以及视频，发布大量的文化和旅游志愿服务信息。文化和旅游志愿服务网站信息量大，内容丰富，是展示文化和旅游志愿服务工作的很好平台。

除利用网站进行文化和旅游志愿服务常规的宣传外，还必须把握时机，策划实施文化和旅游志愿服务的宣传推广活动。既要把握国际志愿者日、学雷锋纪念日、全国助残日、重阳节等纪念日和传统节日，策划面向残疾人、老年人以及其他群体的文化和旅游志愿服务宣传，提高公众、媒体记者对文化和旅游志愿服务的关注度；又要把握社会热点，将社会热点与文化和旅游志愿服务有机结合，开展富有创意的宣传活动；还可以借助名人的影响力，通过网络平台开展文化和旅游志愿服务宣传，使文化和旅游志愿服务广为人知，达到宣传推广的目的。

（五）评价激励平台

文化和旅游志愿服务网站也是文化和旅游志愿服务组织进行评价与激励的平台。文化和旅游志愿者登录文化和旅游志愿服务网站，可以清晰地看到文化和旅游志愿者服务工作的记录，包括志愿服务项目、服务时间、服务内容等。建立网上文化和旅游志愿服务评价激励系统，客观真实地记录文化和旅游志愿者服务工作，及时将文化和旅游志愿服务情况在网站上进行展示，既是公开、公正评价的需要，也是对文化和旅游志愿者及其志愿服务的及时反馈。文化和旅游志愿者通过个人信息登录文化和旅游志愿服务网站，查询自己志愿服务的相关记录，也能够感受到文化和旅游志愿服务组织对自己志愿服务的认可。

文化和旅游志愿服务组织也可以开展星级认定，并在网站上公布，以激发文化和旅游志愿者的志愿服务热情。以文化和旅游志愿者服务时间为主要评价指标，结合服务业绩，文化和旅游志愿服务组织每年对文化和旅游志愿者进行星级认定。根据《中国注册志愿者管理办法》第十六条星级认证制度，志愿者注册后，参加志愿服务时间累计达到 100 小时的，认定为"一星志愿者"；累计达到 300 小时的，认定为"二星志愿者"；累计达到 600 小时的，认定为"三星志愿者"；累计达到 1 000 小时的，认定为"四星志愿者"；累计达到 1 500 小时的，认定为"五星志愿者"。这些星级志愿者评定结果在文化和旅游志愿服务网站公布，有利于激发文化和旅游志愿者的服务积极性，形成文化和旅游志愿者"赶、学、比、超"的良好局面。

二、文化和旅游志愿服务网站栏目设置

文化和旅游志愿服务网站既然是文化和旅游志愿服务组织展示社会形象、宣传文化和旅游志愿服务的网络平台，那么，栏目设置是否合理，是否能够体现文化和旅游志愿服务特点，是否可以给予访问网站的公众良好的第一印象，是网站运营管理者需要认真思考的。

文化和旅游志愿服务网站的栏目设置与网站的定位密切相关，主要目的是展示文化和旅游志愿服务组织良好的社会形象，宣传文化和旅游志愿服务工作。文化和旅游志愿服务网站的一级栏目，主要有文化和旅游志愿服务动态、文化和旅游志愿者招募、文化和旅游志愿者风采、文化和旅游志愿服务项目等。

（一）志愿服务动态

文化和旅游志愿服务动态栏目主要介绍文化和旅游志愿服务组织的各项文化和旅游志愿服务，要求具有新闻的时效性，让访问网站的文化和旅游志愿者与社会公众及

时了解文化和旅游志愿服务动态信息，参与文化和旅游志愿服务。

湖北省文化和旅游志愿者网络服务平台的"图片新闻"栏目，在2019年发布的信息主要有"黄冈市群艺馆成功举办2019年度优秀文化志愿者、优秀文化志愿团队表彰大会""黄冈市群艺馆文化志愿者积极参加'我为祖国献支歌'市直机关庆祝新中国成立70周年大型合唱音乐会活动"等。人们通过浏览网页，能了解众多文化和旅游志愿服务信息，感受到文化和旅游志愿服务蓬勃开展的喜人形势。

(二)志愿者招募

对于文化和旅游志愿服务组织来说，文化和旅游志愿者的招募是一项重要的工作。在网站建设中，可以设置文化和旅游志愿者招募作为一级栏目，以醒目位置呈现在公众面前，为开展文化和旅游志愿者招新进行网络宣传。

珠海市文化志愿者网站发布的文化志愿者招募信息颇为详细，主要涉及招募类别、文化志愿服务岗位、志愿服务内容、招募人数、基本条件，并提供在线报名入口。招募的志愿者类型既有文化馆新闻稿编辑助理，也有图书馆阅读推广、读者管理、图书整架等。招募的人数一目了然。对于志愿者的基本条件，分别从年龄、健康状况、专业特长、志愿服务能力等方面提出了明确的要求。欢迎社会公众根据志愿服务岗位的要求，结合自身条件，选择相匹配的文化志愿服务岗位，在网站进行注册报名。

(三)志愿者风采

文化和旅游志愿者风采展示是文化和旅游志愿服务网站通常都会设置的一级栏目，以宣传优秀文化和旅游志愿者的先进事迹，弘扬无私奉献、热情服务的高尚情操，激发文化和旅游志愿者见贤思齐、努力进取的服务热情。

山东文化和旅游志愿服务网的"文化志愿风采"栏目下设的"优秀志愿者"子栏目，宣传当地进行阅读推广、为环卫工人子女组织国学经典诵读活动，以及参加山东省文化馆"新六艺学堂"文化志愿服务活动中优秀文化志愿者的感人故事，希望把文化志愿精神传递给浏览的人们。

(四)志愿服务团队

关于文化和旅游志愿服务团队的宣传介绍，如果仅仅是某个图书馆、博物馆的文化和旅游志愿服务团队介绍，就主要介绍该团队的成立时间、志愿者数量、服务内容、服务成效、获得荣誉等。例如，湖北省文化和旅游志愿者网络服务平台介绍了秭归县图书馆文化志愿者服务队、文曲戏研究院志愿服务队、当阳市淯溪美术馆志愿者服务队等一大批志愿服务团队。如果文化和旅游志愿服务组织有下设行政区域的志愿服务组织，就根据实际情况设置二级栏目，介绍这些文化志愿服务组织的名称、负责人、联系电话、团队地址等。这些志愿服务组织信息的公开，一方面为志愿服务对象联系志愿服务组织提供了方便，另一方面也为报名参加志愿服务组织的公众提供了相应的通信联络方式。

（五）志愿服务项目

文化和旅游志愿服务项目栏目主要介绍文化和旅游志愿服务组织或团队正在开展的文化和旅游志愿服务项目，或者正准备开展的文化和旅游志愿服务项目。如"首图志愿者"网站的"志愿项目"栏目，发布了"心阅书香"助盲有声阅读、"语阅书香"手语志愿服务、"童沐书香"讲故事志愿服务、"导阅书香"咨询导航志愿服务等多个服务项目。

在一个地方性的文化和旅游志愿服务网站中，为了能让公众在数量众多的志愿服务项目中，迅速找到文化和旅游志愿服务项目，必须设置多个检索入口。

在文化和旅游志愿服务网站开辟文化和旅游志愿服务项目，能够在宣传文化和旅游志愿服务工作的同时，让社会公众清楚地了解正在开展的文化和旅游志愿服务项目。对于新的文化和旅游志愿者来说，通过这个专栏可以找到适合自己的志愿服务项目，并进而在志愿服务项目里奉献自己的爱心和文化艺术专长。

（六）资料下载

文化和旅游志愿服务网站还可以设置资料下载栏目，分享文化和旅游志愿服务工作相关的资料。网站提供下载的资料主要有文化和旅游志愿者章程、文化和旅游志愿者注册登记表；也有关于注册志愿者服务平台使用方面的资料，如注册志愿者证用户手册、志愿者信息管理服务平台用户手册、志愿平台常见问题解答等。同时，文化和旅游志愿者培训资料也会放在文化和旅游志愿服务网站的资料下载专栏中，供大家下载学习。

（七）政策法规

文化和旅游志愿服务网站的政策法规专栏，通常作为一级栏目放在显著的位置，主要上传志愿服务的政策与法律法规，并提供下载学习，让人们充分了解志愿服务的最新政策、国家与地方的法律法规，了解文化和旅游志愿者的义务与权利。

这些政策法规主要有：《志愿服务条例》《中华人民共和国慈善法》《中华人民共和国公共文化服务保障法》，文化部《文化志愿服务管理办法》，中央文明办等部门《关于规范志愿服务记录证明工作的指导意见》，民政部《志愿服务记录办法》，共青团中央《中国注册志愿者管理办法》，中宣部、中央文明办等部门《关于公共文化设施开展学雷锋志愿服务的实施意见》，中宣部、中央文明办等部门《关于支持和发展志愿服务组织的意见》，以及文化和旅游部、中央文明办《2019 年文化和旅游志愿服务工作方案》等。

要之，文化和旅游志愿服务网站的栏目设置大同小异，各地文化和旅游志愿服务组织应根据文化和旅游志愿服务工作需要，根据志愿服务网站的定位，进行合理设置。

三、文化和旅游志愿服务网站的日常管理

文化和旅游志愿服务网站投入运营后，就需要持续的维护与更新，不断给公众提供有价值的文化和旅游志愿服务信息，宣传和弘扬志愿服务精神，动员更多的公众加

入文化和旅游志愿服务行列。

（一）文化和旅游志愿服务网站的信息更新

文化和旅游志愿服务网站的日常信息更新，主要指文化和旅游志愿服务动态信息、文化和旅游志愿服务公告、文化和旅游志愿者风采、文化和旅游志愿者招募等方面信息的及时发布。

1. 信息更新的必要性

文化和旅游志愿服务网站的信息更新，是提高网站人气、吸引公众关注的重要途径，必须引起充分的重视。生动活泼的图片文字，感人的志愿服务视频，是网站充满生机活力所不可缺少的内容。如果文化和旅游志愿服务网站的信息没有及时更新，网站的访问量就会受到影响，关注网站的人群就会逐渐流失。

信息更新及时能够持续吸引人们关注。无论是文化和旅游志愿服务组织，还是志愿服务网站的管理者，都必须重视信息更新工作。网站的信息更新要注意时效性，努力避免出现文化和旅游志愿服务信息发布一段时间过热、一段时间过冷的问题。在文化和旅游志愿服务信息量大的时候，要精心编辑有价值的志愿服务信息；而在志愿服务信息量少的时候，要深入挖掘新闻线索，采写文化和旅游志愿服务的新闻资讯。

信息更新及时能够使网站充满生机活力。鲜活的文化和旅游志愿服务信息，可以给人带来阅读的新鲜感。文化和旅游志愿服务网站可能不同于其他的网站，每天都会有大量的新闻资讯。如果是某个图书馆、文化馆的志愿服务网站，每天更新文化和旅游志愿服务信息也不是很实际的事情，那就要做到定期发布信息，有规律地发布信息。当定期、有规律地更新信息时，人们就会增加定期访问的愿望与期待。

信息更新及时能够推动文化和旅游志愿服务工作的开展。及时进行文化和旅游志愿服务信息更新，定期发布志愿服务资讯，可使网站成为文化和旅游志愿服务的宣传阵地，成为文化和旅游志愿服务组织与文化和旅游志愿者沟通的桥梁，成为文化和旅游志愿者学习优秀榜样、接受文化和旅游志愿服务培训的重要场所，从而推动文化和旅游志愿服务工作持续开展。

2. 信息更新的注意事项

首先，应由专门人员进行信息更新。文化和旅游志愿服务网站的信息更新，必须确定专人负责，落实文化和旅游志愿服务信息的采写、上传和发布工作。专人负责网站信息更新，责任到人，能够增强网站管理人员的工作责任感和自觉性，及时做好文化和旅游志愿服务网站的信息更新。

其次，要建立相关制度。包括信息采写、信息上传、信息工作分工与管理等制度。文化和旅游志愿服务团队开展服务活动、文化和旅游志愿服务项目推进情况等信息，要由服务团队、项目负责人安排人员摄影、采写，提供给网站管理人员进行信息更新。只有做到分工明确、管理制度严格，网站的信息更新才能正常有序地进行。

最后，要及时发布志愿服务信息。及时、定期上传发布文化和旅游志愿服务信息，是文化和旅游志愿服务网站运行管理的基本要求。发布的文化和旅游志愿服务信息，除了政策法规、培训资料，应尽量是具有志愿服务地域特点、行业特色的文化和旅游志愿服务信息。这样，在众多的文化和旅游志愿服务网站中，才能因特色而有亮点，吸引公众的关注和参与，使文化和旅游志愿服务网站的作用得到充分的发挥。

(二)文化和旅游志愿服务网站的宣传推广

文化和旅游志愿服务网站的访问量和影响力离不开网站的宣传推广。因此，各级文化和旅游志愿服务组织在网站建设与运行管理中，必须重视网站的宣传推广，让更多的公众了解网站、访问网站，扩大文化和旅游志愿服务网站的社会影响。

1. 宣传推广的目的

文化和旅游志愿服务网站的宣传推广，目的是提高志愿服务网站的访问量，宣传文化和旅游志愿服务活动，提供文化和旅游志愿服务信息，招募文化和旅游志愿服务人员，展示文化和旅游志愿者精神风貌，推动文化和旅游志愿服务品牌建设，在全社会弘扬志愿服务精神，营造文化和旅游志愿服务的良好舆论氛围。

2. 宣传推广的方法

文化和旅游志愿服务组织可以利用自身的特点和优势，进行文化和旅游志愿服务网站的宣传推广。较为常见的方法有以下几种。

通过大型文化和旅游志愿服务活动宣传推广。大型文化和旅游志愿服务活动面向基层，面向群众，活动规模大，社会影响广。根据大型文化和旅游志愿服务活动的这个特点，可以在活动现场通过宣传推广的广告、活动中主持人推介等方式，宣传文化和旅游志愿服务网站，让更多的公众了解志愿服务网站，访问志愿服务网站，关注文化和旅游志愿服务动态。

通过文化和旅游志愿服务网络活动宣传推广。文化和旅游志愿服务组织可以在网站上策划推出优秀文化和旅游志愿者网络投票，在宣传志愿者动人事迹、展示文化和旅游志愿者良好形象的同时，通过网络投票方式集聚人气，提高访问量；也可策划进行文化和旅游志愿者网络招募，通过线下线上相结合的方式，广泛动员公众登录网站，了解文化和旅游志愿服务，注册报名成为文化和旅游志愿者。

在网站之间建立友情链接宣传推广。文化和旅游志愿服务组织可依托当地大型门户网站，建立文化和旅游志愿服务网站的链接，通过门户网站的影响力和网络人气，提高文化和旅游志愿服务网站的访问量。与志愿服务网站进行友情链接，使之成为一个志愿服务网络，能够让人们在关注和访问志愿服务网站的时候，关注到文化和旅游志愿服务网站，进而访问文化和旅游志愿服务网站。

在微博、微信朋友圈进行宣传推广。文化和旅游志愿服务组织可发动志愿者运用微信朋友圈、微博的传播优势，通过微信朋友圈、微博等平台，传播文化和旅游志愿服务网站的志愿服务信息，宣传推介文化和旅游志愿服务网站，鼓励人们通过志愿服务网站报名注册成为文化和旅游志愿者，投身于文化和旅游志愿服务。

第二节　文化和旅游志愿服务微信公众号的运营管理

一、微信公众号的类型

微信公众平台分为订阅号、服务号、企业号。

订阅号：为媒体和个人提供一种新的信息传播方式，构建与读者之间更好的沟通与管理模式。

服务号：给企业和组织提供更强大的业务服务与用户管理能力，帮助企业快速实现全新的公众号服务平台。

企业号：为企业或组织提供移动应用入口，帮助企业建立与员工、上下游供应链及企业应用间的连接。

微信公众平台企业号从功能上看，并不适合文化和旅游志愿服务组织单位、文化和旅游志愿服务组织。

那么，应选择微信订阅号，还是服务号作为文化和旅游志愿服务组织单位和文化和旅游志愿服务组织的微信公众平台呢？我们可以通过一个表格，比较微信订阅号和服务号的不同之处（表8-1）。

表8-1　订阅号和服务号功能比较

平台功能	订阅号	服务号
信息发送频率	每天可以发送一条群发消息	每个自然月可发送4条群发消息
消息显示	显示在用户的"订阅号"文件夹中	显示在用户的聊天列表中
消息提醒	用户不会收到即时消息提醒	用户会收到即时消息提醒
有关限制	没有较多的限制	有一定的限制

目前，全国各地文化和旅游志愿组织单位、文化和旅游志愿服务组织在微信公众号运作时，一般选择微信公众平台中的订阅号。原因可能与订阅号的信息发送频率有关，即如果需要，可以每天发送一条群消息，这在具体实践中更为实用，更具有操作上的便利性。

因此，在本章节介绍文化和旅游志愿服务组织单位或文化和旅游志愿服务组织的微信公众平台建设时，主要以微信订阅号为例，介绍微信公众号的运营与管理。

二、微信公众号的优势与定位

(一)微信公众号的优势

微信公众号在文化和旅游志愿服务实践中具有显著的优势，概括起来主要有以下几个方面。

1. 微信公众号的开放性，有利于展示文化和旅游志愿服务组织良好的社会形象

微信公众号不仅可以通过微信朋友圈、文化和旅游志愿者微信群进行有效推广，其本身的开放性特点，也使得人们可以通过检索、活动推广等方式，获得文化和旅游志愿服务组织与活动的各种信息。各级文化和旅游志愿服务组织单位及志愿服务组织可以借助作为新媒体的微信公众号宣传文化和旅游志愿服务活动，弘扬文化和旅游志愿服务精神，塑造文化和旅游志愿服务组织与文化和旅游志愿者的良好形象。

2. 微信公众号的互动性，有利于志愿服务组织面向社会公开招募文化和旅游志愿者

文化和旅游志愿服务组织单位、志愿服务组织可以运用微信公众号的互动性特点，根据志愿服务工作需要，发布文化和旅游志愿者招募信息，包括文化和旅游志愿服务项目、文化和旅游志愿者条件等，并利用微信公众号上传报名者个人信息。微信公众号的互动性，使文化和旅游志愿服务组织单位与志愿服务组织可以通过这个平台，高效地完成文化和旅游志愿者招募工作。

3. 微信公众号的即时性，有利于及时发布、传播文化和旅游志愿服务活动信息

微信公众号不受时间、空间的限制，利用移动终端，随时可以发布文化和旅游志愿服务活动的相关信息，包括文化和旅游志愿服务项目、服务时间、服务地点等。因此，无论是微信公众号的单独使用，还是微信公众号与微信朋友圈、微信群的组合使用，都能及时传播文化和旅游志愿服务信息，促成文化和旅游志愿服务活动的圆满完成。

4. 微信公众号的便捷性，有利于志愿服务组织以低成本赢得较高的效率

虽然微信公众号运行管理的成本较低，其信息传播与人际沟通却是高效率的。利用微信公众号针对文化和旅游志愿者及潜在的文化和旅游志愿者进行精准化的信息传播，能够使文化和旅游志愿服务信息传播到预想的人群。微信公众号运营和信息获取的便捷性，有利于加强文化和旅游志愿服务组织内部成员之间的情感联系，增强文化和旅游志愿服务组织单位、志愿服务组织的凝聚力，推动文化和旅游志愿服务组织可持续、健康地发展。

案例："文化和旅游志愿服务"微信公众号

"文化和旅游志愿服务"微信公众号是文化和旅游部全国公共文化发展中心在 2016 年 3 月推出的微信公众号。微信公众号原名"文化志愿服务"，在文化旅游融合发展的背景下改为"文化和旅游志愿服务"。公众号主要展示全国各地文化和旅游志愿服务活动的最新动态，向公众宣传文化和旅游志愿服务，以激发公众参与文化和旅游志愿服务的热情。

"文化和旅游志愿服务"微信公众号的"基层活动"栏目主要介绍全国各地文化和旅游志愿服务活动和优秀志愿者。2020 年 4 月 17 日的推文《乡村振兴正当时——河南"村宝"周营贤》，宣传的是河南省鲁山县瓦屋镇楼子河村的文化志愿者周营贤的事迹。4 月 24 日的推文《平顶山文化志愿服务工作连续在〈人民日报〉〈光明日报〉等各大媒体报道》介绍了该市 13 000 余名文化志愿者依托文化志愿服务工程，积极开展面向基层农村的文化志愿服务，举办"唱响村戏、村歌，同绘村画，共享村晚"等优秀文化活动。2020 年年初新冠疫情防控期间，微信公众号还推出了以"抗击疫情"为主题的"文化志愿者在行动"系列动态新闻。

除在一级栏目设置"基层活动"外，"文化和旅游志愿服务"微信公众号还设置了"阳光工程""圆梦工程"等栏目，发布的内容主要有各地志愿服务活动宣传、志愿服务团队风采展示，以及志愿服务政策文件等。

(二)微信公众号的定位

推出微信公众号之前，文化和旅游志愿服务组织必须对微信公众号进行准确定位，这是微信公众号运营成功的前提。有了具体清晰的定位，微信公众号的运营才会有的放矢，达成既定的目标。

作为文化和旅游志愿服务组织的微信公众号，在定位方面必须充分体现文化和旅游志愿服务的特点。微信公众号的运营是文化和旅游志愿服务组织工作的重要组成部分，旨在扩大文化和旅游志愿服务工作的社会影响，进一步推动文化和旅游志愿服务工作蓬勃发展。

文化和旅游志愿服务微信公众号的定位，决定了微信公众号的目标受众、内容风格以及平台功能。

1. 目标受众

目标受众就是微信公众号运行前确定的传播对象、服务人群。目标受众的描述与确定，与微信公众号的定位密切相关。文化和旅游志愿服务的微信公众号在目标受众的定位上，主要是面向某个特定地域的文化和旅游志愿者以及潜在的文化和旅游志愿者，同时面向文化和旅游志愿服务受益群体。这样的目标受众定位，要求微信公众号的内容推送、平台功能、平台风格，都必须与之相匹配。

2. 平台功能

微信公众号就像一个迷你的移动终端服务平台，具有多种不同的功能。作为文化和旅游志愿服务公众号，在平台功能的定位方面，要利用这个平台进行志愿服务信息发布、文化和旅游志愿服务宣传、文化和旅游志愿者网络招募，推进文化和旅游志愿服务品牌建设等。因此，应根据文化和旅游志愿服务微信公众号的平台功能定位，设计具体的板块、目录。

3. 内容推送

确定了文化和旅游志愿服务微信公众号的目标受众、平台功能，就要根据文化和旅游志愿服务的要求以及文化和旅游志愿服务组织的特点，确定日常推送的内容。推送的内容一般有：该文化和旅游志愿服务组织介绍、招募方式，在宣传志愿组织的同时进行网络招募；文化和旅游志愿服务项目介绍、志愿服务活动信息；文化和旅游志愿者风采、文化和旅游志愿服务团队风采、文化和旅游志愿服务宣传；志愿服务知识普及培训，等等。

(三)微信公众号的栏目设置

有些文化和旅游志愿服务微信公众号不设置栏目就直接推送文化和旅游志愿服务信息，有些则精心设置栏目。不设置栏目的微信公众号适用于基层文化和旅游志愿服务组织，这类组织参与微信公众号运营的人员紧缺，志愿服务信息类型不多，主要是推送文化和旅游志愿服务项目活动信息。微信公众号如果设置栏目，就具备了较强的服务平台功能，有利于微信公众号的运营者推送丰富的文化和旅游志愿服务信息，开展文化和旅游志愿服务活动，也方便微信用户阅读和查找资讯。

案例：成都市文化志愿者协会微信公众号

成都市文化志愿者协会于 2014 年 5 月推出微信订阅号，设置三个一级栏目，分别是"志愿者站展台""注册登记""最新通知"。

"志愿者站展台"栏目下设"协会简介""全市动态""文化暖心驿站""服务面孔"四个子栏目。"协会简介"主要介绍成都市文化志愿者协会的组织构成、组织模式；"全市动态"主要收集全市文化志愿服务的新闻动态和有关事迹；"文化暖心驿站"主要介绍文化暖心驿站的志愿服务项目，发布每个驿站的活动信息；"服务面孔"则是推送全市优秀文化服务志愿者、优秀文化志愿服务团队和优秀文化志愿服务项目。

"注册登记"栏目下设"志愿者注册"和"服务队注册"两个子栏目，具体介绍志愿者及服务团队注册步骤、个人或服务团队基本信息填写要求、审核所需的时间等，如果审核通过，申请者将获得唯一编号。注册成功的志愿者或团队可以报名参与微信订阅号推送的志愿者招募活动。

"最新通知"栏目是方便文化志愿者和社会公众留言、咨询，以及时解答问题的窗口。

三、微信公众号的内容运营管理

创建一个文化和旅游志愿服务微信公众号并不难，难的是如何把有价值的信息精准地推送给目标人群。这就需要加强对微信公众号的内容运营管理。

（一）微信公众号的内容运营

所谓内容运营，指的是采集相关信息，进行信息处理、加工，根据公众号的定位，进行文字撰写，配以图片、视频，向特定群体进行信息推广、分享，并与之互动。

文化和旅游志愿服务微信公众号的内容运营，主要是采集文化和旅游志愿服务信息，进行信息处理、编辑撰写，向特定的文化和旅游志愿者、潜在文化和旅游志愿者等群体，分享文化和旅游志愿服务动态信息、文化和旅游志愿者风采，传播志愿服务精神，宣传文化和旅游志愿服务知识，接受文化和旅游志愿者网络报名等。

微信公众号运行管理中，必须高度重视内容运行，根据文化和旅游志愿服务工作的特点，根据微信公众号运行的要求，进行文化和旅游志愿服务的内容采集、整理、撰写、推送，让关注微信公众号的文化和旅游志愿者从中获取有价值的志愿服务信息。

（二）微信公众号内容运营的主要工作

文化和旅游志愿服务微信公众号内容运营，主要包括内容定位、信息采集、内容撰写、内容发布等。这些都是内容运营中必不可少的环节，构成了微信公众号内容运营的整体。其中，内容定位是基础，它决定了微信公众号内容运营的方向。

1. 内容定位

文化和旅游志愿服务微信公众号在信息采集、内容编辑、文稿撰写、图文推送之前，必须根据微信公众号的定位，来决定内容定位。

在各地文化和旅游志愿服务微信公众号的运营中，内容定位无不与文化和旅游志愿服务工作紧密相连，故应根据微信公众号所属的文化和旅游志愿服务组织的服务特点，根据该志愿服务组织文化和旅游志愿者的精神文化需求，根据文化和旅游志愿服务工作的现状与发展态势，进行精准的内容定位。例如，深圳市文化馆运营的"深圳文化志愿"微信公众号的定位是"发布深圳文化志愿服务活动，展示文化志愿者风采，传递文化志愿服务精神"，其在公众号简介里写得清楚明白。

虽然都是文化和旅游志愿服务微信公众号，不同的志愿服务组织，其微信公众号的内容定位，也会有一定的差异。不同的内容定位，使微信公众号推送的内容大不一样，却都能体现出文化志愿服务微信公众号的价值。

2. 信息采集

"巧妇难为无米之炊。"微信公众号内容运营中的信息采集，是内容运营中的重要环节。

从采集的途径来看，主要通过文化和旅游志愿服务组织的深入采访、了解，掌握第一手文化和旅游志愿服务资讯，包括志愿服务动态、文化和旅游志愿服务项目发布、文化和旅游志愿者风采等；还可以通过网站、微信等途径，收集一些文化和旅游志愿服务方面的资讯，从中获悉文化和旅游志愿服务表彰信息、文化和旅游志愿服务最新政策、法规，文化和旅游志愿服务最新动态，或者收集介绍国内外文化和旅游志愿服务典型经验做法等。

从采集的信息载体看，既可以是文字类的文化和旅游志愿服务信息，也可以是图片、视频。精彩的图片和视频有利于提升微信公众号的观赏性、感染力，扩大文化和旅游志愿服务的社会传播。

3. 内容撰写

内容撰写是微信公众号内容运营中十分重要的环节。

首先是内容筛选，即对前期采集的信息进行分类、筛选等处理。信息采集仅仅是获取了大量的原材料。对采集的大量信息，要根据文化和旅游志愿服务微信公众号的内容定位进行筛选。筛选的时候，要充分考虑文化和旅游志愿服务信息的前后一致性，优先筛选与文化和旅游志愿服务相联系的热点话题，要考虑到内容的实用性、新颖性、趣味性。

其次是内容编撰。微信公众号发布的文字要用心琢磨，力求精练简洁，重点突出，便于阅读；文章能短就不要长；应精心撰写标题，设计段落、文字、色彩，重视阅读体验。

最后是内容呈现。要综合运用文案、图片、视频，发挥图片、视频的视觉冲击力，提高微信公众号的观赏性、感染力。

4. 内容发布

内容发布是指把已经完成的内容，包括文字、图片、视频，在文化和旅游志愿服务微信公众号进行发布，让公众及时得到有价值的文化和旅游志愿服务信息。

文化和旅游志愿服务微信公众号的内容发布，要注意把握发布时间的有效性。若是文化和旅游志愿服务活动的新闻宣传，必须在活动结束后第一时间推送；若是文化和旅游志愿服务活动向公众宣传推广，之前应策划撰写文案进行预热，广而告之；在每年 12 月 5 日国际志愿者日、3 月 5 日学雷锋纪念日之前，应大力宣传文化和旅游志愿者先进事迹，展示文化和旅游志愿者精神风采。

文化和旅游志愿服务微信公众号的内容发布，还要研究掌握发布时间，研究微信用户活跃时间段。可以考虑在中午前、临下班时或者晚上发布，方便人们在午休期间、晚上阅读，以免被众多的微信信息淹没。例如，"深圳文化志愿"微信公众号的内容发布时间较为规律，通常每周发布 4 次，每次发送 2 篇推文，发布的时间在晚上 8 点左右。

四、微信公众号的宣传推广

为了扩大文化和旅游志愿服务的社会影响，提高文化和旅游志愿服务组织的知名度，必须重视微信公众号的宣传推广，让广大文化和旅游志愿者关注微信公众号，让广大的社会公众知晓、关注文化和旅游志愿服务微信公众号。

文化和旅游志愿服务微信公众号的推广，主要有以下几种方式。

（一）志愿服务组织推荐

各地文化和旅游志愿服务组织往往要求每位文化和旅游志愿者关注微信公众号，从微信公众号中获取文化和旅游志愿服务信息。通过扫二维码、拉身边志愿者关注等途径，文化和旅游志愿服务志愿者通常都会关注自己所在的志愿者服务组织的微信公众号。他们既是文化和旅游志愿服务微信公众号的"铁杆粉丝"，也是微信公众号用户管理中最为重要的用户。

（二）微信朋友圈推荐

通过文化和旅游志愿者的朋友圈，可以转发文化和旅游志愿服务微信公众号推送的内容，朋友圈里若有志同道合的，尤其是有奉献精神、有志于以自己的文化知识和艺术特长服务社会的朋友，就会在阅读转发内容后关注文化和旅游志愿服务微信公众号。

（三）网站推广方式

这种方式一般是通过文化和旅游志愿组织管理单位的网站，进行文化和旅游志愿服务微信公众号的宣传推广；或者通过网络社区，向公众进行微信公众号的推广。

（四）名人微信公众号推荐

文化名人往往拥有众多的微信"粉丝"，如果文化名人是文化和旅游志愿服务组织中的一员，并积极利用业余时间进行志愿服务，在个人的微信公众号上进行宣传推荐，就是很有效的推广方法。如果名人还不是文化和旅游志愿者，却对文化和旅游志愿服务项目或文化和旅游志愿服务活动十分赞赏，可以在其微信公众号上进行介绍和点评，同样会起到很好的宣传推广作用。

文化和旅游志愿服务微信公众号推广方式不一而足，重要的是在实践中进行探索，不断总结经验；同时多种推广方式组合运用，效果更好。

第三节　文化和旅游志愿服务微博的运营管理

与微信一样，微博也是文化和旅游志愿服务组织或管理单位在移动互联网时代应该重视并着力建设的自媒体平台。

一、微博的特点

微博与微信在功能上类似，又各有特点，在传播方式上，微信主要是朋友圈的传播，微博则是开放式的传播。不少文化和旅游志愿服务组织或管理单位自觉运用微信、微博等自媒体，进行文化和旅游志愿服务的宣传推广，投入成本有限，推广效果却令人兴奋，值得期待。

（一）多样化传播

微博的篇幅虽然一般比较短小，然而它利用现代信息技术和互联网技术，运用文字、图片、视频等多种化的载体传播信息，大大增加了信息量，增强了信息的生动性和感染力，提高了微博用户的阅读欣赏体验。

（二）超便捷发布

微博的便捷性主要体现在三个方面：微博的文字篇幅一般比较短小，在很短的时间内就可以撰写完成；不仅可以通过电脑登录互联网发布微博，还可以通过手机等移动终端发布微博；微博操作简单，哪怕是在坐地铁、公交时，或者会议间隙，都可以随时随地、即刻发布。

（三）开放性传播

微博的开放性，决定了微博信息发布的传播范围广、传播速度快。如果微博的内容足够吸引眼球，如果有热门的微博用户进行链接推广，微博信息的阅读量就会以几何级数增长，甚至可能在短时间内达到家喻户晓的程度。

（四）即时性交流

微博的转发、评论、私信功能，可以让微博发布者与社会公众通过微博平台进行即时的交流与互动，及时地获得信息反馈，提高信息交流的效率。

微博的多样化传播、超便捷发布、开放性传播、即时性交流这些特点，对于文化和旅游志愿服务组织或管理单位运用微博进行宣传、传播，扩大文化和旅游志愿服务的社会影响，动员社会公众参与文化和旅游志愿服务，提高文化和旅游志愿服务的社会影响力和知名度，具有很强的操作性和现实的意义。

案例：北京文化志愿者新浪微博

新浪微博"北京文化志愿者"于 2011 年 10 月开通，该微博的标签为文化志愿者、北京、公益、服务。

"北京文化志愿者"主要发布北京市、各区（县）文化志愿服务的动态信息，宣传"送福到家"等文化志愿服务活动，以展示北京文化志愿服务工作，推进文化志愿服务活动深入开展。

二、文化和旅游志愿服务微博的作用

作为一个文化和旅游志愿服务组织的信息发布平台，微博几乎不需要经费上的投入，只要安排熟悉微博平台运作的志愿者进行熟练的操作即可。

在移动互联网时代，微博是便捷的信息传播平台，微博的开通与运营应该列为文化和旅游志愿服务组织日常的志愿服务宣传推广的工作内容。开通文化和旅游志愿服务微博，有以下几个方面的作用与价值。

(一)及时发布文化和旅游志愿服务信息

微博作为移动互联网终端的一个信息入口，可以在第一时间发布当前文化和旅游志愿服务信息。新近推出的文化和旅游志愿服务项目，可以在这里进行发布；即将开始的文化和旅游志愿服务活动的通知，可以在这里广而告之；文化和旅游志愿者招募的动态，可以在微博上进行发布；等等。

在文化和旅游志愿服务微博上发布的志愿服务信息，关注微博的该文化和旅游志愿服务组织的成员以及热心于社会公益事业的人们都会接收到，并积极参与文化和旅游志愿服务组织举办的各项文化和旅游志愿服务工作，形成文化和旅游志愿服务组织登高一呼，志愿者积极响应的畅通的信息传播渠道。

(二)实现志愿者之间的思想有效沟通

文化和旅游志愿服务微博既是发布文化和旅游志愿服务信息的平台，也是文化和旅游志愿者沟通情感、交流思想的有效载体。在文化和旅游志愿服务组织中，志愿服务组织的负责人和资深的文化和旅游志愿者，可以借助于微博的评论、私信等功能，加强与志愿服务组织内部的文化和旅游志愿者的感情联系，了解他们的思想动态，及时对其进行思想上的引导和精神上的激励。而文化和旅游志愿服务组织中的带头人与资深志愿者在行动上做出的表率，也可以通过微博平台，以自己的人格魅力和志愿精神感染着身边的志愿者。

通过文化和旅游志愿服务组织微博进行人际交流和沟通，对于新加入文化和旅游志愿服务组织的志愿者而言，可以尽快让他们获得归属感，找到自己在文化和旅游志愿服务组织中的位置；对于其他志愿者来说，在微博中进行沟通、交流，增强他们文化和旅游志愿服务的自觉。

如果微博运营得好，文化和旅游志愿服务组织的负责人与志愿者、志愿者与志愿者之间的信息沟通、情感交流就会十分通畅；文化和旅游志愿服务组织的号召力、凝聚力也会大为增强，有利于促进文化和旅游志愿服务组织的健康、可持续发展。

(三)广泛进行志愿精神传播宣传

微博作为新媒体，具有传播范围广、传播速度快的特点。文化和旅游志愿服务组织的微博在具体运作中，必须重视微博的这些特点，用心策划做好文化和旅游志愿服务与志愿精神的宣传工作。

利用微博平台进行的志愿服务精神的宣传，主要有几种类型：一种是志愿服务精神的普及宣传，主要宣传志愿服务的概念、志愿精神、志愿服务的意义、我国志愿服务的历史等，以加深人们对志愿服务的认识；另一种是宣传文化和旅游志愿服务组织的志愿服务最新动态、志愿服务项目，宣传文化和旅游志愿服务组织的工作与文化和旅游志愿者的动人故事，以展示文化和旅游志愿者的精神风貌。

运用微博进行文化和旅游志愿服务宣传，从文化和旅游志愿者组织内部来说，可以树立文化和旅游志愿服务榜样，褒扬优秀文化和旅游志愿者，形成见贤思齐的良好氛围；从外部宣传来看，通过提及、通知(@)当地热门微博，让更多的公众关注文化和旅游志愿服务微博，了解文化和旅游志愿服务，感受文化和旅游志愿者的风采，有利于在全社会营造志愿服务的社会风尚。

文化和旅游志愿服务微博在运营中，必须要与新闻记者保持联系，对于那些有新闻价值的文化和旅游志愿服务信息，比如文化和旅游志愿者风采、文化和旅游志愿服务中的生动故事，及时提及、通知(@)新闻记者，让新闻记者获得新闻源，从而关注并宣传文化和旅游志愿服务工作。

(四)提升文化和旅游志愿服务的知名度

微博的用户数量极为可观。在文化和旅游志愿服务实践中，如果文化和旅游志愿者的故事很感人，文化和旅游志愿服务的故事很精彩，文化和旅游志愿服务的服务对象切身感受到美好与温暖，或者文化和旅游志愿服务项目富有创意，温暖人心……那么这些让人感动的志愿者、让人难忘的志愿服务通过文化和旅游志愿服务微博的推送，就会被更多的人获悉，从而为文化和旅游志愿服务赢得良好的社会声誉。

在文化和旅游志愿服务微博运营中，新闻记者也可以从中获得新闻线索，深入挖掘文化和旅游志愿服务的精彩内容，通过纸质媒体、数字媒体等多种平台宣传，扩大文化和旅游志愿服务的社会影响，提高文化和旅游志愿服务的知名度和美誉度。

社会公众通过文化和旅游志愿服务微博获取文化和旅游志愿服务信息，如果文化和旅游志愿者的故事能够感动人心，他们就会转发，在文化和旅游志愿服务品牌建设中也能够起到重要的二次传播作用。

三、文化和旅游志愿服务微博的运营管理

开通文化和旅游志愿服务微博是很简单的事情，但要做好文化和旅游志愿服务微博的运营管理，充分发挥它在文化和旅游志愿服务工作中的促进作用，却是件不容易的事情。

作为文化和旅游志愿服务组织，一方面必须重视微博的移动互联网媒体属性，积极宣传文化和旅游志愿服务工作，推进文化和旅游志愿服务品牌建设；另一方面必须重视微博的信息交流与互动功能，促进文化和旅游志愿服务组织内部的沟通与交流，加强文化和旅游志愿服务组织的凝聚力。

如何做好文化和旅游志愿服务微博运营与管理？必须从微博的定位、内容推送、页面优化等方面入手，及时更新信息，善于运用网络语言，与"粉丝"保持互动，使文化和旅游志愿服务微博走进公众，服务公众。

（一）准确定位

在微博开通之前，首先要做好微博的准确定位。微博的定位，直接关系到接下来的微博运营。同样是文化和旅游志愿服务的微博，其定位也可以完全不同。

文化和旅游志愿服务微博的定位，与文化和旅游志愿服务组织的志愿服务定位密切相关。活跃在图书馆的文化志愿服务组织，其微博的定位侧重于图书服务、阅读推广等方面的志愿服务内容；以文物保护为己任的文物保护志愿服务组织，其微博关注的重点，就是文物保护的志愿行动；而文艺名家志愿团队的微博，则重在发布文艺名家志愿团队的志愿服务信息，讲述文艺名家志愿者的服务故事，展示文艺名家志愿者的风采等。

文化和旅游志愿服务微博的定位，与文化和旅游志愿服务组织开通微博的初衷密切相关。文化和旅游志愿服务组织在开通微博的时候，往往都有一个愿望，或是希望通过微博宣传文化和旅游志愿服务组织所开展的各项文化和旅游志愿服务活动，展示文化和旅游志愿服务组织的良好社会形象；或是希望通过微博加强文化和旅游志愿服务活动的信息沟通，让微博起到信息发布平台的作用；或是把微博作为文化和旅游志愿者培训的平台，推送志愿精神、志愿服务发展史、志愿服务价值、志愿服务与个人价值的实现等内容，通过常态化的信息推送，不断强化文化和旅游志愿者志愿服务意识与奉献精神。

文化和旅游志愿服务微博有了准确的定位，才能在微博内容发布、品牌建设等方面进行针对性的运营，使文化和旅游志愿服务微博具备鲜明的个性特点，实现文化和旅游志愿者组织开通微博时设定的目标。

（二）"内容为王"

文化和旅游志愿服务微博在运营过程中，重要的是内容的策划与推送。只有经常发送对微博受众有价值的内容，才会受到粉丝们持续的关注，发送的内容才有可能被转发、评论，微博才能充分体现自身的价值。

在"内容为王"的互联网时代，如果不专注于内容的策划与运营，终有一天会被人遗忘，哪怕曾经有多么可观的粉丝数量。

文化和旅游志愿服务微博的内容运营，与微博的定位有着紧密的关联。如果与文化和旅游志愿服务无关，无论内容多么精彩、多么有意思，一般都不宜在微博上发布，以免模糊文化和旅游志愿服务微博的定位。

有了明确的微博定位，就必须紧紧围绕定位，精心选取、及时发布文化和旅游志愿服务相关素材，包括文字材料、照片以及视频资料，展示文化和旅游志愿服务微博的个性特点和志愿服务特色。

文化和旅游志愿服务微博的内容主要是原创的文化和旅游志愿服务信息。文化和旅游志愿服务组织的志愿服务中让人暖心的细节、文化和旅游志愿者的风采、文化和旅游志愿服务活动信息等，都可以成为微博中原创的内容，向公众进行发布。这些独家的文化和旅游志愿服务信息，对于关注公益文化事业的人，对于文化和旅游志愿者与潜在的文化和旅游志愿者，对于文化和旅游志愿服务的受益群体而言，都是他们希望获取的信息。

深入挖掘文化和旅游志愿者内在的精神世界，讲好文化和旅游志愿者的动人故事，这些独家发布的文化和旅游志愿服务信息，会感动许多文化和旅游志愿者，感动许多社会公众。

除了原创的微博内容，还可以通过转发分享的方式，充实文化和旅游志愿服务微博的内容。

如果微博运营的文化和旅游志愿服务组织的下属分支运营的文化和旅游志愿服务微博中，有精彩的文化和旅游志愿服务信息，有感人的文化和旅游志愿服务故事，自然要毫不犹豫地转发。

如果其他文化和旅游志愿服务组织微博上，有值得学习推广的文化和旅游志愿服务做法经验，可以配上评论转发，告诉人们这个志愿服务经验给予我们的启示。

如果其他微博上，有优秀志愿者的动人事迹，有志愿服务知识的生动解读，都可以转发，以便让更多的人从中受益。

(三)及时更新

文化和旅游志愿服务微博的内容必须及时更新。否则，关注微博的人们会深感失望，"粉丝"也会自然地流失，文化和旅游志愿服务微博就难以发挥预想的作用。

文化和旅游志愿服务微博及时更新，并不是要求每天一定要更新信息。对于许多文化和旅游志愿服务组织来说，每天更新微博也难以做到，毕竟它不同于通常的灌水微博，必须为关注微博的用户提供有价值的文化和旅游志愿服务信息。

在文化和旅游志愿服务微博运营中，信息更新可以从以下几个方面着手。

一方面，微博更新有规律。文化和旅游志愿服务微博的信息发布、内容更新，到底多长时间为宜，并没有统一的标准。更新的频率，要与文化和旅游志愿服务微博的定位、服务信息量有紧密的关联。"巧妇难为无米之炊"，有了微博平台，但是没有更新的内容，就很难运营下去。因此，对于绝大多数的文化和旅游志愿服务微博运营者来说，必须确定微博内容更新的频率，即通常多长时间更新一次内容，发布新的文化和旅游志愿服务信息。如果文化和旅游志愿服务微博发布有节奏，发布时间很有规律，关注微博的用户就会持续关注，期待微博发布的信息。当形成一个相对稳定的内容更新频率后，要严格地遵循信息发布的时段、发布的频率，不要轻易地改变它，否则关注微博的用户就会无所适从，甚至渐渐地疏远。

另一方面，内容更新有计划。文化和旅游志愿服务微博更新有一定规律，在固定的时间推送信息。在内容更新方面要有阶段性的计划，例如在春节或者三月，各地集中组织开展文化和旅游志愿服务活动时，可以连续发布文化和旅游志愿服务活动的新闻；在五月全国助残日来临之际，文化和旅游志愿服务微博可及时宣传文化和旅游志愿者服务残疾人的动态信息，同时可以连续性地推介全国各地面向残疾人开展文化和旅游志愿服务的典型案例，激发文化和旅游志愿者见贤思齐、积极投身于助残服务的志愿热情；在12月5日国际志愿者日即将到来之际，策划推出文化和旅游志愿者系列宣传活动；年底评选出文化和旅游志愿服务示范项目，可以通过微博平台，系列性地介绍受表彰的文化和旅游志愿服务示范项目等。

试举一例，北京市文化志愿服务组织春节期间在全市开展"送福到家"文化志愿服务时，北京文化志愿者新浪微博就连续报道了各地文化志愿者组织的"送福到家"系列活动，以图文并茂的方式展示首都文化志愿服务活动的生动景象，形成比学赶超、积极开展文化志愿服务的喜人局面。

（四）长期互动

文化和旅游志愿服务微博不仅仅是信息发布的载体，更是互动交流的平台。如果只发布微博信息、更新内容，微博就只是一个单向交流的载体；唯有发布文化和旅游志愿服务信息的同时，与"粉丝"们保持良好的互动，进行有效的交流，这样的文化和旅游志愿服务微博，才实现了双向的交流功能。运营者只有充分关注"粉丝"，及时回复"粉丝"们的留言与私信，才能赢得"粉丝"们的真情，"粉丝"们才会用转发、评论等方式，来回报运营者的热情。只有这样，运营者和"粉丝"才能在交流中产生信任，在信任中转发文化和旅游志愿服务微博的博文，有利于形成文化和旅游志愿服务的网络影响力。

文化和旅游志愿服务微博的运营管理者也要与"粉丝"进行长期、持续的互动。一般来说，文化和旅游志愿服务微博的"粉丝"，由文化和旅游志愿者、热心公益事业的公众、志愿服务对象等构成。因此在互动中，要了解对方的身份，进行有效的沟通交流。

1. 与志愿服务组织内部的文化和旅游志愿者进行良性互动，形成通畅的沟通渠道

文化和旅游志愿服务微博的沟通功能，往往体现在文化和旅游志愿服务组织与文化和旅游志愿者的交流沟通过程中。微博是移动互联网时代的现代交流平台，文化和旅游志愿服务组织可通过该平台预备开展文化和旅游志愿服务，举办文化和旅游志愿服务培训，推广文化和旅游志愿服务示范项目，或者就下阶段的文化和旅游志愿服务活动征求文化和旅游志愿者的意见，请大家献计献策等。通过微博的留言和私信功能，志愿服务组织内部的文化和旅游志愿者可以畅所欲言，像是网络座谈会那样，充分交换意见，提出自己的设想和创意。志愿者如果从文化和旅游志愿服务示范项目中获得灵感和启发，也可以在微博留言分享。

长期互动，良好沟通，有利于文化和旅游志愿服务组织的凝聚力不断提升，文化和旅游志愿者对志愿服务组织的归属感不断增强，文化和旅游志愿服务活动的理解力和执行力不断提高。

2. 与潜在的文化和旅游志愿者进行经常性交流，为招募志愿者打下良好的基础

积极投身奉献自己、服务他人的志愿服务，已经成为社会的新风尚，文化和旅游志愿者也受到全社会的普遍尊敬。在关注文化和旅游志愿服务微博的人群中，会有不少人受到优秀文化和旅游志愿者动人事迹和奉献精神的感召，关注文化和旅游志愿服务，希望成为文化和旅游志愿者的一员，参与文化和旅游志愿服务活动。

成为文化和旅游志愿者之前，公众对于文化和旅游志愿服务的认识还有待进一步提升。文化和旅游志愿服务微博这个平台，可能就是他们进行咨询、交流的好地方。文化和旅游志愿服务微博的运营管理者必须满腔热情为他们解答问题，及时宣传文化和旅游志愿服务的生动案例，宣传和弘扬志愿服务精神，强化他们对文化和旅游志愿服务的认识，让他们自觉自愿地申请加入文化和旅游志愿服务组织，成为光荣的文化和旅游志愿者。

3. 与文化和旅游志愿服务对象进行经常性交流，了解服务对象的精神文化需求，开展有针对性的文化和旅游志愿服务

文化和旅游志愿服务微博的"粉丝"里，也许会有一定数量的志愿服务对象。这个群体关注文化和旅游志愿服务微博，感受到文化和旅游志愿者的奉献精神和周到服务，在为文化和旅游志愿者点赞的同时，也会通过留言、私信功能，诉说内心的文化需求。微博的运营管理者必须认真地倾听他们的心声，了解服务对象的文化需求，及时反馈给文化和旅游志愿服务组织的管理者。文化和旅游志愿服务组织就可以针对服务对象的文化需求，策划开展有针对性的文化和旅游志愿服务，从而提高文化和旅游志愿服务的效率，提高公众对文化和旅游志愿服务的满意度。

（五）善于运用网络语言

作为文化和旅游志愿服务微博的运营管理者，必须熟练地使用网络语言发布文化和旅游志愿服务方面的信息，让网友一看就产生亲切感，这样才能吸引更多的"粉丝"关注微博，扩大文化和旅游志愿服务微博的传播。

文化和旅游志愿服务微博的运营者切忌使用文件腔，这样可能会使人敬而远之。必须把握微博受众和"粉丝"的特点，创新表达方式，运用网民喜闻乐见、具有互联网鲜明特点的网络语言进行微博发布和与"粉丝"沟通增强文化和旅游志愿服务信息的网络表达效果。

微博作为一种新型的沟通方式，在流行过程中，虽然会促使语言发生一些变化，但这些变化却是网络环境下能够快速地反映当代社会生活状态的、鲜活的语言。在网络时代，微博中的网络语言变化较快，经常会出现一些新鲜的词语，因此，微博运营者要善于把文化和旅游志愿服务信息转化为网络语言。

使用网络语言并不是要消解文化和旅游志愿服务的崇高，而是以网民最能接受、最感到亲切的语言表达方式，唤起网民们对文化和旅游志愿服务的关注，促使他们参与文化和旅游志愿服务的宣传，关心文化和旅游志愿服务事业，并且把志愿服务精神内化为文化自觉，身体力行践行志愿服务精神，推动文化和旅游志愿服务事业的蓬勃发展。

（六）优化标签

作为文化和旅游志愿服务微博的运营管理者，对于微博标签的作用一定不会视而不见。

在文化和旅游志愿服务微博中，标签可以清晰地告诉人们，这个微博是文化和旅游志愿服务组织运营管理的，发布的内容都是关于文化和旅游志愿服务组织开展的文化和旅游志愿服务活动，以及普及志愿服务知识、弘扬志愿服务精神的。微博标签还有一个作用，即人们在微博搜索时，通过标签能够便捷地找到文化和旅游志愿服务微博，获取相关的文化和旅游志愿服务信息。

微博通常最多可以加 10 个标签。文化和旅游志愿服务微博的运营管理者在实际操作中用不了这么多的标签，标签的内容可以是"志愿服务""文化""送福到家"等。这些标签显示了该微博的文化和旅游志愿服务的特点与基本的定位。文化和旅游志愿者、潜在的文化和旅游志愿者，或者文化和旅游志愿服务对象通过搜索发现文化和旅游志愿服务微博，就可能关注微博，成为真实的"粉丝"。

文化和旅游志愿服务微博的运营管理者在微博标签的运用方面要转换思考问题的角度。标签的使用要方便人们快速地搜索到，所以有时可以根据不同时期文化和旅游志愿服务的特点，根据文化热点更新、优化微博标签，使更多的人关注文化和旅游志愿服务微博，提高微博的关注度和曝光率。

（七）图文并茂

如果文化和旅游志愿服务微博要增加信息量，就可以使用长微博。仅仅运用文字表述文化和旅游志愿服务，宣传志愿服务精神是远远不够的。要提升微博的用户体验，除了文字以外，必须熟练地运用视频、图片，增强视觉感染力。

互联网时代讲究"有图有真相"。准确生动的文字，配以精彩的图片，微博的内容就自然出彩。文化和旅游志愿服务活动本身就是温暖人心的事情，文化和旅游志愿者都是有文化情怀、有爱心的群体，文化和旅游志愿服务从来不缺乏让人感动的瞬间、令人难忘的场面。这些动人的瞬间固然可以用文字表述，但更多的时候，抓拍到位的照片更具有视觉上的冲击力。

微博内容发布要求图文并茂，不能仅仅局限于文字与图片有机组合、熟练运用，还要重视视频的运用。在文化和旅游志愿服务活动中，及时跟踪拍摄文化和旅游志愿者服务的过程，精心进行后期编辑处理，以短视频的方式，配以简洁、生动的语言，能够直观、充分展现文化和旅游志愿者服务过程中让人暖心的细节，弘扬志愿服务精神。

运用视频、图片等多种形式，改变以发布主体为中心的传统思路，强调用户体验，强调微博传播的实际效果，是文化和旅游志愿服务微博运营管理中必须重视的基本功。

四、文化和旅游志愿服务微博的宣传推广

微博作为一种分享和交流的网络平台，具有使用便捷、传播快速、互动分享等特点，是文化和旅游志愿服务组织传播文化和旅游志愿服务动态、宣传志愿服务精神的有效载体。

在文化和旅游志愿服务微博运营管理中，要让微博受人关注，就必须有价值，必须精心选择发布的内容。文化和旅游志愿服务微博也许不能做成一个有趣的微博，但可以努力做一个让人感到暖心的微博，让人感觉温馨美好、春风拂面的微博。

同时，必须重视微博的宣传推广工作。在微博运营管理实践中，可以尝试多种有效的推广方法，不断扩大文化和旅游志愿服务微博的社会影响，提升关注的用户数量。

(一)借助当地热门微博

每个城市都会有在当地有影响力的微博，这些有影响的微博往往拥有数量可观的"粉丝"。这些微博运营多年，同时与公众生活的某些方面密切相关。这些微博的运营管理者，可能是擅长自媒体运营的公司，也可能是当地有影响的新闻媒体等。

文化和旅游志愿服务微博在最初的运营阶段，"粉丝"数量有限，影响力不大。可以在微博推广中，借助当地有影响力的微博，通过他们的影响力来提升公众对文化和旅游志愿服务微博的关注度。最简单有效的办法，就是关注这些有影响力的微博，经常去提及、通知(@)有影响力的微博，包括当地城市新闻媒体的微博。这样，自己发布的微博内容就会在第一时间被这些有影响力的微博获悉。如果文化和旅游志愿服务微博发布的内容能够温暖人、感动人，体现这个城市人性的温度，那么被这些有影响力的微博转发的概率就会大大提高。这些有影响力的微博的转发，将大大拓宽文化和旅游志愿服务资讯的传播范围，为文化和旅游志愿服务微博带来一定数量的"粉丝"。

(二)策划富有创意的线上线下活动

文化和旅游志愿服务微博要赢得更多微博用户的关注，就不能忽视微博作为网络社交工具的作用，要精心策划富有新意、有特色的线上线下活动，提高微博的关注度和影响力。

线上线下活动主要是以微博为网络平台，策划开展的与文化和旅游志愿服务微博定位密切相关的网络文化活动，其目的是努力让更多的人关注文化和旅游志愿服务工作，唤起人们对于文化和旅游志愿服务的热情、对于文化和旅游志愿服务的关注。比如"寻找最美的文化志愿者"微博摄影大赛，号召人们用手机或者相机记录文化志愿服务的精彩瞬间，定格文化志愿者的奉献精神和专业能力，自然激发了人们聚焦文化志愿服务的热情。这类网络摄影大赛，参赛没有门槛，传播没有障碍，人们只要以摄影

的方式记录文化和旅游志愿者的美丽形象，上传到微博，同时提及、通知文化和旅游志愿服务微博，就完成了拍摄、参赛的过程。活动简单便捷，人们自然乐于参与。如此一来，在网络活动的过程中，关注文化和旅游志愿服务微博的用户也会不断增加，使得微博更有影响力，有利于营造文化和旅游志愿服务的良好舆论氛围。

更多的时候，运营者可将文化和旅游志愿服务微博上的活动延伸到线下。在充分发挥微博平台的社交优势之外，通过富有创意的线下活动，丰富微博用户的线下体验，让人们在现实的体验中感受到文化的温暖，感受到文化和旅游志愿者奉献的情怀，加深对文化和旅游志愿服务的认同感和归属感。

(三)适当奖励"粉丝"

在文化和旅游志愿服务微博的运营管理中，扩大微博的影响力，必须重视"粉丝"的作用。"粉丝"的数量以及转发，对于文化和旅游志愿服务微博的宣传推广是十分有效的。

通常来说，关注文化和旅游志愿服务微博的用户主要是文化和旅游志愿者，还有一定数量的其他社会公众，他们关注文化和旅游志愿服务组织，关注文化和旅游志愿服务，其中一些人就是潜在的文化和旅游志愿者。

那么，如何增强这些微博用户与文化和旅游志愿服务微博的感情联系呢？其中一个行之有效的办法，就是适当奖励这些微博用户。

奖励的方法可以多种多样。如"粉丝"达到一定数量，就赠送礼品。曾经有微博"大V"公开承诺，只要微博粉丝达到一定的数量，就赠送价值不菲的品牌手机，在当时产生了一定的网络影响。文化和旅游志愿服务微博运营者也可适当效仿，如微博用户参与文化和旅游志愿服务微博上的创意活动或文化和旅游志愿服务评选的网络投票，就派送礼品进行回馈。这些礼品可以是文艺演出的观摩票，也可以是优先享受某项公共文化服务的权利，等等。

文化和旅游志愿服务微博的推广宣传虽然不能片面追求微博"粉丝"的数量，但适当地给予关注微博的用户一定的奖励，增强微博用户的快乐体验，也是有利于文化和旅游志愿服务微博的推广与志愿精神传播的。

【思考题】

1. 试谈文化和旅游志愿服务网站、微博、微信公众号的功能与特点。

2. 文化和旅游志愿服务网站通常设置哪些栏目？如何做好文化和旅游志愿服务网站的宣传推广？

3. 文化和旅游志愿服务微信公众号有哪些传播优势？如何做好文化和旅游志愿服务微信公众号的内容运营管理？

4. 应该从哪些方面着手，强化文化和旅游志愿服务微博的运营管理？

附　录

附录一　志愿服务条例

第一章　总　则

第一条　为了保障志愿者、志愿服务组织、志愿服务对象的合法权益，鼓励和规范志愿服务，发展志愿服务事业，培育和践行社会主义核心价值观，促进社会文明进步，制定本条例。

第二条　本条例适用于在中华人民共和国境内开展的志愿服务以及与志愿服务有关的活动。

本条例所称志愿服务，是指志愿者、志愿服务组织和其他组织自愿、无偿向社会或者他人提供的公益服务。

第三条　开展志愿服务，应当遵循自愿、无偿、平等、诚信、合法的原则，不得违背社会公德、损害社会公共利益和他人合法权益，不得危害国家安全。

第四条　县级以上人民政府应当将志愿服务事业纳入国民经济和社会发展规划，合理安排志愿服务所需资金，促进广覆盖、多层次、宽领域开展志愿服务。

第五条　国家和地方精神文明建设指导机构建立志愿服务工作协调机制，加强对志愿服务工作的统筹规划、协调指导、督促检查和经验推广。

国务院民政部门负责全国志愿服务行政管理工作；县级以上地方人民政府民政部门负责本行政区域内志愿服务行政管理工作。

县级以上人民政府有关部门按照各自职责，负责与志愿服务有关的工作。

工会、共产主义青年团、妇女联合会等有关人民团体和群众团体应当在各自的工作范围内做好相应的志愿服务工作。

第二章　志愿者和志愿服务组织

第六条　本条例所称志愿者，是指以自己的时间、知识、技能、体力等从事志愿服务的自然人。

本条例所称志愿服务组织，是指依法成立，以开展志愿服务为宗旨的非营利性组织。

第七条　志愿者可以将其身份信息、服务技能、服务时间、联系方式等个人基本信息，通过国务院民政部门指定的志愿服务信息系统自行注册，也可以通过志愿服务组织进行注册。

志愿者提供的个人基本信息应当真实、准确、完整。

第八条　志愿服务组织可以采取社会团体、社会服务机构、基金会等组织形式。志愿服务组织的登记管理按照有关法律、行政法规的规定执行。

第九条　志愿服务组织可以依法成立行业组织，反映行业诉求，推动行业交流，促进志愿服务事业发展。

第十条　在志愿服务组织中，根据中国共产党章程的规定，设立中国共产党的组织，开展党的活动。志愿服务组织应当为党组织的活动提供必要条件。

第三章　志愿服务活动

第十一条　志愿者可以参与志愿服务组织开展的志愿服务活动，也可以自行依法开展志愿服务活动。

第十二条　志愿服务组织可以招募志愿者开展志愿服务活动；招募时，应当说明与志愿服务有关的真实、准确、完整的信息以及在志愿服务过程中可能发生的风险。

第十三条　需要志愿服务的组织或者个人可以向志愿服务组织提出申请，并提供与志愿服务有关的真实、准确、完整的信息，说明在志愿服务过程中可能发生的风险。志愿服务组织应当对有关信息进行核实，并及时予以答复。

第十四条　志愿者、志愿服务组织、志愿服务对象可以根据需要签订协议，明确当事人的权利和义务，约定志愿服务的内容、方式、时间、地点、工作条件和安全保障措施等。

第十五条　志愿服务组织安排志愿者参与志愿服务活动，应当与志愿者的年龄、知识、技能和身体状况相适应，不得要求志愿者提供超出其能力的志愿服务。

第十六条　志愿服务组织安排志愿者参与的志愿服务活动需要专门知识、技能的，应当对志愿者开展相关培训。

开展专业志愿服务活动，应当执行国家或者行业组织制定的标准和规程。法律、行政法规对开展志愿服务活动有职业资格要求的，志愿者应当依法取得相应的资格。

第十七条　志愿服务组织应当为志愿者参与志愿服务活动提供必要条件，解决志愿者在志愿服务过程中遇到的困难，维护志愿者的合法权益。

志愿服务组织安排志愿者参与可能发生人身危险的志愿服务活动前，应当为志愿者购买相应的人身意外伤害保险。

第十八条 志愿服务组织开展志愿服务活动，可以使用志愿服务标志。

第十九条 志愿服务组织安排志愿者参与志愿服务活动，应当如实记录志愿者个人基本信息、志愿服务情况、培训情况、表彰奖励情况、评价情况等信息，按照统一的信息数据标准录入国务院民政部门指定的志愿服务信息系统，实现数据互联互通。

志愿者需要志愿服务记录证明的，志愿服务组织应当依据志愿服务记录无偿、如实出具。

记录志愿服务信息和出具志愿服务记录证明的办法，由国务院民政部门会同有关单位制定。

第二十条 志愿服务组织、志愿服务对象应当尊重志愿者的人格尊严；未经志愿者本人同意，不得公开或者泄露其有关信息。

第二十一条 志愿服务组织、志愿者应当尊重志愿服务对象人格尊严，不得侵害志愿服务对象个人隐私，不得向志愿服务对象收取或者变相收取报酬。

第二十二条 志愿者接受志愿服务组织安排参与志愿服务活动的，应当服从管理，接受必要的培训。

志愿者应当按照约定提供志愿服务。志愿者因故不能按照约定提供志愿服务的，应当及时告知志愿服务组织或者志愿服务对象。

第二十三条 国家鼓励和支持国家机关、企业事业单位、人民团体、社会组织等成立志愿服务队伍开展专业志愿服务活动，鼓励和支持具备专业知识、技能的志愿者提供专业志愿服务。

国家鼓励和支持公共服务机构招募志愿者提供志愿服务。

第二十四条 发生重大自然灾害、事故灾难和公共卫生事件等突发事件，需要迅速开展救助的，有关人民政府应当建立协调机制，提供需求信息，引导志愿服务组织和志愿者及时有序开展志愿服务活动。

志愿服务组织、志愿者开展应对突发事件的志愿服务活动，应当接受有关人民政府设立的应急指挥机构的统一指挥、协调。

第二十五条 任何组织和个人不得强行指派志愿者、志愿服务组织提供服务，不得以志愿服务名义进行营利性活动。

第二十六条 任何组织和个人发现志愿服务组织有违法行为，可以向民政部门、其他有关部门或者志愿服务行业组织投诉、举报。民政部门、其他有关部门或者志愿服务行业组织接到投诉、举报，应当及时调查处理；对无权处理的，应当告知投诉人、举报人向有权处理的部门或者行业组织投诉、举报。

第四章　促进措施

第二十七条　县级以上人民政府应当根据经济社会发展情况，制定促进志愿服务事业发展的政策和措施。

县级以上人民政府及其有关部门应当在各自职责范围内，为志愿服务提供指导和帮助。

第二十八条　国家鼓励企业事业单位、基层群众性自治组织和其他组织为开展志愿服务提供场所和其他便利条件。

第二十九条　学校、家庭和社会应当培养青少年的志愿服务意识和能力。

高等学校、中等职业学校可以将学生参与志愿服务活动纳入实践学分管理。

第三十条　各级人民政府及其有关部门可以依法通过购买服务等方式，支持志愿服务运营管理，并依照国家有关规定向社会公开购买服务的项目目录、服务标准、资金预算等相关情况。

第三十一条　自然人、法人和其他组织捐赠财产用于志愿服务的，依法享受税收优惠。

第三十二条　对在志愿服务事业发展中做出突出贡献的志愿者、志愿服务组织，由县级以上人民政府或者有关部门按照法律、法规和国家有关规定予以表彰、奖励。

国家鼓励企业和其他组织在同等条件下优先招用有良好志愿服务记录的志愿者。公务员考录、事业单位招聘可以将志愿服务情况纳入考察内容。

第三十三条　县级以上地方人民政府可以根据实际情况采取措施，鼓励公共服务机构等对有良好志愿服务记录的志愿者给予优待。

第三十四条　县级以上人民政府应当建立健全志愿服务统计和发布制度。

第三十五条　广播、电视、报刊、网络等媒体应当积极开展志愿服务宣传活动，传播志愿服务文化，弘扬志愿服务精神。

第五章　法律责任

第三十六条　志愿服务组织泄露志愿者有关信息、侵害志愿服务对象个人隐私的，由民政部门予以警告，责令限期改正；逾期不改正的，责令限期停止活动并进行整改；情节严重的，吊销登记证书并予以公告。

第三十七条　志愿服务组织、志愿者向志愿服务对象收取或者变相收取报酬的，由民政部门予以警告，责令退还收取的报酬；情节严重的，对有关组织或者个人并处所收取报酬一倍以上五倍以下的罚款。

第三十八条　志愿服务组织不依法记录志愿服务信息或者出具志愿服务记录证明的，由民政部门予以警告，责令限期改正；逾期不改正的，责令限期停止活动，并可以向社会和有关单位通报。

第三十九条　对以志愿服务名义进行营利性活动的组织和个人，由民政、工商等部门依法查处。

第四十条 县级以上人民政府民政部门和其他有关部门及其工作人员有下列情形之一的，由上级机关或者监察机关责令改正；依法应当给予处分的，由任免机关或者监察机关对直接负责的主管人员和其他直接责任人员给予处分：

（一）强行指派志愿者、志愿服务组织提供服务；

（二）未依法履行监督管理职责；

（三）其他滥用职权、玩忽职守、徇私舞弊的行为。

第六章　附　则

第四十一条 基层群众性自治组织、公益活动举办单位和公共服务机构开展公益活动，需要志愿者提供志愿服务的，可以与志愿服务组织合作，由志愿服务组织招募志愿者，也可以自行招募志愿者。自行招募志愿者提供志愿服务的，参照本条例关于志愿服务组织开展志愿服务活动的规定执行。

第四十二条 志愿服务组织以外的其他组织可以开展力所能及的志愿服务活动。

城乡社区、单位内部经基层群众性自治组织或者本单位同意成立的团体，可以在本社区、本单位内部开展志愿服务活动。

第四十三条 境外志愿服务组织和志愿者在境内开展志愿服务，应当遵守本条例和中华人民共和国有关法律、行政法规以及国家有关规定。

组织境内志愿者到境外开展志愿服务，在境内的有关事宜，适用本条例和中华人民共和国有关法律、行政法规以及国家有关规定；在境外开展志愿服务，应当遵守所在国家或者地区的法律。

第四十四条 本条例自 2017 年 12 月 1 日起施行。

附录二 文化志愿服务管理办法

第一章 总 则

第一条 为发挥文化志愿服务在构建现代公共文化服务体系中的积极作用，鼓励和引导文化志愿服务活动广泛深入开展，推动文化志愿服务常态化、规范化、制度化，根据文化志愿服务特点，制定本办法。

第二条 本办法所称文化志愿者，是指利用自己的时间、知识、技能等，自愿、无偿为社会或他人提供公益性文化服务的个人。

本办法所称文化志愿服务组织单位，是指组织开展文化志愿服务的文化行政部门、文化单位。

本办法所称文化志愿服务组织，是指以开展文化志愿服务为宗旨的非营利性社会组织。

第三条 文化志愿服务应弘扬奉献、友爱、互助、进步的志愿精神，遵循自愿、无偿、利他、平等的原则。

第二章 文化志愿者

第四条 文化志愿者应热心文化事业，具有一定的文化艺术才能和相应的民事行为能力。

鼓励有意愿、有能力的人成为文化志愿者。

鼓励老年人在自愿和量力的情况下参加文化志愿服务活动。

未成年人经其监护人同意或由其监护人陪同，可参加与其年龄、身心状况相适应的文化志愿服务活动。

第五条 文化志愿者可向文化志愿服务组织单位申请实名注册。注册时，应提供真实身份信息、服务技能、服务时间、联系方式等个人基本信息。

第六条 文化志愿者享有下列权利：

（一）根据自己的意愿、时间和能力提供文化志愿服务；

（二）获得文化志愿服务活动真实、准确、完整的信息；

（三）参加文化志愿服务培训；

（四）获得开展文化志愿服务必要的工作条件；

（五）要求文化志愿服务组织单位如实记录参与文化志愿服务的有关信息；

（六）请求文化志愿服务组织单位帮助解决在文化志愿服务过程中遇到的实际困难；

（七）对文化志愿服务工作提出意见和建议；

（八）相关法律、法规及规章制度规定的其他权利。

第七条　文化志愿者履行下列义务：

（一）自觉维护文化志愿者的形象与声誉；

（二）遵守文化志愿服务管理制度；

（三）履行文化志愿服务承诺或协议，完成文化志愿服务组织单位安排的志愿服务任务；

（四）尊重服务对象的意愿、人格和隐私，不得向其收取或者变相收取报酬；

（五）因故不能参加或完成预先约定的文化志愿服务活动时，履行合理告知的义务；

（六）相关法律、法规及规章制度规定的其他义务。

第三章　文化志愿服务组织单位

第八条　文化志愿服务组织单位履行下列职责：

（一）制定（订）①文化志愿服务计划；

（二）依法筹集、管理和使用文化志愿服务经费、物资；

（三）组织开展文化志愿服务活动；

（四）负责文化志愿者的招募、注册、培训、服务记录、绩效考核等工作；

（五）为文化志愿者开展文化志愿服务提供必要的工作条件，帮助解决文化志愿服务过程中遇到的实际困难；

（六）根据文化志愿者的要求和相关管理规定，出具文化志愿服务相关证明；

（七）开展文化志愿服务宣传、交流与合作；

（八）履行相关法律、法规规定的其他职责。

第九条　文化志愿服务组织单位可根据实际需求制定（订）招募计划，定向招募或面向社会公开招募文化志愿者。

招募文化志愿者，应当明确公告文化志愿服务项目和文化志愿者的条件、数量、服务内容、保障条件以及可能发生的风险等信息。

第十条　文化志愿服务组织单位应依据文化志愿者本人申请，对于符合条件的予以注册并发放注册服务证，如实记录文化志愿者个人基本信息和服务开展情况。

未经文化志愿者本人同意，文化志愿服务组织单位不得公开或泄露其有关信息。

第十一条　文化志愿服务组织单位应按照专业技能、服务对象等对文化志愿者进行分类管理。

第十二条　文化志愿服务组织单位应定期对文化志愿者开展业务知识、技能培训和安全教育。

第十三条　文化志愿服务组织单位应定期对文化志愿者服务情况进行绩效考核。对未遵守相关规定、不履行本办法第七条规定义务的文化志愿者，建立退出机制。

---

①　附录中所有文件内容按相关部门网站发布的原文呈现。其中部分用字与现行正字不同的，用括号注出。后同。

第四章　文化志愿服务

第十四条　文化志愿服务的范围主要包括：

（一）在公共图书馆、文化馆（站）、博物馆、美术馆等公共文化设施和场所开展公益性文化服务；

（二）深入城乡基层开展文艺演出、辅导培训、展览展示、阅读推广等公益性文化服务；

（三）为老年人、未成年人、残疾人、农民工和生活困难群众等提供公益性文化服务；

（四）参与基层文化设施的管理和群众文化活动的组织等工作；

（五）参与文化行政部门和文化单位开展的文化遗产保护、文化市场监督等工作；

（六）开展其他公益性文化服务。

第十五条　文化志愿服务组织单位应根据工作需要和自身职责开展文化志愿服务，也可根据有文化志愿服务需要的单位或个人的申请提供文化志愿服务。

第十六条　开展文化志愿服务，文化志愿服务组织单位、文化志愿者、文化志愿服务需求方应就文化志愿服务内容、权利义务和法律责任等协商一致，必要时应签订书面协议。

第十七条　有下列情形之一的，文化志愿服务组织单位与文化志愿者、文化志愿服务组织单位与文化志愿服务需求方之间应签订书面协议：

（一）任何一方要求签订书面协议的；

（二）对人身安全、身心健康有较高风险的；

（三）为大型公益文化活动提供文化志愿服务的；

（四）法律、法规规定应签订书面协议的。

第十八条　文化志愿服务协议应包括以下内容：

（一）文化志愿服务的内容、时间、地点；

（二）当事人的权利、义务；

（三）风险保障措施；

（四）协议的变更和解除；

（五）法律责任及争议解决方式；

（六）需要明确的其他事项。

第十九条　开展文化志愿服务，文化志愿服务组织单位应根据实际情况为文化志愿者办理人身意外伤害保险。

第二十条　开展文化志愿服务应使用统一的标识。

第五章　激励和保障

第二十一条　文化志愿服务组织单位应结合实际建立文化志愿服务激励回馈制度。

有良好服务记录的文化志愿者可获得艺术观摩与培训、文化艺术消费、公益性文化服务等方面的优惠待遇。

文化行政部门应推动文化志愿者在用工、教育、社会保障等方面享受本地区关于志愿者的优惠奖励政策。

第二十二条 文化志愿服务组织单位应建立文化志愿服务嘉许制度。对服务时间较长、业绩突出、社会影响较大的文化志愿者、文化志愿服务团队和文化志愿服务项目给予褒扬。

第二十三条 文化志愿服务组织单位应为文化志愿服务开展提供必要的经费支持。

文化志愿服务经费应主要用于文化志愿服务开展过程中涉及的场地租用、物品制作、人员培训、后勤保障、宣传推广等方面。

文化志愿服务经费使用应严格遵守有关财务制度，接受有关部门的监督。

第二十四条 鼓励和支持社会力量通过捐助设施设备、赞助等方式参与文化志愿服务。

第二十五条 鼓励以政府购买公共文化服务的方式吸引符合条件的文化志愿服务组织参与公共文化服务项目或活动。

第二十六条 文化志愿服务组织单位、文化志愿者开展文化志愿服务，造成对文化志愿服务对象或其他相关人员合法权益损害的，按照法律法规及有关规定承担相应责任。

第六章 附 则

第二十七条 各地文化行政部门可根据本办法制定具体的实施办法。

第二十八条 本办法自公布之日起施行。

附录三　中国注册志愿者管理办法

（2013 年 11 月修订）

第一章　总　则

第一条　为规范志愿者注册工作，加强注册志愿者管理，特制定本办法。

第二条　志愿者（英文名称为 Volunteer）是指不以物质报酬为目的，利用自己的时间、技能等资源，自愿为国家、社会和他人提供服务的人。

第三条　注册志愿者（China Registered Volunteer）是指按照本办法规定的程序，在共青团组织及其授权的志愿者组织注册登记、参加服务活动的志愿者。

第四条　志愿精神：奉献、友爱、互助、进步。

第五条　志愿者标识

注册志愿者标识（通称"心手标"）的整体构图为心的造型，又是英文"Volunteer"的第一个字母"V"，红色，图案中央是手的造型，也是鸽子的造型，白色。标志寓意为中国志愿者向社会上所有需要帮助的人们奉献一片爱心，伸出友爱之手，表达"爱心献社会，真情暖人心"和"团结互助、共创和谐"的主题。

第六条　每年 3 月 5 日是中国青年志愿者服务日，12 月 5 日是国际志愿者日。

第二章　注　册

第七条　基本条件

（一）年满十八周岁或十六至十八周岁以自己劳动收入为主要生活来源者；十四至十八周岁者，须经其法定代理人同意；未满十八周岁的在校学生申请注册的，按所在学校有关规定办理。

（二）具备参加志愿服务相应的基本能力和身体素质。

（三）遵守国家法律法规和注册机构的相关规定。

第八条　注册机构

市（地、州、盟）、县（市、区、旗）、乡（镇、街道）以及大中专院校团组织及其授权的志愿者组织为志愿者注册机构。

第九条　注册程序

（一）申请人直接到开展志愿者注册工作的团组织、志愿者组织提出申请或通过网络、通讯等方式提出申请，填写《志愿者注册登记表》。

（二）注册机构对申请人进行审核。

（三）审核合格，注册机构向申请人颁发注册志愿者证章。注册机构可根据实际需要，为注册志愿者编制本地管理服务号码。

第三章 权利和义务

第十条 权利

(一)参加志愿服务活动。

(二)接受相关的志愿服务培训,获得志愿服务活动真实、必要的信息。

(三)获得从事志愿服务的必需条件和必要保障。

(四)优先获得志愿者组织和其他志愿者提供的服务。

(五)对志愿服务工作提出意见和建议。

(六)相关法律、法规、政策所赋予的权利。

(七)可申请取消注册志愿者身份。

第十一条 义务

(一)遵守国家法律法规及团组织、志愿者组织的相关规定。

(二)每名注册志愿者根据个人意愿至少选择参加一个志愿服务项目或活动,每年参加志愿服务时间累计不少于20小时。

(三)履行志愿服务承诺,完成志愿服务任务,传播志愿服务理念。

(四)自觉维护团组织、志愿者组织和志愿者的形象。

(五)在志愿者职责范围内,自觉维护服务对象的合法权益。

(六)自觉抵制任何以志愿者身份从事的赢利活动或其他违背社会公德的活动(行为)。

(七)依法应当承担的其它(他)义务。

第四章 志愿服务

第十二条 志愿服务

(一)志愿服务是指志愿者不以物质报酬为目的,利用自己的时间、技能等资源,自愿为国家、社会和他人提供服务的行为。

(二)志愿服务主要领域包括:扶贫济困、助老助残、社区服务、生态建设、大型活动、抢险救灾、社会管理、文化建设、西部开发、海外服务等。

(三)团组织、志愿者组织根据服务对象的需求,向注册志愿者发布服务信息、提供服务岗位,志愿者按照相关要求开展志愿服务。注册志愿者也可按照相关规定自行开展志愿服务。提倡具有相同服务意向和志趣爱好的注册志愿者在团组织、志愿者组织指导下结成志愿服务团队开展服务。

(四)注册志愿者参加志愿服务,应通过与志愿者组织或服务对象签定服务协议书等形式,明确服务内容、时间和有关的权利、义务。未满十八周岁的注册志愿者可参加与其年龄、智力相适应的志愿服务;未满十八周岁的在校学生注册后,按所在学校有关规定参与相关志愿服务。

(五)各级团组织、志愿者组织可依托服务需求相对集中的社会公益机构,通过签定协议、命名挂牌等形式创建志愿服务基地,探索建立志愿者经常性、就近就便开展志愿服务的有效机制。

（六）各级团组织、志愿者组织要推进志愿服务平台建设，形成实体型、网络型、复合型平台。鼓励依托网络新媒体组织开展志愿服务活动，同时应面向社会公开相关信息，遵守有关法律规定。

第五章　组织与管理

第十三条　组织机构

（一）共青团中央、中国青年志愿者协会负责全国注册志愿者工作的规划、协调和指导。

（二）省级团委、志愿者协会根据本地区、本系统的实际，制定相应的实施细则，广泛推行志愿者注册制度。根据实际需要，也可直接开展志愿者注册工作。

（三）市、县两级团委应普遍建立志愿者专门工作机构和志愿者协会，安排专人负责志愿者注册和管理工作。

（四）县级以下基层团组织应通过建立志愿者协会、创建志愿者服务站、培育志愿服务伙伴、发展志愿者服务队和服务团队等形式，广泛开展志愿者注册工作，实现志愿者注册和服务的便利化。

（五）社区和机关团体、企事业单位、中学的团组织、志愿者组织（含志愿者服务站、服务队、服务团队等），经所在地注册机构同意可以开展志愿者注册工作。

（六）注册机构及其下属的团组织、志愿者组织负责志愿者的管理服务，建立健全宣传动员、注册登记、管理培训、考核评价、激励表彰、个人信息保密等制度。

第十四条　日常管理

（一）注册志愿者参加志愿服务后，由服务对象或组织者提供志愿者的服务时间、服务内容等证明，注册机构及其下属团组织、志愿者组织予以认定。服务时间为实际服务时间（不含往返时间），以小时为单位计量。

（二）注册机构应建立健全注册志愿者档案和信息管理系统，逐步实现网上注册和管理，促进管理工作的科学化、制度化、规范化。

（三）注册志愿者使用全国统一的标识。开展志愿服务活动时，注册志愿者应佩带以全国统一标识为主体图案的标志。志愿者旗帜和服装以红、蓝、白为基本色调。

（四）注册机构可在重大活动时或定期组织志愿者进行宣誓。志愿者誓词："我愿意成为一名光荣的志愿者。我承诺：尽己所能，不计报酬，帮助他人，服务社会，践行志愿精神，传播先进文化，为社会进步贡献力量!"

（五）注册志愿者培训工作主要由注册机构及其下属的团组织、志愿者组织负责，对注册志愿者申请人进行志愿服务基本理念培训，定期向注册志愿者提供志愿服务相关技能等方面的培训，向志愿者骨干提供专门的培训，提高志愿者的服务能力和综合素质。

（六）团组织、志愿者组织应探索和完善注册志愿者服务时间储蓄制度，使注册志愿者在本人需要帮助时，优先得到志愿者组织和其他志愿者的服务。

（七）对拒不履行义务的，注册机构可取消其注册志愿者身份。

（八）注册志愿者在志愿者组织安排的志愿服务过程中对服务对象造成损害的，由志愿者组织承担责任；志愿者组织承担责任后，有权向有故意或者重大过失的注册志愿者追偿。

（九）各级团组织、志愿者组织应逐步建立志愿者权益保障机制。依据有关法律法规、政策规定维护志愿者正当权益，推动建立志愿者保险和应急基金，做好相关救助和慰问工作。如服务对象在接受服务过程中对注册志愿者造成损害，志愿者组织应当支持受损害的注册志愿者向有关服务对象追偿损失，并提供必要的帮助。

第六章　激励和表彰

第十五条　团组织、志愿者组织应完善志愿者评价机制，组织实施星级认证制度，评选表彰和奖章授予制度等。

第十六条　星级认证制度

星级认证制度由省级团委、志愿者协会组织实施。注册机构负责具体认证工作，根据志愿者注册后参加志愿服务的时间累计，认定其为一至五星志愿者。星级志愿者认定后，可由相关注册机构在其注册证上进行标注，并佩戴相应标志。

（一）志愿者注册后，参加志愿服务时间累计达到 100 小时的，认定为"一星志愿者"；

（二）志愿者注册后，参加志愿服务时间累计达到 300 小时的，认定为"二星志愿者"；

（三）志愿者注册后，参加志愿服务时间累计达到 600 小时的，认定为"三星志愿者"；

（四）志愿者注册后，参加志愿服务时间累计达到 1 000 小时的，认定为"四星志愿者"；

（五）志愿者注册后，参加志愿服务时间累计达到 1 500 小时的，认定为"五星志愿者"。

第十七条　评选表彰和奖章授予制度

各级团组织、志愿者组织主要依据注册志愿者的服务时间、服务业绩，根据有关规定，定期组织开展评选表彰活动，授予志愿者荣誉称号和相应服务奖章。共青团中央、中国青年志愿者协会定期组织开展中国青年志愿者优秀个人奖、组织奖、项目奖评选表彰活动。

第七章　附　则

第十八条　长期在中国内地工作、学习、生活的港澳同胞、台湾同胞和海外华人华侨及外国人申请注册的，由注册机构会同有关部门按相关规定办理。

第十九条　本办法的修改、变更、解释权属于共青团中央青年志愿者工作部、中国青年志愿者协会秘书处。

第二十条　本办法自公布之日起施行。2006 年颁布的《中国注册志愿者管理办法》同时废止。

附录四　中央文明办　民政部　教育部　共青团中央关于规范志愿服务记录证明工作的指导意见

民发〔2015〕149号

各省、自治区、直辖市文明办、民政厅(局)、教育厅(委)、团委,新疆生产建设兵团文明办、民政局、教育局、团委,各有关单位:

志愿服务记录证明是志愿服务记录制度的重要组成部分,是志愿者参加志愿服务活动的真实体现。近年来,随着志愿服务的广泛开展,越来越多的人参与到志愿服务活动中来,越来越多的单位和组织将参加志愿服务作为招生、招录人员和进行评优、表彰的重要参考和依据。许多单位依据《关于推进志愿服务制度化的意见》(文明委〔2014〕3号)和《志愿服务记录办法》(民函〔2012〕340号)有关规定,开展了志愿服务记录和为志愿者出具证明工作,为推进志愿服务制度化、规范化发挥了重要作用。但在出具证明过程中,存在主体不清、格式不一、内容不全、随意性大等问题,影响了志愿服务记录的公信力和志愿服务证明的权威性。为规范志愿服务记录证明工作,不断提升志愿服务规范化水平,现提出如下指导意见:

一、明确志愿服务记录证明出具主体

按照"谁记录谁证明"的原则,志愿服务记录证明出具主体应同时满足下列条件:(1)依法设立的组织或单位;(2)需要出具证明的志愿者参加了该单位组织的志愿服务活动;(3)客观真实地记录了该志愿者参加志愿服务活动的相关信息。出具主体因合并、分立、解散或其他原因无法开具证明的,承接其工作的单位或其上级单位(主管部门)可以作为主体接续办理相关事宜。

二、统一志愿服务记录证明格式

为确保志愿服务证明的权威性、严肃性,出具主体应按照统一规范的格式为志愿者开具证明(推荐格式见附件)。志愿服务记录证明应包含下列信息:(1)志愿者身份信息,包括志愿者姓名、证件类型和号码、志愿者编号等;(2)志愿服务信息,主要为志愿者参加志愿服务活动的服务时间(以小时为计量单位)和内容;(3)出具主体信息,包括出具主体的名称、负责人、经办人、联系方式等;(4)其他信息,包括证明编号、出具证明的日期及其他需要说明的事项等。志愿服务记录证明应加盖出具主体公章。如需补充证明志愿者参加志愿服务活动的其他信息,可以附件形式附后。

三、规范志愿服务记录证明工作流程

志愿服务记录证明按下列流程办理：

（一）申请。志愿者可以向有资格出具志愿服务记录证明的单位提出书面申请，也可以通过网络等其他形式提出申请。申请人应注明证明用途、申请日期和联系方式，并提供个人身份证件号码。在多个单位参加志愿服务的志愿者，可向自己注册或经常参加活动的单位提出申请，由该单位核实汇总所有志愿服务记录信息，志愿者提供相应的协助；也可向具备证明出具资格的主体分别提出申请。

（二）受理。收到申请的单位及时核实申请人的身份信息和志愿服务信息，如申请人确实参加过本单位的志愿服务活动，则及时受理；如申请人未参加过本单位组织的志愿服务活动，则不予受理，同时向申请人说明原因。

（三）开具证明。受理单位应及时根据申请人的志愿服务记录如实为其开具志愿服务记录证明，并做好证明的编号、登记等工作，妥善保管好相关档案。

（四）公示。出具主体为志愿者开具证明后，应通过公示栏、网站、QQ群等方式在本单位成员内部进行公示，时间一般不少于7天；涉及多个志愿服务记录主体的志愿服务记录证明，出具主体应在志愿服务管理信息系统中予以公示，接受本单位成员及其他社会成员的监督。

通过全国志愿服务管理信息系统实现在线注册和服务记录的志愿者，可直接在信息系统中下载打印志愿服务记录证明表格，到自己注册或经常参加活动的单位申请核实相关情况并加盖公章。

四、建立志愿服务虚假证明责任追究制度

按照"谁证明谁负责"的原则逐步建立志愿服务虚假证明责任追究制度和监督检查制度。单位出具虚假证明或履行职责不及时的，将向其主管单位进行通报并由主管单位责令其改正。个人伪造志愿服务记录证明的，取消其因此获得的各项荣誉与优待，并书面告知相关单位。对出具、伪造虚假志愿服务记录证明的单位或个人，探索将其纳入单位或个人诚信体系，并以适当方式向社会公布。

五、加强对志愿服务记录证明工作的组织领导

志愿服务记录证明事关广大志愿者的切身利益，事关社会诚信体系的建立，事关志愿服务事业的发展，各部门、各单位要高度重视，采取有效措施，统一思想认识，积极主动推广使用统一规范的志愿服务记录证明格式，切实抓好志愿服务记录证明规范工作。要指导机关企事业单位、群团组织、志愿服务组织、公益慈善类组织、基层群众性自治组织开展好志愿服务记录工作，使用统一的推荐格式为志愿者开具证

明。要将规范志愿服务记录证明工作与推进志愿者注册制度、志愿服务记录制度、信息化建设等工作结合起来，逐步实现在线记录志愿者的服务时间、在线为志愿者出具证明，为广大居民群众参与志愿服务提供便利条件。要利用报纸、杂志、广播、电视等传统媒体及网络、微信、微博等新媒体宣传介绍志愿服务记录证明工作，让公众了解开具志愿服务证明的条件、途径和程序，让更多的党政机关、企事业单位、部队、学校等认可和使用志愿服务记录证明，发挥志愿服务在弘扬主旋律、传播正能量中的作用。

各地贯彻落实情况请民政部门及时汇总报送民政部社会工作司。

附件：志愿服务记录证明推荐格式

中央文明办　民　政　部

教　育　部　共青团中央

2015 年 08 月 03 日

附件

（例）

志愿服务记录证明
（Certificate of VoluntaryService）

编号（No.）：

志愿者信息 （Information of Volunteer）	姓名 （Name）			
	志愿者编号 （Volunteer No.）			
	身份证件类型 （Type of ID）		证件号码 （ID No.）	
志愿服务时间 （Volunteer Service Time）				
志愿服务内容 （Volunteer Service Content）				
其他需要说明的事项 （Other Information）	是否有附件？是□ 否□ （With Attachment or Not? Yes□ No□）			

单位负责人（Signed by）：　　　　　　　　　　　　　　　　　　（公章 Seal）

年（yy） 月（mm） 日（dd）

注：1. 证明单位有志愿服务标识的，可置于证明右上角。如青年志愿者心手标识。

　　2. 其他需要说明的事项可填写志愿者参加的志愿服务活动、相关培训及获得表彰奖励等
　　　信息。

经办人（Handled by）：＿＿＿＿＿＿

联系电话（Contact Phone Number）：＿＿＿＿＿＿

参考书目

1. 北京市民政局：《社区志愿服务项目化运作与管理——社会治理创新实践》，北京，中国社会出版社，2015。

2. 陈文广、李伟：《微信运营管理之道》，北京，电子工业出版社，2016。

3. 党秀云：《志愿服务制度化——北京经验与反思》，北京，国家行政学院出版社，2013。

4. 丁元竹、江汛清、谭建光：《中国志愿服务研究》，北京，北京大学出版社，2007。

5. 侯玉兰、唐忠新：《社区志愿服务理论与实务》，北京，中国社会出版社，2009。

6. 单江林：《校园志愿服务教程》，北京，科学出版社，2009。

7. 上海市慈善基金会、上海慈善事业发展研究中心：《志愿服务与义工建设》，上海，上海社会科学院出版社，2007。

8. 谭建光：《做好的志愿者》，北京，人民出版社，2011。

9. 谭建光：《志愿服务：理念与行动》，北京，人民出版社，2014。

10. 谭建光、李森：《中国志愿服务指南》，广州，广东人民出版社，2007。

11. 唐忠新：《社区服务思路与方法》，北京，机械工业出版社，2003。

12. 陶倩，等：《新时代中国特色志愿服务发展研究》，北京，社会科学文献出版社，2018。

13. 王焕清、魏国华：《志愿行动与文明社会建设》，北京，人民出版社，2012。

14. 文武赵：《微博营销手册：企业和个人微博营销全攻略》，合肥，黄山书社，2011。

15. 余逸群、纪秋发：《中国志愿服务：历史、实践与发展》，北京，北京理工大学出版社，2016。

16. 袁媛、谭建光：《中国志愿服务：从社区到社会》，北京，人民出版社，2011。

17. 张晓红、任炜、李凌：《大型活动志愿服务的组织与管理》，北京，中国青年出版社，2014。

18. 张永新、良警宇：《中国文化志愿服务发展报告（2016）》，北京，社会科学文献出版社，2016。

19. 中国志愿服务联合会：《中国志愿服务发展报告（2017）》，北京，社会科学文献出版社，2017。

图书在版编目(CIP)数据

文化和旅游志愿服务与管理/王全吉编著. —北京：北京师范大学出版社，2021.9

（全国基层文化队伍培训用书）

ISBN 978-7-303-27161-0

Ⅰ.①文… Ⅱ.①王… Ⅲ.①文化产业—志愿者—社会服务—管理—中国—业务培训—教材②旅游业—志愿者—社会服务—管理—中国—业务培训—教材 Ⅳ.①G124②F592

中国版本图书馆 CIP 数据核字(2021)第 158077 号

营　销　中　心　电　话　010-58807651
北师大出版社高等教育与学术著作分社　新外大街拾玖号

WENHUA HE LUYOU ZHIYUAN FUWU YU GUANLI

出版发行：北京师范大学出版社　www.bnupg.com
　　　　　北京市西城区新街口外大街 12-3 号
　　　　　邮政编码：100088
印　　刷：北京盛通印刷股份有限公司
经　　销：全国新华书店
开　　本：787 mm×1092 mm　1/16
印　　张：13.5
字　　数：282 千字
版　　次：2021 年 9 月第 1 版
印　　次：2021 年 9 月第 1 次印刷
定　　价：49.80 元

策划编辑：周　粟　王婧凝　　　责任编辑：吴纯燕
美术编辑：王齐云　　　　　　　装帧设计：王齐云
责任校对：包冀萌　　　　　　　责任印制：马　洁